発達保障論の到達と論点

越野和之
全障研研究推進委員会 編

全障研出版部

刊行にあたって

全国障害者問題研究会（一九六七年結成。以下、全障研）は二〇一七年に結成五〇周年を迎えた。本書はこれを契機として、「障害者の権利を守り、その発達を保障するために、理論と実践を統一的にとらえた自主的・民主的研究運動を発展させる」（規約第三条「目的」）取り組みの一層の普及と発展を期して、企画・刊行されるものである。

全障研では、これまでもその活動の節目において、同様の出版を行い、自らの研究運動の到達点と、障害のある人たちの権利保障・発達保障に関わる実践、制度、理論などについての検討課題を提起してきた。全障研結成二〇周年を期して刊行された『発達保障の探究』（一九八七年）、三〇周年の際の『講座　発達保障』シリーズ（一九九七年〜一九九八年）、そして四〇周年の『障害者の人権と発達』（二〇〇七年）などがそれにあたる。

一〇年前の『障害者の人権と発達』では、その企画・編集は全障研の研究推進委員会が担当することとなり、私はその副委員長として、荒川智さん（当時、研究推進委員会委員長）とともに編集にあたった。同書のあとがきにあたる小文で私は、障害者自立支援法（二〇〇六年施行）と特別支援教育（二〇〇七年施行）の動向に触れ、それらが「一方では、障害のある人やその家族の、人間らしい生活を営む権利や、ゆきとどいた教育を受ける権利などの実現を求める声が高まる中で、従来の制度の矛盾や難点が、もはや小手先の対応ではすまないほどに明らかになってきたことの反映」であるとともに、「他方では、教育基本法を変え、さらには日本国憲法を変えようとする動向と軌を一にし、障害分野におけるそれらの具体化という性格を色濃くもたされて」いることを述べて、そのような「矛盾の下での制度改変の動向や、その影響の日々の実践への浸透という問題とどうむきあうか」という課題意識が、同書の企画・編集の基調であったことを記した。そこには、日本国憲法の理念と、その具体化を期して制定された戦後法制の活用などを通して発展させてきた障害児者教育・福祉の制度と実践が、「構造改革」を掲げる小泉純一郎内閣の六年間と、その後に成立した第一次安倍晋三内閣の下で、きわめて乱暴に突き崩されようとしていることへの強い危機感があった。

そこから一〇年、私たちは、国内外の情勢についても、障害のある人とその家族をめぐる状況に関わっても、当時の予想をはるかに上回るダイナミックな変動を経験した。この一〇年における社会の激動と障害分野の動きについては、本書と同時期に企画・出版された『全障研50年史―発達保障の半世紀』が詳細に述べているので、そちらを参照されたいが、障害分野に限ってみても、障害者自立支援法違憲訴訟から、民主党政権下での障がい者制度改革の一連の動きを経て、障害者権利条約の批准に至る経過は、まさに「歴史的」という表現が誇張でないような局面の連続であった。その一方で、二〇一二年に返り咲いた安倍「自民・公明」政権は、あり得ないほどの疑惑と醜聞にまみれながらも、特定秘密保護法、安全保障関連法、共謀罪法などを次々と強行し、明文改憲への道を突き進もうとしている。私は先の『障害者の人権と発達』で、「日本国憲法、一九四七年教育基本法、児童福祉法などを獲得して六〇年の節目の時期にあって、それらを引き続き障害のある人やその家族のために生かす努力をするのか、憲法などを変えて、そこに込められた平和と人権へのねがいに背を向ける道を歩むのか」が鋭く問われていると述べたが、一〇年を経て、この問いはさらに鋭さを増していると言わざるを得ない。

こうした中で私たちは全障研結成五〇周年を迎えることになった。「五〇年」という時間の流れは、一人ひとりの人間に即して言えば、二〇歳であった人が七〇歳になり、三〇歳であった人は八〇歳になるということである。全障研の結成などを通して、障害のある人とその家族の権利保障、発達保障の実現を期し、そのために実践的・理論的な努力を重ねてきた人たちのうちでも、すでに少なくない方がその人生の幕を降ろし、その一方で、全障研結成の時期にはまだこの世に生を受けていなかった人たち、さらにはその子どもにあたる世代の人たちが、障害のある人たちとその家族に寄り添い、その人間らしい生活と幸福を創り出す仕事に、自らの生きがいを重ねようとしている。

そうしたことをふまえ、私たちは、全障研が一貫してその目的に掲げてきた「障害者の権利を守り、その発達を保障する」ことを志向する多彩な取り組みと、そうした取り組みを総括することで生み出されてきた理論とを、広義の「発達保障論」と考え、そのエッセンスを整理するとともに、障害のある人とその家族、関係者の人間的諸権利と発達の保障に関連して、解明されるべき今日的な論点を提示してみようと考えた。

本書の執筆者は、いずれも全障研の結成には立ち会うことのかなわなかった世代である。しかし同時に全障研の五〇年を築いてきた人たちの薫陶を受け、あるいは、そうした先達とともに研究運動を創る機会をもつことのできた世代でもある。そのような経験を通して受け取ってきたものと、五〇年前には想像もできなかったであろう情勢の巨大な変化とをつき合わせて自らのことばに紡ぎ、今後の実践と理論の発展のための基盤としたい。本書執筆者の共通のねがいはこのことにあろう。もとより、こうしたねがいが、本書によってどれほどに実現されているかは、読者の判断に委ねる他はないのだが、編者としては本書の刊行に込めたねがいをこのように記しておきたいと思う。

本書の成立の経緯についてもひとこと述べておこう。本書は前書と同じく、全障研研究推進委員会での集団的な討論を経て企画・刊行されるものである。全障研では、結成五〇周年に向けた最初の企画会議を、研究推進委員会と常任全国委員会の合同会議として二〇一三年の秋に行っているから、本書は刊行までに、実に六年間の時日を要したことになる。この間、出版の目的や位置づけから具体的な論述の内容に至るまで、研究推進委員会のメンバーには数え切れないほどの集団的検討の機会を設けていただいた。本書は、前書に引き続き「研究推進委員会編」となっているが、そのことは、本書が、研究推進委員会に集うメンバーの集団的な議論の結晶であるという性格を表している。

とはいえ、もちろん個々の論文の主張や論述についての最終的な責任はそれぞれの著者にある。私は編者として全体を通読し、表現や内容についての必要な調整を試みたが、結果としては、用語・表現はもとより、問題の基本的なとらえ方などのレベルでも、それぞれの著者の間に一定の相違や幅が残されている部分がある。こうした点については、実践的な事実のさらなる蓄積に基づいて、今後、さらに検討が重ねられるべき問題の所在を示すものである。つまり、本書は研究推進委員会を中心とした議論の「結晶」だと述べたが、それは本書の内容のすべてが研究推進委員会などで共通認識を得た「結論」だということではなく、それぞれの著者の論述が、こうした集団的な議論をふまえ、そこから着想や問題意識を得て行われているということなのである。そこには多分に論争的な諸点も含まれている。本書のタイトルを「到達と論点」としたもう一つの意味はそこにある。

本書のこうした性格からも、本書は「一人で読んで学ぶ」ものというよりも、その内容を集団的に検討し、討論を通して読み深め、さらなる論点を抽出するための素材――いわば「討議資料」――として読まれることを想定した書物である。毎日の生活と労働をめぐる条件がきびしさを増す中で、「一緒に読む」「集まって語る」ことの条件は決して豊かに用意されているわけではない。それでも、読んだもの、書かれていることと目の前の事実とをつき合わせ、事実に基づいて読んだものを吟味したり、あるいは逆に、書かれていることを通して目の前の事実を分析したり、という活動は、集団での討論を通してこそ開かれていくものだと思う。本書がそうした「研究運動」の一つのきっかけになることを願ってやまない。

本書は先に述べたように六年間にわたる息の長い企画・編集の過程を経て出版される。この間、安藤史郎さん、圓尾博之さん、梅垣美香さんには、全障研全国事務局員として、また全障研出版部の職員として、会議のとりまとめから出版に関わるさまざまな実務、編集過程の管理等々に亘って、たいへん温かく、ねばり強い援助をいただいた。また、具体的な編集作業については、鈴木庸さんにたいへんお世話になった。記して心よりのお礼を申しあげたい。

二〇一八年九月　　翁長雄志前沖縄県知事の逝去に伴う沖縄県知事選挙を前に

研究推進委員会ならびに執筆者を代表して　　越野和之

カバーデザイン／田中律子
イラスト／ＢＩＫＫＥ

第3章　発達保障論は人間の「障害（disability）」をどのように理解しようとしてきたか

第4章 発達保障論における教育実践の構想……越野和之

第1章

発達保障とは何か

荒川　智

はじめに

発達保障とは何かを明確に定義することは難しいが、発達保障の理念を掲げて共通して追究されてきたことはあるのではないか。本章では、発達保障論に関する次章以下の各論に入る前提として、おおよその共通理解としての発達保障と、発達保障論の新たな理論的可能性について、試論を述べていく(1)。

ところで、発達保障の理念が登場する一九六〇年代までの障害児・者は、いかなる状態に置かれていたか。どのような現実に対峙しなければならなかったのか。

重度の障害児は「教育不可能」として学校教育から排除されていた。多くは福祉施設からも拒否され、在宅のまま社会から断絶した生活を強いられていた。障害乳幼児の保育や療育、青年・成人期の障害者の生活や労働の場もほとんど保障されていなかった。さらに、薬害や公害など高度経済成長の歪みにより、多くの重症心身障害児が生まれることとなるが、貧困な福祉政策の中で、彼らはほとんど無権利状態に置かれていた。

軽度の障害児・者には、学校教育が用意されていた。しかし、その教育は「愛される障害者」すなわち安価で従順な労働力の育成をめざすもので、言い方を変えると「社会のお荷物にならない」ための教育がめざされ、(旧)教育基本法が掲げる「人格の完成」をめざすことは「心許ない」として背景に退けられた(2)。

総じて憲法が保障する最低限度の文化的生活をする権利、幸福を追求する権利は、障害児・者に対してはほとんど顧みられることがなかったのである。こうした状況を打ち破り、権利としての教育、福祉、労働を切り開いてきたのが、発達保障の理論と実践である。

1　発達保障の基本的な共通理念

今日ではあまり話題にならなくなっているが、一九六九年に開催された全障研第三回全国大会の基調報告で、「発達保障の原則」が提起されている。

「発達保障は人間としての要求からはじまる」「発達保障はすべての人間の権利である」「発達保障は、わたしたちの子どもの見方をかえる」「発達保障は人間の無限の可能性をひきだす」「発達保障は、生存権そのものである」「発達保障は、ひとりのものではなく、集団、社会、民族、人類の課題である」。

筆者の知る限り、この原則は一つの問題提起にとどまり、正式に採用されたものではないが、全障研関係者のおおよその共通理解として、用語や表現を変えつつその後も深められていったと思われる。筆者もこれを一つの手がかりにして論を進めたい。

(1)　発達のみちすじと無限の可能性

発達保障の理念は、直接には近江学園における糸賀一雄と田中昌人による実践と研究の中から生まれた。それは、当時の、主として知的障害者に対する発達否定論や発達限定論への挑戦であった。糸賀は著書『福祉の思想』で次のように述べている。

「私たちも含めて、すべての人の心に一度は飼い殺し思想が宿る。そういうものであるから、この対決は施設をつくる以上に大切なものと考えてよい。そしてこの重症児が普通児と同じ発達のみちを通るということ、どんなにわずかでもその質的転換期の間でゆたかさをつくるのだということ、治療や指導はそれへの働きかけであり、それへの評価が指導者との間に発達的共感をよびおこすのであり、それが源泉となって次の指導技術が生み出されてくるのだ。そしてそういう関係が、問題を特殊なものとするのではなく、社会の中につながりをつよめていく契機となるのだということ、そこからすべての人の発達保障の思想の基盤と方法が生まれてくるのだということをつかんだのである」（糸賀 一九七〇、一七二頁）。

ここには、発達の無限の可能性と発達の共通のみちすじがあることへの確信が表明されている。その発達とは、単なる能力・技能や精神機能の向上といった「タテの発達」だけでなく、同じ発達段階であっても人格的な広がり、豊かさをもたらす「ヨコへの発達」があること、また発達の質的転換期に着目すべきであること、などが提起された。

また、発達は権利であり、障害児・者は単なる保護の対象ではなく、権利の主体であることも強調された。権利としての発達あるいは発達権は、その後、自由権、社会権に続く、第三世代の権利として位置づけられ、人間的な生活のための教育・福祉・医療・労働の統一的保障が要求されていった。それは、訓練や教え込みとは異なる、その子、その人の願いや葛藤など内面にていねいに寄り添い共感する実践へとつながっていく。

（２）内面の発達と訓練主義批判

田中は、こうした発達保障の視点と方法をさらに深めていく。『発達保障への道』では、次のようなある保育園指導員の記録を紹介している。

「これまではマンマといったとか、五歩あるいたなどという育ちを、それだけきりはなして発達だと思いがちでしたが、それだけでなく、『どのような条件のもとで、いかなる教育的働きかけによって、だれと、何のために、何に向かって、それをいかにゆたかになしとげたのかを、これまで持っていた力の変化にも目を向けつつみていかなければいけない』、『なかま・社会との結びつきを強めて，自分の（人格的）輝きをもってくるということをたいせつにしていかなければいけない』と問いなおすことができはじめました」（田中 一九七四a、二一―二二頁）。

ここには、素朴ながらも子どもの発達を目に見える行動だけでとらえるのではなく、子どもの内面や人格の発達、集団の役割などの重要性に気づいていく過程が語られている。

さらに、当時の障害児施設や特殊教育の現場で増えてきたとされる指導方法について、田中は次のように批判した。

「『ウロウロする』現象をそのレベルだけでとらえ、対症療法的に手をうち、生活手段に結びつけていくだけで本人のためになると思いこむと、人格の解放なき『能力の発達』あるいは人格の解放なき『治療』にとどまってしまいます。〈中略〉子どもたちの生活の領域を様々に分け、細かく段階を区切って、短絡的にマイナスがプラスになることを『点数』『指数』『プロフィール』で追い込む指導が強力に行われてきました」（田中 一九七四b、八四頁）。

「……その評定はものをたいせつにすることが保管に、言葉づかいが敬語に、態度が言われたとおりに動くことに矮小化され、その方向が『発達』を支配していました」（八七頁）。

「……『行程』をおとなにとってつごうのよいようにだけ細分化していくと、きめがこまかいように見えますが、発達にかみあった緻密さになりません。〈中略〉すると、先生が代わるとできない、言われないとできない、した行動がそこでぶつぎりになってそこから新しい行動への展開ができないということになったりします。〈中略〉目的が理解できない、応用性を欠くという行動様式ができあがり、指導もきびしいようにみえても儀式としてのきびしさになっていきます。ですから、発達に必要な単位を持った過程が、要素に解体された『教育』の過程になりかけたら注意が必要です」（八八―八九頁）。

当時の行動主義・訓練主義の指導を的確に批判しているのはもとより、まさに今日の要素主義的な子ども把握や指導の問題点（後述）にも当てはまる視点である。

こうした田中の提起を受けながら、発達保障論は、当時の能力主義、適応（順応）主義、行動主義と対峙しながら、問題行動も発達要求の表れとして理解するなど、発達の源として要求をとらえ、個への配慮と集団の保障を統一させ、豊かな自然、文化、人（集団）とのふれあい、関わりを通した学習や活動を保障しようとした。また発達は、あそびや教育だけでなく労働を通してもなされるのであり、疎外を生むような労働とは違う権利としての労働のあり方も追究された。

(3) 発達の三つの系

発達保障の理念の特徴を表すものとして、「発達の三つの系」という考え方がある。すなわち「人間発達を個人—集団—社会という三つの発達のシステムが内的に関連しつつそれらの総体としてとらえようとする」ものである（加藤 二〇〇七、七五頁）。

そのうち個人の系の発達については、田中の「可逆操作の高次化における階層—段階理論」をベースにその後研究が蓄積され、重度重複障害や自閉スペクトラム症、青年成人期などの発達のメカニズムが明らかにされつつある。

一方、集団の系については、個人の発達と社会の発達をつなぐ系としての重要性が意識されてきたが、主に個人の発達における集団の役割や集団保障のあり方についての一定の理論や実践の蓄積があるものの（たとえば子ども集団の「渦」といった概念）、集団そのものの発達は、それが存在するのかも含めて十分に理論化されているとはいえない[3]。筆者は以前、「民主的な内部規律」や「組織に対する小集団の特徴」に着目する田中の論をふまえつつ、ハーバーマスのいう「コミュニケーション的合理性」が集団の発達の一つの指標にならないかと提起したが（荒川 二〇〇七）、その後これに関わる検討は進んでいない。しかし、個別の指導や支援が強調され、子ども集団、（教）職員集団、家族など、健全な集団が解体されつつある今日の流れの中で、集団の系の発達はますます重要な研究課題となっている。

社会の系の発達は、平和で民主的な社会や制度・体制の形成・確立の文脈で論じられてきた。二〇世紀末に旧ソ連体制が崩壊し、一方では環境破壊や貧困・格差を生む無秩序な新自由主義的経済発展が席巻してきたが、二〇〇八年のリーマン・ショック以降、明らかに資本主義自体も行きづまりを見せている。こうした中で社会発展を展望することは容易ではないし、発展というとらえ方への疑問も生じているのだが、少なくとも「持続可能な発展」や差別撤廃・人権保障といった地球的課題と重ね合わせて、社会の系の発達を考えていく必要があろう。

発達理論や社会発展に関わる問題は、他の章で詳しく論じられることになるが、発達保障は平和と民主主義、そして人権保障と一体的に追究されてきたのである。

2 全人格的発達の保障をめざした取り組み

(1) 権利としての障害児教育と子ども理解

一九七〇年頃から展開された「権利としての障害児教育論」は、発達保障の理念を基礎にすべての子どもの全人格的発達をめざしたもので、今日でもその意義を減じてはいない。適応主義や能力主義と対峙し、就学猶予・免除の温存を許さない養護学校義務制完全実施の要求は、その後、すべての子どもの豊かな後期中等教育を求める青年期教育の理論と実践に継承された。希望するほぼすべての子どもの高等部教育が保障されるようになった今日では、高等部卒業後の学びの場を保障する専攻科設置の要求へとつながっている。

一方、権利としての障害児教育論の展開は、養護学校不要・解体を掲げる急進主義とのたたかいでもあった。単に障害のある子を通常学級にダンピングする乱暴な統合教育論に対しては、障害児集団と健常児集団の対等・

平等な関係づくり、および障害に関する科学的理解と人権感覚を培う障害理解学習を重視する「交流・共同教育」が実践されてきた。それはまた、障害児に対しては健常児の行動を模倣させ、あるいは障害児を健常児の道徳的教材と見なすような適応主義的・徳育主義的な交流教育論との対峙でもあった。同時に、発達保障の立場に立つ教育的統合のあり方も検討され、サラマンカ宣言（特別ニーズ教育における原則、政策、実践に関するサラマンカ声明と行動大綱：一九九四年）から障害者権利条約への流れの中で、統合教育からインクルーシブ教育への理念のシフトをふまえ、全人格的発達を保障するインクルーシブ教育をいかに推進していくかが、今日の大きな課題となってきている。

発達保障をめざす教育実践は、たとえば「問題行動は発達要求の表れである」という考え方に象徴されるように、表面的な行動でのみ子どもをとらえ、評価する行動主義的手法に対峙し、発達的共感のもとに子どものねがいや葛藤などの内面にていねいに寄り添いながら、子どもの全体的な成長を引き出し、主権者として育てていこうとするものであったといえる。

（2）乳幼児期、青年・成人期の実践

こうした視点は学校教育における実践にとどまらず、七〇年代以降全国的に広がっていく共同作業所における実践や、同じ時期に本格的に始動する障害児保育・療育の実践にも浸透していった。作業所のなかまを単なる単純労働の担い手としてとらえるのではなく、労働を通した発達を大切にし、作業以外の活動も豊かに取り入れながら、たくましく生きていく力を青年・成人期にも保障する取り組みが、後に結成される共同作業所全国連絡会（現・きょうされん）を中心になされていく。障害乳幼児の分野でも、子どもを単なる個別の訓練や治療の対象

と見なすのではなく、子ども集団を中心に豊かな人間関係や自然と文化の中で、ひと、もの、ことと関わる力を育む取り組みも広がっていった。

しかしながら、今日の教育・福祉全体を見回すと、かつてのオペラント療法のような行動療法を衣替えしたような療法が幅をきかせ、数値化できる目に見える行動の変容をめざし、短期間での成果を求める風潮が広がっている。様々なプログラムや療法が唱えられているが、その基本は行動主義と変わらず、しかもそれは営利企業の参入による市場原理を触媒にして、実践を歪めていくことが懸念される。

(3) 要素主義的な子ども把握の問題点と内面の把握

そこに見られる子どもの把握の仕方は、その諸能力を、言葉や数、対人関係やADL(日常生活動作)などの領域ごとの要素に分解し、「～ができる・できない」によって評価するもので、それぞれのプログラムや療法の意図はどうあれ、その子の弱い(できない)部分ばかりに着目し、結局は障害だけを見て子どもを見ないことにつながっていく。そしてこうした要素主義的な子ども把握に基づく実践は、子どもの願いや主体性から切り離されたマニュアル依存のものになり、対症療法的に個別の困難な事がらの改善を図る訓練的なものになっていく危険が多い。改めて子どもを丸ごととらえ・受け止める全人格的発達をめざす取り組みのあり方を追究する必要がある。

「子どもを丸ごととらえる」(本来なら乳幼児から青年・成人までを含むべきであるが、ここでは子どもを代表として表記する)というのは、頭のてっぺんからつま先までの全データを集めるということではない。子どもの諸能力の主要な側面を把握することは大切であるが、それは内面を探ることによってその発達的意味がより明らかになる。「できる・できない」は単に○×で評価されるべきではない。他の子がしている（できる）ことにまったく関心がなくてできない（やらない）のか、少し気持ちが揺さぶられているのか、やりたい気持ちはあるのだが自信がもてずにできない（やらない）でいるのか、思い切って踏み出す寸前なのか。同じ「できない」でも、その発達的意味は様々であり、「できる」についても同様であろう。そしてそれによって、その子への働きかけは異なってくるのである。内的な要求・ねがい、あるいは葛藤などへの理解をより確かにするためには、各能力をバラバラにとらえるのではなく、「機能連関」「発達連関」といわれることへの着目も必要である。これについては他章に譲るが、内面を理解することは、その子の目に見えない成長をつかむこと、あるいは今その子にとって全体的な成長・発達を引き出す、いわゆる中心的な課題を把握することにもつながるのである。

(4) 発達・障害・生活の視点

教育や福祉の実践において、「発達・障害・生活の視点」の重要性も従来から指摘されてきた。障害を単純に否定的にとらえ、あるいはその「特性」のみに着目し、大人にとって都合のよい行動変容をさせる、また社会的順応のための技能や態度を身につけさせるような対応は、子どもを一面的にしかとらえないものである(4)。

それに対し、発達保障をめざす実践では子どもを丸ごとつかもうとする努力が重ねられてきた。それは、前述した子どもの内面を探ることや「機能連関」「発達連関」とも深く関わる。今その子・その人はどのような矛盾を乗り越え、どのような力を獲得しようとしているのか、障害のどのような側面がそれを阻もうとしているのか、その背景にあるその子・その人の生活や生い立ちはどのようなものなのか。それらを把握することによって、その子・その人にどのような個別の配慮が必要で、どのような集団を必要としているか、どのような文化的な活動への参加が必要なのかがより鮮明になろう。

この「発達・障害・生活の視点」をさらに深めていくうえで、次に述べる国際的な政策や理論の動向にも目を向ける必要がある。それが発達保障の新たな展望を開くことになると考えるのである。

3　発達保障の新たな展望

(1) ディベロプメントとケイパビリティ・アプローチ

■ディベロプメントの概念

発達の三つの系という考え方は第一節で述べたが、個人の発達と社会の発展を統一的にとらえるディベロプメント（発展・発達・開発）の視点は、国際的には、ユネスコの「ディベロプメントへの権利の宣言」（一九八六年）や国連開発計画（UNDP）におけるヒューマン・ディベロプメントの概念においてもみられる[5]。『インクルーシブ教育の本質を探る』でも紹介したが（荒川・越野 二〇一三）、前者の宣言では、ディベロプメントを「人民全体およびすべての個人が、ディベロプメントとそれがもたらす諸利益の公正な分配に、積極的かつ自由に、また有意義に参加することを基礎として、彼らの福祉（well-being）の絶えざる増進をめざす包括的な経済的、社会的、文化的および政治的過程」と定義している。また、ディベロプメントに関わるグローバルおよび各国内の課題解決のための国連のネットワークとして取り組まれてきた国連開発計画では、一九九〇年代以降、ヒューマン・ディベロプメントの概念を基本に、人間の幸福や社会の発展の状況を計る指標として、平均寿命（健康で長生きすること）、就学・識字率（知的欲求が満たされること）、一人あたりのGDP（一定水準の生活に必要な経済手段が確保できること）を挙げてきたが、そこではディベロプメントは「人間が自らの意思に基づいて自分の人生の選択と機会の幅を拡大させること」あるいは「人間にとって本質的な選択肢を増やしていくこと」であるとされている。

簡潔に言えば、ディベロプメントへの権利（発達権、発展への権利）とは、持続的な社会の発展に主体的に参加・貢献しそれを享受する権利であり、同時にそのための諸能力を獲得していく権利でもあるといえる。

■国連開発計画を理論的に支えたケイパビリティ・アプローチ

国連開発計画を理論的に支えたのがケイパビリティ・アプローチであることも、前書で紹介した（荒川・越野二〇一三）[6]。繰り返しになるが、従来の社会政策に大きな影響を及ぼしてきたのが、「最大多数の最大幸福」というベンサムの理論を基調とする、快楽を幸福の指標とする功利主義であった。それに対しジョン・ロールズ（Rawls, John Bordley 一九二一～二〇〇二）は、一九七一年の『正義論』で功利主義を批判し、政治哲学に大きな革新をもたらした（ロールズについては後述）。さらに、快楽を指標とする功利主義にとどまらず、公正としての正義に基づき財に着目するロールズをも批判し、人間の多様性に着目することによりケイパビリティ（潜在能力）を重視したのが、アマルティア・セン（Sen, Amartya 一九三三～）である。センによれば、ケイパビリティとは快楽や財に代わる「善い生活・人生」や平等の指標となるものである。その際、「機能（ファンクショニング：functioning）」との区別が重要とされる。機能とは「最も基本的なもの（例えば、栄養状態が良好なこと、回避できる病気にかからないことや早死にしないことなど）から非常に複雑で洗練されたもの（例えば、自尊心を持っていられることや社会生活に参加できることなど）まで含む幅の広い概念」である（セン一九九九、六頁)。これは個人の福祉(well-being)の構成要素であるが、様々なレベルの心身の状態や日常生活や社会における活動を含むもので、ICF(国際生活機能分類)のファンクショニング(生活機能:原語は同じ functioning)とほぼ重ねて理解してよい。

一方、ケイパビリティとは、「その人にとって達成可能な諸機能の代替的組み合わせ」、「いままでのものに替わる機能の組み合わせ(もっとくだいた言い方をすれば、さまざまなライフスタイルを生み出すこと)を達成する真の自由」を表す。すなわちケイパビリティは、「十分な理由を持って価値あると認めるような」生き方、機能の組み合わせを選択し達成する自由であり、ディベロプメントはそうした「自由の拡大」ととらえられ(セン 二〇〇〇、八四頁)、そのためには「基本的ケイパビリティ」の発達が保障される必要がある。[7]

■中心的ケイパビリティの提案――ヌスバウムの一〇項目のリスト

センは、基本的ケイパビリティが何であるかについては、自由に制約を与えかねないとして具体的項目を示していない。それに対し、社会正義や人権の観点から、「中心的ケイパビリティ」を「最低水準を市民に保障」すべきだとして、一〇項目の中心的ケイパビリティのリストを挙げたのが、マーサ・ヌスバウム(Nussbaum. Martha Craven 一九四七〜)である。

ヌスバウムの中心的ケイパビリティの一〇のリストは、少しずつ修正されているようだが、『正義のフロンティア』では、以下のように示されている(ヌスバウム 二〇一二、九〇―九二頁。なお〈 〉内は筆者による要約である)。

(1)生命〈早死にしないなど〉

⑵身体的健康〈リプロダクティブ・ヘルスも含む。適切な栄養や住居など〉
⑶身体の不可侵性〈自由な移動、暴力からの解放、性的満足など〉
⑷感覚・創造力・思考力〈教育によって涵養される。政治・芸術・宗教的表現の自由など〉
⑸感情〈愛情、人との関わりなど〉
⑹実践理性〈人生設計への批判的省察〉
⑺連帯〈Ａ 他者の受け入れと他者への関心。正義と友情　Ｂ 自尊と尊厳〉
⑻ほかの種との共生〈動植物、自然界への気遣い〉
⑼遊び〈笑い、遊び、レクリエーション〉
⑽自分の環境の管理〈Ａ 政治的な管理…政治的選択、政治参加
　Ｂ 物質的な管理…財産維持、仕事への権利など〉

彼女に言わせれば、社会政策は、社会正義や人権の観点から、中心的ケイパビリティの「最低水準を全ての市民に保障」すべきであり、「どれほど資源を自由に使えるか」ではなく、「実際に何をすることができ、どのような状態になれるか」「十分に人間らしい生き方ができるようにそれらの資源が役立っているかどうかを問わなければならない」（ヌスバウム 二〇一二、一九三―一九四頁）のである。

後述するように、センとヌスバウムはケイパビリティのリスト化をめぐって対立するのだが、両者の考えを強引に結びつければ、最低限のケイパビリティを社会的に保障し、さらにそれを発達させていくことで価値ある生を生きる自由を拡大するということになろうか。さらにそれを発達保障の理念と結びつけるなら、すべての人の

人格の完成に向け、ディベロプメントへの権利を行使するために、ケイパビリティの発達を権利として保障することが、これからの発達保障に求められるということになろうか。これについては、もう少し突っ込んだ検討が必要である。

（2）貧困理論、正義論との接点

今日、貧困と格差の問題が社会的にも注目されているが、それは障害者問題とも密接な関わりをもつ。WHOの『世界障害報告書』では、「障害は、貧困との双方向的関係によって、ディベロプメントの問題」であるとされている。「貧困は、例えば、アクセスできない環境や適切な健康・リハビリテーションサービスへのアクセスの欠如によって、現在の健康状態が障害となっていく可能性を増す」（WHO 2011, p.11）など、障害のリスクを増加させるのである。同時に同報告は、貧困と障害者問題のかかわりを検討するうえで、ケイパビリティ・アプローチにも注目している。

「アマルティア・センのケイパビリティ・アプローチは、ディベロプメント理解の有益な理論的土台を提供する。それは、障害の人権の領域にとりわけ価値があり、またICFや障害の社会モデルと両立する。それは、GDPや功利と言った伝統的経済指標を超えて、人権と『自由としてのディベロプメント』を強調する方向に動く。そして、障害者、――そしてその他の不利な者――の貧困は、物質的リソースの欠如だけでなく、社会的排除や非エンパワーメントを含むという理解を促進する」（なお社会的排除やエンパワーメントの問題は、後で再び取り上げる）。

一方、今日の貧困理論では、貧困の概念は所得や衣食住の欠乏の問題、あるいは科学的概念というよりは、市民として社会参加できないという「政治的な正義に関わる概念」であるとも論じられる（志賀 二〇一六、六頁）。貧困理論も正義論も、ともに許容できない非正義や不平等を特定し改善することを重視する。センやヌスバウムの理論も、『正義のアイデア』や『正義のフロンティア』といった彼らの著作名からして、正義論の系譜に位置づくのは明らかであるが、障害、ディベロプメント（発達・発展）、貧困、正義は、ケイパビリティ・アプローチを介して密接な関係にあるといえる。

たとえば神島裕子は、「グローバル化のなかで紡がれてきた正義論の展開を、コスモポリタニズムとケイパビリティ・アプローチによって再構成することを通じて、グローバル化時代における正義論の思想的系譜」を整理している（神島 二〇一五、一〇頁）。

神島は、ロールズ正義論を構成する三つの要素、すなわち「空間」「評価基準」「道徳的基礎」に着目し、ロールズが国内社会の利益のみを扱っていること、「基本財の平等をもってしても実質的自由の平等は達成されない」こと、「交渉力の乏しい行為主体の利益が等閑視されてしまう」ことというロールズの限界を指摘し（一一頁）、ロールズの正義論を国際社会に適用させようとしたポッゲ（Pogge, Thomas Winfried Menko. 一九五三〜）のコスモポリタニズム、およびセンとヌスバウムのケイパビリティ・アプローチを統合させることを試みている。障害者問題に引きつけるならば、神島のいうロールズ正義論を構成する三つの要素のうち、「評価基準」と「道徳的基礎」は特に重要である。

また馬渕浩二は、グローバルな貧困問題をテーマに、「先進国と呼ばれる豊かな国に暮らしながら世界の貧困問題を放置することは、果たして倫理的に許されるのか」という「深刻で根源的な問いに答え」るため、「参照することが欠かせない立場――功利主義、カント主義、消極的義務論、権利理論、ケイパビリティ・アプローチ

――を選び出し」、「世界的な貧困問題について蓄積されてきた倫理学的理論を整理」している（馬淵 二〇一五、一〇頁）。そして、「第四章　地球規模の格差原理――ロールズとその批判者たち」でロールズ正義論も取りあげ、また、「ケイパビリティ・アプローチは、ケイパビリティの拡大（＝自由の拡大、筆者注）という発想を開発援助の基本に据える」ことで「貧困問題の解決を支える」としている（馬淵 二〇一五、一八五―一八六頁）。

そこで、筆者は改めて正義論と貧困理論の観点からケイパビリティ・アプローチを検討し、発達保障の理論と結びつける可能性を探りたい。

（3）公正としての正義からケイパビリティ・アプローチへ

■ロールズ正義論の意義と限界

ロールズは、「全員の身体的ニーズおよび心理的諸能力が（極端なばらつきのない）通常の範囲に収まっていると想定する」ため、障害者問題をあえて埒外にしており（ロールズ 二〇一〇、一三一頁）、ヌスバウムはそのことを「正義の観点からしてすでに問題」としている（ヌスバウム 二〇一二、二二頁）。そうしたことをふまえたうえで、ロールズ正義論にはどのような（積極的な）意義を見いだせるのだろうか。

よく知られているように、ロールズ正義論は「公正としての正義」として論じられ、そこでは、構成員すべてに共通する「正の概念が」、人によって多様である「善の概念に対して優先権をもっている」（ロールズ 二〇一〇、四四頁）。正義の二原理、すなわち平等な自由の保障（第一原理）および機会均等と格差原理（第二原理）について、とくに格差原理は、「最も不遇な人びとの最大の便益に資する」限りにおいて格差が承認されるというものである。ただし第一原理は第二原理に優先する。

こうした原理に基づき、ロールズは、最も恵まれない人びとのための教育に諸資源を配分すべきだと主張する。なぜなら、「教育の価値は、経済の効率や社会〔全体〕の福祉という観点のみから評価されるべきではない」。「自分が帰属する社会の文化の享受および社会の運営への参画を可能にし、それを通じて各個人におのれの価値に関する確固とした感覚を与えるという役割」をもつからである。

この論理は、教育の自己責任論、さらには障害児教育の費用対効果論を批判するうえで説得力をもつであろう。たとえば宮寺晃夫は、ロールズのこの主張を受けて「仮に、実益に釣り合う分だけ負担をすればよいということにすれば、公費の負担は大幅に節減され、障害児教育は限界費用が限界収益と重なる最適水準で供給すればよいことになろう」と述べている（宮寺 二〇一四、一一六—一一七頁）。今日では、経済格差と学力格差の相関が広く認められているので、強引に格差原理を学力論に適用すると、〝（とりわけ経済的理由で）最も底辺にある者の学力向上に資する場合にのみ、教育上の諸々の格差が承認される〟ということになるだろうか。さらに強引に障害児教育に適用すると、〝最も（あるいはより）障害の重い子どもの発達に資する場合にのみ、教育上の格差が承認される〟ということだろうか。

しかし、格差原理それ自体は、経済成長がいわゆる中間層を形成し多数の人びとに一定の恩恵をもたらしてきた一九七〇年代までとは異なり、新自由主義やグローバリズムによって、大多数の中間層が没落させられ、一部に富は集中し、格差が拡大していく今日にあって（水野 二〇一四、四頁）、どこまで有効であろうか。

今日の社会・経済構造の下では、「最も不遇の人びとの便益」になるような経済施策がとられても、最底辺層の水準がわずかに向上するだけで、中間層がその次に不遇な人びとへと没落することを防げず、かえってそれを正当化することになりかねない。そうなると、教育の階層化と学力格差の拡大も正当化されることとなる。また、障害児教育についても、最も重い障害のある者の教育の切り捨てを許さないという意味では、有効であるともいえるが、便益を受ける対象はどこまでに設定されるのであろうか。障害の種類・程度による格差を許容してよいのか。中・軽度の障害のある者も含むのか。いや、特別なニーズのある者すべてを含むのか。正義の第二原理には機会均等もあるので、そうした疑問は解消されると言われるかもしれないが、形式的な機会均等は、障害者の教育においては一層の問題を生じさせるかもしれない。それを防ぐ施策を格差原理は真にもたらすであろうか。

■正義論の焦点――財を機能に転換する能力・可能性

以上のようにロールズ正義論において想定される公正としての正義の限界や問題点に対し、ケイパビリティ・アプローチは公正としての正義をどのように批判的に継承しているのか。

センは、「公正の要求という観点から正義を見なければならないというロールズの基本的なアイデア」は、「正義の理解に本質的かつ最も重要な例である」ことを認める（セン 二〇一一、一〇一頁）。その一方で、センは正義の二原理に対し「私は懐疑的」であるとも述べている（一〇六頁）。「自由」に「完全な無制限の優先権を与えるのは言い過ぎ」であるし、格差原理は「基本財を良い暮らしに変換する能力は人によってかなり多様であることを考慮せず、人々が持っている機会を人々が保有する手段のみによって判断」するからである（一一七―一一八頁）。

センによれば、ロールズは完全に公正な取り決め、つまり「公正な制度」に注目し、そのための仮想的な社会契約を構想しているが（一一二頁）、正義論が焦点を当てるべきは「社会が実際に実現したこと」、すなわち公正な社会であり、しかもそれは「完全に公正な世界」ではなく、明らかな不正義を取り除くことである。人びとの暮らしに着目するなら、「成し遂げた様々な出来事だけでなく、様々なタイプの暮らしの中から実際に選択するという自由にも関心を持たなければならない」（五四頁）。

かくして正義論の焦点は、基本財から、財を機能に転換する能力・可能性（自由）としてのケイパビリティに移ることとなる。ディベロプメントは経済的発展だけでなく、人間的な自由の拡大ととらえられる。

■センに対するヌスバウムの批判

しかし、ヌスバウムはそれだけでは満足しない。

ヌスバウムは、中心的ケイパビリティの一〇のリストの「閾値以下では、市民たちは真に人間的な機能をえられない」とし、それぞれのケイパビリティは全ての人の基本的権原であり、代替不可能であると論じる（ヌスバウム二〇一二、八五頁）。

「ある領域における不足は、人々にほかのケイパビリティを大量に与えるだけでは穴埋めしえない。このことが、妥当なトレードオフの種類を制限し、またゆえに量的な費用対便益分析の適用性を限界づけるのである」（一九二頁）。ロールズは「関連性のある重要な資源が諸個人に分配できるものであることを示唆」し、別の資源による代替を許容する。それに対しセンは「資源に対するニーズの多様性を主張」し、ロールズを批判しているものの、たとえば「車いすの人に十分なお金を与えよ」と主張しているようなもので、それでは不十分である。個人に与えられる資源だけでなく、スロープやエレベーターなどの「公共空間の再設計は損傷のある人々の尊厳と自尊にとって不可欠」であり、「問うべき重要な問いは、損傷のある諸個人がどれだけお金を持っているかでなく、実際に何をすることができて何になることができるのかである」（一九三一一九四頁）。「基本的社会正義はそのリストの観点から定義されるから」「どんなに暫定的で変更可能なものであろうとも、（リストを＝筆者注）採用する必要がある」「そのようなリストを創ることを渋っているセンには、ケイパビリティの観念を用いて社会正義の理論の輪郭を示すのは困難である」（一九二頁）と指摘している。

たしかにセンの理論は、基本理念の方向性としては理解できるものの、社会政策上の現実性や具体性に欠けるという批判は多い。一方、ヌスバウムに対しても「西洋中心主義」的な中産階級女性の価値観だという批判があり（馬淵 二〇一五、二一三頁）、センもヌスバウムを理想的人間像を求める「アリストテレス的卓越主義」と評している（神島 二〇一五、一九一頁）。

（4）ケイパビリティ・アプローチが克服すべき課題

■子どもと知的障害者のケイパビリティ

筆者はさらに別の観点から、疑問を提示したい。

ヌスバウムは、社会政策上の課題（したがってリストの項目）は機能でなくケイパビリティであることを強調する。神島の説明によれば、それは「各国の憲法を通じて人びとに保障されるべきものを示している」。すなわち、実際に機能に転換するかしないかは個人の選択に委ねられるのである。たとえば、①生命については、安楽死の選択も可である。⑥実践理性については、専業主婦の選択も可であるし、⑦連帯についても、孤独の選択も可である。⑩環境のコントロールについても、投票に行かないのも可である（神島 二〇一五、一九四頁。三二頁のヌスバウムのリスト参照）。たしかにヌスバウムは、「実際の機能が公共政策の適切な達成目標であるのは、自尊と尊厳の領域だけ」で、そこだけは「原則として市民たちに選択肢を与えるべきではない」としている（ヌスバウム 二〇一二、一九九頁）。

しかし、安楽死の問題は別にしても、リストの「閾値以下では、市民たちは真に人間的な機能をえられない」とするのであれば、閾値はすべての人に保障すべきであり、「する・しない」の自由選択に委ねて本当によいのであろうか。たしかに選択を認めないとするのは、特定の機能（生活スタイル）を強制することにつながり、ケイパビリティ・アプローチから逸脱することになるかもしれない。しかし、どのようにして閾値に達するのか。少なくとも複数の選択肢があって、その中からどれかが選ばれるべきものなのではないか。それがまた、機能とケイパビリティの明確な区別につながるようにも思える。

他方でヌスバウムは、子どもと知的障害者については、機能が重要であるとしている。たとえば教育に関しては、「子どもが学校に行くことができる」というケイパビリティ（選択）ではなく、「学校に行っている」という機能の保障が課題だということになる（神島 二〇一五、二一六頁）。しかし、果たして子どもや知的障害者はもっぱら機能の重視でよいのだろうか。

デンマークの特別ニーズ教育研究者のケールセンは、次のように論じている。

「もし知的障害のある若者が、そうした調整がなされないままに（価値づける理由なく「強制された選択」のような形で――筆者注）、個別教育を通して、まずまずの家で一人で生活する能力を学び、発達するとしても、それはケイパビリティとはならないであろう。彼女は依然として自分で生きる真の自由を持たないであろう」「言い換えれば、真の自由となるには、もし彼女が仲間と保護的な家で暮らすことを好むのであれば、彼女は一人で生きないことを選択できるようになるべきである」（Kjeldsen. 2014　p.91）。

ケールセンは、「様々な生き方の間で選択する個人の自由」「その機会を利用することを選ぼうとなかろうと、実際にできること」というセンのケイパビリティの概念を知的障害者にも適用しようとする。しかし、機能とケイパビリティの関係は複雑であり、また子どもや知的障害者が複雑な選択ができないのも事実であるので、機能でもってウェルビーイングを評価することをしばしば賢明に思わせるのだが、だからこそ、達成する自由と実際の達成の両方を結びつけ分析する必要があるとしている（p.94）。

たしかに不就学という選択はないかもしれない。しかし、不登校の子どもの学校外での学習やインターナショナル・スクールなどへの就学という選択肢はあってよいし、現にある。また、学校に行くとしても、どのような学校に行くか、どのようなことを学びたいか、どのような指導を受けたいか、そうした選択能力は子ども期に全くないのではなく、発達していくものである。十分な選択能力が備わっていない段階では、親が代わって選択の自由を行使することになる。知的障害児・者についても同様である。

少なくとも教育の長期的な過程で、徐々に機能からケイパビリティへ焦点をシフトしていくことが必要ではないか。

■重度の障害者の位置づけ

ところでヌスバウムは、重度の障害者に対しても別のケイパビリティのリストや閾値を設けるべきではないとしている（ヌスバウム 二〇一二、二一九頁）。それは平等という観点から重要かもしれない。しかし「閾値以下では、市民たちは真に人間的な機能をえられない」とした場合、実際に各リストの閾値への到達が困難な重度障害者が、人間らしい存在として認められずに切り捨てられることにつながる危険はないだろうか。

事実、ヌスバウムはアリストテレスとマルクスから「人間の本質」を考察するが、話す能力のある政治的動物としての人間は、正と不正、善と悪の区別ができる動物であり、考え、知覚し、愛着をもつ（潜在的）可能性がなければ人間は単なる創造物にすぎず、人間らしい生とはならないとする。したがってヌスバウムは、植物状態の人間を、ヒトではあるが人間らしい生とは見なさない。ケールセンは、これをヌスバウムの「二枚舌」と批判する（Kjeldsen, 2014　p.124）。「非人間的存在は人間として排除されるだけでなく、社会における市民としての役割もこれによって無視される」。そうした人は「すべての市民に当てはまる中心的人間的ケイパビリティの同じリストへの権原を持つべきではないと」されてしまう（p.125）。

ヌスバウムは、障害の問題を除外するロールズを批判したが、同じ批判が自分に跳ね返ってくるかもしれない。植物状態とまではいかなくても、寝たきりで、働きかけへの反応を見いだしにくい最重度の障害者を、同じように正義論の対象外に置くことにならないだろうか。またセンは、「正義は〈中略〉普遍的な広がりを持たなければならず、一部の人々の問題や苦境だけに適用され、その他の人々を排除するようなものであってはならない」としているが（セン 二〇一一、一八三頁）、最重度の障害者が逆に「一部の人々の問題や苦境」として排除されることはないのか、明確にされる必要があろう。

この問題は非常にデリケートであり、実際には答えを出すのは難しい。ただ、一つの考え方として、ケイパビリティの閾値を、厳密な到達目標としてだけとらえるのではなく、ある種の方向目標としてとらえることで光が見えてこないだろうか。何をもって閾値を測定するのかということ自体が容易ではないが、測定される到達ラインとは別の視点が求められているかもしれない。

（5）貧困理論との接点と問題点

■新しい貧困理論――社会的排除理論

前述したように、『世界障害報告書』において障害と貧困の関連が指摘され、その際に社会的排除やエンパワーメントについても触れられているが、その点を考察するうえで、やはりケイパビリティ・アプローチに着目しながら、「新しい貧困理論」を論及した志賀の研究を参考にしたい。

志賀によれば、貧困とは何かを問う「貧困学説は、絶対的貧困理論から相対的貧困理論へ、そして社会的排除理論へと展開して」きており、それは「貧困概念の拡張及び再定義の歴史であった」。日本ではまだ相対的貧困理論に基づく貧困論が主流といえるが、「社会的排除理論が現在、最先端の貧困理論」である（志賀 二〇一六、三二頁）。

一九八〇年代以降、経済のグローバル化によって国内政治の社会政策への裁量が縮小し、社会保障によって包摂できない人が急増し、通常の生活様式を保障する消費生活が社会参加に直結するわけではないという「新しい貧困問題」が浮き彫りになる（六〇頁、六四頁）。「社会参加」の意味合いも変化し、「問題の焦点は、メンバーシップに基づく『社会参加』の不十分性・欠如だけでなく」、「シティズンシップに基づく社会参加の欠如」すなわち「市民社会の個人として『自己決定』が不可能であるという意味内容を指示する市民としての『権利』『自由』の不十分性・欠如に移ってきているのである」（六九頁）。

こうした新しい社会参加概念は、社会的排除という概念からの理解が必要である。

欧州委員会は一九九三年に、社会的排除を次のように定義している。

「社会的排除は、現代社会で普通に行われている交換や実践、諸権利から排除されている人びとを生み出すような複合的で変動する諸要素に用いられている。貧困は最も明確な要素の一つであるが、社会的排除はまた、住宅、教育、健康、そしてサービスへのアクセスの権利の不適切性をも意味する」（七八頁）。

要するに、社会的排除は「市民社会の個人として自己自身の権利に基づいた選択ができない状態、すなわち個人の自己決定の阻害として考えられる」のであるが、その際、センのケイパビリティ・アプローチに、「消費生活の欠如に対応するだけでは、市民としての社会参加が必ずしも達成できないという社会的排除の問題を理論的に説明するヒントが内在している」とする（一二九頁）。

志賀によれば、センはケイパビリティをリスト化しないので、貧困を再概念化しようとする貧困理論から見れば確かに曖昧であり（一三七頁）、したがってケイパビリティ・アプローチは従来の理論に取って代わる貧困理論とはならないが、社会的排除理論には有効であるという（一三二頁）。

では、リスト化をしたヌスバウムの理論は、取って代わる貧困理論となりうるのか。志賀は、ヌスバウムが社会政策上で機能よりケイパビリティを重視しているのに対し、貧困理論においては機能も重要であるとする。ヌスバウムのリストは、「目指すべき状態として現在の社会政策の方向性の指針となり得る可能性のあるものだが、実際に社会化している貧困問題に対応する理論を展開しようとしている本書の主張とは議論の領域がやや異なっている」。それに対し「センのケイパビリティ・アプローチはリスト化することだけが有効な利用方法ではない」（一四〇頁）。

社会的排除概念の新たな要素として含まれる「シティズンシップの権利の欠如を、ケイパビリティの欠如・不十分に重ねて考えることができ」（一四二頁）、「ケイパビリティ・アプローチは、モノの消費に焦点化した貧困理論の不十分性を指摘する理論的根拠を与える」のである。しかし、どのような場合であれば「シティズンシップの諸権利の『十分性』（実現）」が「確保されるのか（つまり貧困でなくなるのか）ということについて積極的に提示するものでは」なく、その検討が重要になってくる（一四五頁）。

志賀は、ケイパビリティ・アプローチのキーとなる「自由」が「税、環境、能力の三つの」「要素の組み合わせから成立して」いるが、そのうち能力に対する支援は、エンパワーメント、とりわけ労働（雇用に限定されない広義の）に向けた支援が核となるとしている（一四七頁）。

「労働の権利の実質性とは、単純に諸個人に雇用を用意するということだけでなく、この『労働の権利』と関わるケイパビリティ（エンプロイアビリティ）の拡大を支援するということとして理解すべきである」（一五二頁）。

貧困を社会的排除、あるいは自由や権利の欠如の問題としてとらえることは、たとえば障害者権利条約の内容がとくに社会参加への権利を中心に展開されていることを考えれば、貧困理論と障害者問題、さらには発達保障論により接近するものであり、それをもたらしたのがケイパビリティ・アプローチであるといえる。

■諸権利を包括的にとらえる必要性――発達保障の視点から

しかし、志賀が最終的には労働の権利から社会的排除概念による貧困理論を特徴づけていることに対しては、発達保障の立場からなお検討すべきことがあると思われる。

一つは、社会参加が労働を通したものにのみ焦点化されてしまう恐れがあるからである。労働の権利は障害者にとっても重要であり、とくに今の日本において障害者には労働者としての権利が認められていない場合が多く、発達保障論にとっても労働の権利は重要なテーマである。しかし、近年のホームレスやネットカフェ難民に関する調査では、不安定な雇用のみで社会とつながっていた人が、離職によってこうした状況に追い込まれるケースが多く、その中には多くの知的障害、発達障害、精神障害の人が含まれているといわれており、労働の権利のみの保障では不十分である。自由と権利はヌスバウムの言うようにトレードオフすべきものではなく、総合的な保障が求められる。

そもそも社会的排除として貧困をとらえるのは、所得・衣食住の欠如から社会参加さらには自由・人権の欠如へと貧困把握の視野を広げることを意図したはずである。ならば、この場合のエンパワーメントも単に労働に向けられるのではなく、シティズンシップとしての諸活動を可能にするための諸能力・技能に幅広く向けられていく必要があろう。障害者権利条約に即していうならば、第二七条の労働と雇用の権利を単独に重要視するのではなく、たとえば第二四条から第三〇条（教育、健康、リハビリテーション、労働、相当な生活水準、政治参加、文化的生活）までを包括的にとらえ、社会的排除としての貧困問題の解決の道を探ることが重要ではないだろうか。

おわりに――改めて発達保障とは

本稿の前半では、発達保障の理論と実践は何をめざしてきたのか、とりわけ教育や福祉の取り組みにおいて大切にされるべき視点は何かについて、全障研においてこれまで共有されてきたと考えられるおおよその共通理解を整理してみた。また後半では、ケイパビリティ・アプローチと深く関係する最近の正義論や貧困理論の一部に着目し、発達保障の理論にとっても意義ある視点や論究を抽出することを試みた。本章の後半の作業は緒に就いたばかりで、何らかの結論を出すにはいたらないが、今後の作業のための仮説的な問題提起をしておきたい。

ヌスバウムに対する疑問はすでに述べているが、そもそもケイパビリティのリストを作成しその閾値を設定する時点で、それはもはやケイパビリティといえるのだろうか。[8] ヌスバウムは閾値以上の内容については論じないとするが、すべての人に最低限保障されるべきものは、たとえ選択の要素を認めるとしても（ただし選択しないということは想定できない）、それは基本的には機能ではないだろうか。そしてそれを前提に、閾値以上の本人の価値観による選択が認められる領域こそが、本来のケイパビリティの範囲ではないだろうか。

一方、志賀は、センの考え方を積極的に取り入れながらも、ファンクショニング（機能）も重要だという文脈から、センのケイパビリティ・アプローチ自体もファンクショニングに引きつけて解釈している。つまり、ケイパビリティ・アプローチは「ファンクショニングの概念を用いて財を変換する能力の違いを表現」するが、「ファンクショニング概念から見いだせる人間モデルは、現にそこにいる人間の能力の形成とその人間を取り巻く環境に配慮し、多様な人びとがいるのだという事実を是認できるものである。ケイパビリティのリスト化を積極的におこなわないことによって想定される人間モデルは、あるべき人間の姿を特定のモデルに収斂させないようにするという消極的方法による理念の是認である」（志賀二〇一六、一八〇頁）と論じている。しかし、「ファンクショニング概念から見いだせる人間モデル」は、たとえばＩＣＦに見られるが、そこではケイパビリティの概念は明確には位置づけられていない。

教育や福祉において重要なのは、機能とケイパビリティのどちらが重要かではなく、前者が可能な限り十分に確保される中で後者の発達をいかに引き出していくかということであろう。もちろん機能とケイパビリティの関係は微妙で複雑なものも含んでいる。しかし、これまでの障害児教育や障害者福祉が、ＩＣＦに着目することで機能（生活機能）はそれなりに考慮してきたものの、ケイパビリティの視点はほとんどなかった。逆に機能を否定してケイパビリティだけに着目することも、発達の否定につながりかねない（理論的にそれはありえないと思うが）。機能とケイパビリティは相乗的に発達していくのであり、両者のバランスをいかに考えていくかが今後の課題である。

近年、欧米では、特別ニーズ教育やインクルーシブ教育の領域でもケイパビリティ・アプローチを取り入れた研究が多くなってきている。まだ理論的に十分に整理できているとはいえないが、先述した「発達・障害・生活の視点」に引きつけると、次のような理論と実践の課題が浮かび上がる。

「発達」については、今どのような機能とケイパビリティを獲得している、あるいは獲得しようとしているのかを発達要求という主体的側面も含めて検討するとともに、改めて三つの系を踏まえ、「ディベロプメント（発達・発展）への権利」という観点からとらえること。「障害」については、改めてＩＣＦにケイパビリティの観点を加えるとともに、価値ある生や発達への要求を阻む要素としてだけでなく、その源にもなりうるという観点からもとらえること。「生活」については、「価値ある生（ライフ：生命、生活、人生）を生きる権利」という観点から、選択する自由を保障すること、あるいはそうした自由がいかに制限されているかをふまえてとらえること。

以上をふまえ、発達保障とは何かという本稿に与えられた課題に対する試論として、暫定的な仮説をあえて述べておこう。

「発達保障とは、人格の完成と、ディベロプメントへの権利の行使のために、機能とケイパビリティの発達およびそのための社会制度・施策を、権利として保障することである」。

〈注釈〉

(1) 筆者は、全障研結成四〇周年の時の『障害者の人権と発達』に収録された「障害者の人権と発達をめぐる理論的課題」において、発達保障の理念・思想の展開と今後の課題について整理した。ここではそれとの重複をなるべく避けつつ、とくにケイパビリティ・アプローチに焦点を当てながら、その後の検討の成果を示したい。

(2) この時代の状況について、詳しくは『全障研50年史―発達保障の半世紀』(二〇一八、全障研出版部)を参照されたい。

(3) これについては『障害者問題研究』第四五巻第二号の特集「発達と集団と活動」、とりわけ中村隆一(二〇一七)を参照されたい。

(4)「障害・発達・生活の視点」という表記もよくなされてきた。しかし最初に「障害」をもってくると、障害(の特性)のみへの着目に傾きやすく、子どもを丸ごととらえることを阻むおそれもあり、ここでは「発達」を先におくこととした。

(5)「ディベロプメント」の訳は文脈によって使い分けられているが、政策文書などでは「開発」と訳されることが多い(「ヒューマン・ディベロプメント」は「人間開発」)。しかし「開発」は経済的観点が優先され、人間も人的資源とみなすようなニュアンスなので、本稿では「ディベロプメント」のままの表記とする。

(6)「ケイパビリティ」は「潜在能力」と訳されることが多いが、その他「可能力」「生き方の幅」などの訳語も使われている(ヌスバウム二〇一二、五一八頁)。本稿では混乱を避けるために、翻訳書の引用についても「ケイパビリティ」と表記する。

(7) 機能とケイパビリティの違いについての例として説明されるのは、たとえば飢餓と断食を比較すると、栄養状態という機能の点では両者は類似しているが、自分の意思によるものであるかどうかというケイパビリティでは大きな差がある。また、断食と菜食主義を比較すると、栄養状態という機能の点では両者は違うが、自分の意思によっている点ではケイパビリティの差は大きくない。ただし断食の理由によっては(たとえば政治的抑圧に対する抗議)、ケイパビリティも制限されていることになる。

（8）実際にリストの項目はケイパビリティではなく、機能だと理解されることもあり、センも明確に両者を区別していないような記述が初期には見られる（荒川 二〇一〇）。神島も「貧困が深刻な諸国における福利の分析において、センは『機能』と『ケイパビリティ』を事実上区別していない」としている（神島 二〇一五、一五三頁）。

〈引用・参考文献〉

荒川智 二〇〇七、「障害者の人権と発達をめぐる理論的課題」荒川智・越野和之編『障害者の人権と発達』全障研出版部、二五〇―二六〇頁。
荒川智 二〇一〇、「潜在能力アプローチと特別支援教育」『茨城大学教育学部紀要（教育科学）』第五九号、一六一―一七五頁。
荒川智・越野和之 二〇一三、『インクルーシブ教育の本質を探る』全障研出版部。
荒川智 二〇一四、「ケイパビリティ・アプローチとインクルーシブ教育―M・ヌスバウムの提起をめぐって」『茨城大学教育学部紀要（教育総合）』増刊号、二六五―二八一頁。
荒川智 二〇一六、「正義論としてのケイパビリティ・アプローチと障害者の教育」『茨城大学教育学部紀要（教育総合）』第六五号、二四三―二五七頁。〈本稿の3（2）～（4）は、主にこの論文に依拠している〉
糸賀一雄 一九七〇、『福祉の思想』NHKブックス。
神島裕子 二〇一五、『ポスト・ロールズの正義論』ミネルヴァ書房。
加藤直樹 二〇〇七、「集団と発達保障（1）」（発達保障をめぐる理論的問題〔第一〇回〕）『障害者問題研究』第三五巻第二号、七五―七九頁。
Kjeldsen, Christian Christrup 2014,“Capabilities and Special Needs.” Verlag Dr. Kovac.
馬渕浩二 二〇一五、『貧困の倫理学』平凡社新書。
宮寺晃夫 二〇一四、『教育の正義論』勁草書房。
水野和夫 二〇一四、『資本主義の終焉と歴史の危機』集英社新書。
中村隆一 二〇一七、「『集団の系』の歴史的概観と今後の検討課題」『障害者問題研究』第四五巻第二号、九八―一〇五頁。
ヌスバウム（池本幸生他訳）二〇〇五、『女性と人間開発』岩波書店。
ヌスバウム（神島裕子訳）二〇一二、『正義のフロンティア　障碍者・外国人・動物という境界を越えて』法政大学出版局。
ロールズ（川本隆史他訳）二〇一〇、『正義論（改訂版）』紀伊國屋書店。

セン（池本幸生他訳）一九九九、『不平等の再検討』岩波書店。
セン（石塚雅彦訳）二〇〇〇、『自由としての経済開発』日本経済新聞社。
セン（池本幸生訳）二〇一一、『正義のアイデア』明石書店。
志賀信夫 二〇一六、『貧困理論の再検討―相対的貧困から社会的排除へ』法律文化社。
田中昌人 一九七四a、『講座 発達保障への道①―児童福祉法施行20周年の証言』全障研出版部。
田中昌人 一九七四b、『講座 発達保障への道③―発達をめぐる二つの道』全障研出版部。
WHO 2011, "World Report on Disability." 邦訳：アラナ・オフィサー、アレクサンドラ・ポサラック編、長瀬修監訳、石川ミカ訳 二〇一三、『世界障害報告書』明石書店。

第2章

発達保障は人間の発達をどう理解するか

1 発達認識

2 発達と教育

河原紀子
白石正久

1 発達認識

はじめに

発達保障論は人間の発達をどのように理解するか、そして「発達認識」とは何かについて論じることが本稿の課題である。その課題へのアプローチは教育、福祉、心理などいくつかの分野から可能であるが、それらすべての立場から答えることは困難である。そのため、ここでは筆者の専門である発達心理学の立場に限定して論じることとする。

発達心理学は、「主として人間の精神的（認知的）、行動的側面を対象として、人が誕生してその一生を終えるまでの期間（これを「個体発生」過程という）に見られる発達的変化についての法則（発達のメカニズム）や特徴（発達の様相）を明らかにする心理学の一分野」（田島 二〇〇五、一〇三頁）と定義される。この「発達心理学」の最近の動向として、以下の二つの特徴が挙げられる。

一つは、発達心理学が実質的に、理論的にも実証研究としても「生涯発達心理学」の解明へと向かい始めたことである。「受精から死までの生涯発達」を研究対象とし始めたのは一九八〇年代以降であるが、当初は中高年および老年心理学の隆盛はあったものの、各時期の研究を単につなぐものであった（遠藤 二〇〇五、高橋 二〇一二a)。もう一つは、発達に関する遺伝的および生物学的基盤について新たな情報が明らかにされてきたことである。ヒトゲノム計画が完了し、がんやうつ病などの病気をはじめ、発達障害や心理的特徴などと遺伝子との関連が明らかにされるとともに、行動遺伝学、分子遺伝学、神経科学などの分野の進展が目覚ましいことである。これらの動向は、発達を多面的、総合的な変化としてとらえようとする立場として、発達心理学から「発達科学」の確立をめざすものでもある（高橋 二〇一二a、田島・南 二〇一三など）。

以上の発達心理学の動向と「発達認識」との関連について検討できる論点として、ここでは、①発達の規定要因、②発達の連続性と非連続性、の二点について概観し、発達保障論の視点からの今後の可能性と課題を探りたい。

1　発達の規定要因

受精から死までの「発達」という時間経過の中で生じる変化に対して、どのような要因が影響しているのだろうか。発達の規定要因として、これまで主に生物学的要因、環境要因、自己規定要因が概念的に区別されて考えられてきた（秋山 二〇一二）。生物学的要因としては、成熟や遺伝、神経活動などが挙げられ、環境要因としては、親子関係、仲間・友だち関係、保育・教育環境、さらには夫婦関係、職場環境などがあり、今日では出生以前の胎児の子宮内環境などもその一つと考えられている。はじめに、これら二つの規定要因から見ていこう。

（1）遺伝か環境か――生物学的要因と環境要因

これら二つの要因に関して、「遺伝か環境か」「生まれか育ちか（nature vs. nurture）」という論争が長く展開され続けてきた。その論争には、次のような経過が見られるという（村田 一九九二、内田 一九九九）。二〇世紀前半、生物学的要因を重視したゲゼルらは、一卵性双生児を対象に階段上りやボール操作、積木操作などの訓練の開始時期とその効果について検討した（Gesell & Thompson, 1929）。その結果、ある技能を習熟するためには、その準備（レディネス）ができている時期でないと、訓練の効果がないことを主張したとされる。そこへ、実験心理学における行動主義が台頭し、ゲゼルの主張を圧倒した。ワトソン（Watson, J.B.）は、ネズミやハトを対象に条件付けの手法を用いて思い通りの行動を形成できることを示し、発達についても条件付けや学習によって説明できると主張したのである。しかし、このようなどちらか一方を重視する立場から、生物学的要因も環境要因もどちらも考慮する必要性を主張したのがシュテルン（Stern, W）の輻輳説である。彼にとって発達は、生物学的要素と外的条件としての環境との間の相互作用の結果、と考えられていたという（村田 一九九二）。

それ以降、「遺伝と環境の相互作用」（nature & nurture）」という考えが主流でありつつも、新たな研究方法の開発、それぞれの理論の精緻化が進むなかで、どちらかを重視する傾向が交互に繰り返されてきた（Sameroff, 2010、高橋 二〇一二a）。中でも、冒頭で指摘したように、行動遺伝学においてはこれまでの常識を覆すような新たな研究成果が示されている。例えば、知能の個人差は、発達とともに環境要因の影響が強まるように思われがちだが、実際には年齢と経験が増大するにつれ遺伝要因がより明確に具体的な数値で表されるようになった（安藤 二〇一二）。そのほかにも、さまざまな特性や能力について、遺伝的規定性が相対的に大きいことが示されたり、あるいは一部の特質や発達障害などにかかわる遺伝子が特定されたりもしている（遠藤二〇〇五）。

いずれにしても、これらの行動遺伝学から学ぶべきことは、従来考えられてきた環境について、それが遺伝とは独立して、偶発的に存在するわけではなく、「遺伝はそれに合致した環境の解釈や選択や構成をとおして、発達のなかに徐々に現実的なかたちをもつに至る」（遠藤二〇〇五、二四頁）という点である。このような観点から、遠藤利彦は自閉症スペクトラム者が特異なコミュニケーションを示すのは、彼らが「生得的に」能力や機構を欠いているからではなく、「通常の乳幼児にとっては当たり前に魅力的な人や顔や目や声」などの社会的刺激に関心が向きにくいのであって、注意を向けることができないのではないと述べている。そして、三項関係の形成や心の理論などのコミュニケーションの発達に促進的に作用すると考えられる環境、およびそこでの社会的経験をむしろ「遠ざけ」ることによって、自閉症スペクトラムのさまざまな問題や症状が時間経過とともに構成されていく可能性を指摘している（遠藤二〇〇五）。

（２）発達における主体――自己規定要因

上述の自閉症スペクトラムの例からも考えられるように、ある環境を遠ざけたり、近づけたりする主体、すなわち、個々人が主体となって引き起こす統合された構成物としての発達をどのようにとらえるかが、三つ目の発達の規定要因である自己規定要因にかかわる問題である。高橋惠子（二〇一二ａ）は、発達における自己規定要因を理論化するうえでの仮定として、以下の二つを挙げている。

一つは、「個体の主体性を仮定」することである。すなわち、人間には、生得的な主体性が備わっていると認め、その傾向が社会文化的な要因との相互作用によって発現するという考えである。その例として、エリクソンやボウルビィの理論を挙げている。中でも、エリクソンの考えについて、有機体としての人の発達にはグランドプラン、ないしは内的法則があり、それにしたがって多様な経路をたどりながら順次分化していくとしている。しかも、その際に文化や社会との相互作用があり、分化したものが全体として構成されることをErikson（1950）やErikson & Erikson（1997）において強調したとされる（高橋 二〇一二a）。

もう一つは、「統合する機能を仮定」することである。ヒトは自らの「経験を選択し、自分のものとして統合する機能を持つ特別な心的システムを備えている」（高橋 二〇一二a、一〇頁）という考えである。その例として、オルポートの人格心理学（Allport, 1955）を挙げ、そこでは「人間は統一のある、一貫した独自の人格を作り上げるものだとし、また人間は未来に向けて生きているとして、自己を特色ある統一体として生成していこうとする指向性」が仮定されているという（高橋 二〇一二a、一一頁）。このような特別な心的システムが個人的経験を体制化する機能をもつという性質については、自我形成や自己意識として、さらには、アイデンティティやセルフエフィカシーなどの機能に関する研究として検討されてきた（高橋 二〇一二a、秋山 二〇一二）。

以上のように、様々な要因を取捨選択し、自らの発達としてまとめ上げるという特徴やそれぞれが独自に体制化された個としての発達をとらえるうえで、生物学的・遺伝的要因や環境要因に左右されるままではない、発達における主体の重要性が改めて問われている（高橋 二〇一二a）。

（3）発達保障論の視点から

発達保障論では、発達の規定要因についてどのように考えられてきたのだろうか。全障研はその目的を「障害者の権利を守り、発達を保障するために、実践と理論を統一的にとらえた自主的・民主的研究運動を発展させること」と定め（規約第三条）、この規約に基づく実践と研究活動を展開してきた。その中で、まず実践的な視点からは、自己規定要因である発達の主体および環境要因としての人間関係や保育・教育環境が重視されてきたと言えるだろう。環境要因に関する詳細な議論は次項の「[2]発達と教育」に譲り、ここでは主に自己規定要因について検討する。

全障研の研究誌『障害者問題研究』では、「発達認識」に関連するテーマとして、近年では「1歳半の節と発達保障」（第四四巻第二号、二〇一六年）という特集が組まれた。そこでは、一歳半という年齢と関連して、自らの発達を統合する機能としての自我形成とそのための保育・教育的かかわりの重要性が指摘されている。木下孝司（二〇一六）は、自我形成における意味的側面の重要性および意図の形成や明確化のための活動は何かについて論じ、別府哲（二〇一六）は、自閉症スペクトラム児者にとっての快情動が伴う活動や対象世界の形成の質的・量的充実について述べている。さらに、複数の実践報告において、たとえ障害が重度であっても、「問題行動」が激しくても快情動が伴う活動を見出すこと、そしてそれへの要求を育てていくこと、さらにそのための人とのかかわり、保育・教育的働きかけが自我形成に不可欠であることなどが報告されている。この自我形成は、個体の主体性とも一体をなすものと言えるだろう。今後は、このような自己規定要因にかかわる事例報告の蓄積とその理論化が求められる。

一方、生物学的要因について、どのような議論が可能であろうか。ここでは、理論的な視点から「発達の原動力」に注目したい。発達の原動力をめぐって一九六〇～七〇年代にはソビエト心理学などを中心にさまざまな論争が展開されたが（田中　一九八二）、今日もその認識についての議論は終わっていない（加藤　二〇一七）。ここでは、発達保障論の発展に寄与した発達理論の一つである「可逆操作の高次化における階層―段階理論」（以下、

「階層―段階理論」と略す）における「新しい発達の原動力」を取り上げる。「階層―段階理論」では、「新しい発達の原動力」は発達の質的転換を達成する役割をもち、「中枢神経系の成熟を中心とした生理的基礎」の形成を前提としている（田中 一九八五）。その発生は、受精から出生（出産）までに三回、出生から成年になるまでに六回あるとされ、出生後の四回については、四か月、一〇か月、五歳半、一四歳（中二）とおおよその時期・年齢が仮定されている（中村 二〇一六）。

冒頭で述べたように、近年飛躍的な進歩を遂げている分野として神経科学がある。神経科学は一般名称としては脳科学とも言われ、この分野の知見が生物学的規定要因として、心理・行動過程を支える生理的メカニズムやシステムとしての働きの解明に向けての貢献が期待されている（皆川 二〇一三）。そのための方法として、機能的磁気共鳴画像法（ｆＭＲＩ：functional magnetic resonance imaging）や脳磁図（ＭＥＧ：magnetencephalography）などが成人や学童期、思春期の研究で多く用いられ、乳幼児では、脳波計（ＥＥＧ：electroencephalography）と近赤外分光法（ＮＩＲＳ：near-infrared spectroscopy）が発達研究に利用されている（皆川 二〇一三）。例えば、ＮＩＲＳの研究から、四か月児の脳反応は種や環境に依存しない聴覚一般的特性が見られるとされるが、新生児期には見られない、非母語より母語への強い脳活動が見られ、母語処理について四か月で母語特異的回路が形成されていることが示唆されている（Minagawa-Kawai et al. 2011）。また、開（二〇一二）によれば、Moriguchi & Hiraki（二〇〇九）は、幼児を対象にＮＩＲＳを用いて次元変化カード分類（ＤＣＣＳ：Dimensional Changing Card Sorting）課題を実施し、課題の通過状況と前頭前野の活動との関連および機能的発達過程について検討した。その結果、三歳時点でＤＣＣＳ課題を通過した幼児は、右の下前頭領域を活動させたが、不通過の幼児はその領域を活動させなかった。それに対し、四歳時点では、三歳時に通過した幼児は左右両側の下前頭領域を活動させ、三歳児に不通過だった幼児は四歳時点で課題には通過したが、活動させたのは下前頭領域の左のみであった。このことから、課題を達成できる時期によって、子どもの脳の発達のプロセスが異なる可能性が指摘されている。

このような発達脳科学的アプローチによって、「新しい発達の原動力」が発生する時期の前後やそのプロセスにおける生理的基礎の詳細が明らかにできるかもしれない。例えば、「新しい発達の原動力」の発生状況をとらえる課題（四か月であれば、追視やリーチングなど）や活動の際の脳活動を測定することなどが考えられる。ただし、脳科学の分野は現時点では、装置や実験手法が開発途上であるとともに、乳幼児の脳活動の測定には困難が多く、さらに脳の構造的変化と機能的変化をどう結び付けるのかという問題の解決が必要である（開 二〇一二）。

2　発達の連続性と非連続性

(1)　発達段階説

発達認識に関するもう一つの論点は、発達は連続的か非連続的かについてである。村田幸次（一九九二）によれば、Werner（1957）は発達の連続—非連続を考える場合に、量的変化と質的変化をどのように理解するかが重要であると述べた。量的変化は、それがどの程度存在するかに関する変化を指す。たとえば一定の時期ごとに同じペースで体重の増加が見られれば、それは量的連続である。それに対し、ある時期に激増したとすると、それは量的非連続となる。一方、質的変化は、あるものがどの程度存在するかではなく、それが存在するか否かが問われる。新たなものが創発されたかどうか、この創発的変化が質的変化の重要な指標であると述べた。そして、発達には非連続的な質的変化が見られるとする立場が発達段階説である（高橋 二〇一二b）。

二〇世紀前半、子どもの発達を質的な変化を含む非連続的なものとしてとらえる必要性を強調したのが、ピアジェ、ヴィゴツキー、ウェルナー、ワロンらであった（大泉 二〇一六ほか）。中でも、現代の発達心理学の理論として、ピアジェの「認知発達理論」とヴィゴツキーの「文化発達理論」が代表的な二大理論であるとの指摘もある（田島・南 二〇一三）。

ピアジェは、子どもは積極的に外界と相互作用することによって、認知的枠組みや知識を構成していく存在であるという、構成主義的な立場であったと評価されている（内田 一九九九、木下 二〇一七ほか）。ピアジェの理論における重要な概念の一つが「シェマ」である。シェマはもろもろの活動の構造ないしは組織のことであり（Piaget & Inhelder, 1966）、外界を認識するための枠組みとされる（木下 二〇一七）。子ども（個体）は外界との相互作用で生じるズレを「同化と調節」をとおして適応するが、既存のシェマをそれらに適用する「同化」と既存のシェマではうまく適応できないとシェマそのものを修正する「調節」を通して、均衡化を作り出す。これは、ある認知構造から次の段階の認知構造への移行を意味し、ピアジェはそれを発達であると考えた（高橋 二〇一二b、木下 二〇一七ほか）。そのような考えを基に、出生から加齢に伴って、感覚―運動的段階、前操作的段階、具体的操作段階、形式的操作段階と移行していく発達段階を示した。このようなピアジェの理論は、子どもの能動性を重視した発達理論として評価されている（湯川 二〇一二、木下 二〇一七ほか）。

田島信元（二〇一三）によれば、ピアジェは個体と環境との相互作用という二要因に基づく認知構造の発達理論を展開したのに対し、ヴィゴツキーは子どもと対象との相互作用的活動という二要因に加えて、それを媒介する大人や年長者による教育的活動ないしは、相互作用的活動に使用される大人の言語・記号の果たす役割という三つめの要因を挙げた。この三要因の関連から子どもの発達について説明したのが「文化的発達の一般的発生原理」とされる（田島 二〇一三）。大人による教育的活動の中で、最もよく知られている概念として「最近接発達領域」があるが、発達段階に関しては次のような考えを示していた。

ヴィゴツキーは、これまでに提起された子どもの発達の時期区分は次の三つのグループに分けられるとしている（Vyotsky, 1984）。第一は、子どもの発達とは結びつきのない他の過程の段階的構成に基づいた区分、例えば、幼稚園、小学校といった教育の段階（制度）などである。第二に、子どもの発達の何か一つの特徴を基準に時期区分しようとしたもので、例として歯の出現や交代に基づく区分がある。第三に、発達は「質的な新形成物の存在」によって特徴づけられ、それが子どもの発達の時期や年齢を決定する基準となると述べた。

麻生武（二〇一三）は発達段階の必須条件として、一つは、発達段階の順序の一般性、すなわちある段階から次の段階をへてさらに新たな段階へといった時間的順序が多くの子どもに観察されるということ、二つめは、多くの発達領域に通底して発達段階が主張できる領域一般性、三つめは、強力な理論の必要性を挙げている。つまり、単なる記述的研究ではなく、発達の連続性と非連続性を説明しうる理論である。ピアジェの認知発達理論やヴィゴツキーの文化発達理論もこの強力な理論として位置づけられている。

(2) 発達段階説への批判

魅力的な発達理論は、その功績が評価される一方で様々な批判も招来した（湯川 二〇一二）。その一つは、領域一般性を前提とする発達段階説に対し、発達における領域固有性を強調することである（木下 二〇〇九、二〇一七）。この立場では、あらゆる領域に適用できる一般的な認知能力を想定せず、数や物体の動き、言語や心の状態などそれぞれの領域に固有の知識や理論を発達早期から生得的に備え、その後の変化を知識量の増大などとして連続的なものととらえる。一九八〇年代以降、そのような発達の連続性を重視する英米の研究が質・量ともに圧倒する状況になっていった（小島 二〇一三、麻生 二〇一三）。それに加えて、社会―文化的な状況において発達をとらえる立場から、そもそも文化を超えた普遍的発達段階には否定的で、文化や状況によって必要とされる能力が異なるとされている（木下 二〇一七）。さらに、自閉症スペクトラムのような障害（発達のアンバランス）がある場合には定型発達の場合とは異なる発達過程を示すという結果などから、普遍的な領域一般の発達段階に批判的な意見が出されている（麻生 二〇一三）。

一方、このような状況を危惧し、領域一般的な発達段階を再評価する主張（谷村 一九九七）や、表象発生をめぐって非連続的な質的変化を重視するワロンの理論を評価する必要性も指摘されている（加藤 二〇〇七など）。

以上のように、発達心理学において二〇世紀前半には非連続的な変化を含む発達段階についての理論が登場するが、その勢いは領域固有性という発達を連続的にとらえる立場の隆盛によって押しとどめられた。領域固有性の主張の中にも、領域の範囲や生得性の強弱についていくつかの立場があり、今日、発達段階をはじめ発達の連続性・不連続性をどのようにとらえるのか、新たな局面を迎えている。

（3）発達保障論の視点から

領域固有性という考えは、発達を要素的に分解してとらえる傾向から、実践現場ではさまざまな混乱を招いてきた（中村 二〇〇七）。中でも、木下（二〇〇九）が指摘するように、自閉症スペクトラムなどの障害がある場合、個々の機能や領域間に「発達のアンバランス」があり、現象的には領域固有性を否定できない面がある。しかし、発達保障論では、一人の人間としての全体像をとらえるという視点が重視されてきた。それは、個々の機能をとらえたうえで、そのつながりをとらえる機能連関という視点や、それらが時間的経過のなかでどのように関連しつつ変化していくのかという発達連関という視点である。そのような視点で自閉症スペクトラム児の他者理解を検討した別府（二〇〇七）は次のように指摘している。彼らは他者理解に関する能力は形成されるが、定型発達児や他の障害児者には見られない特異な機能連関を示す。また、その能力の形態は同じでも内容には障害ゆえの独自性があり、より高い言語能力で補償するという特異な機能連関が見られるとされる。これらは、自閉スペクトラム症児における他者理解の障害が、障害に固有で不可避的ではないことを示すものであり（別府二〇〇七）、既述した、障害などの発達上の問題・症状が発生的に構成されていく可能性（遠藤二〇〇五）を裏付ける例でもある。

このような観点から、領域固有性と発達の連関性をどのように統合するのかも一つの重要な問題であり、その可能性について木下（二〇〇九）が指摘している。また、「階層―段階理論」における下部連関、上部連関、基本連関、散逸連関（内部連関）といったそれぞれに共通する連関構造やその相互の関連について検討を深めることも有益かもしれない[1]。さらに、障害がある場合だけでなく、定型発達児であっても、発達の経路は多様である。発達の全体像をとらえる視点に立つことによって、新たな質のシステムの生成、発達の非連続性をとらえられる可能性がある（木下二〇一七）。

発達経路の多様性や複雑性をとらえるために、遠藤（二〇〇五）は一人ひとりの個としてのまとまりを解体することなく、たとえば言葉や心の理論などの萌芽と発達のプロセスに関するデータを収集し、各種要素の立ち現われのタイミングや順序性などを、それぞれ個別のパターンとして取り出す必要があると述べている。すなわち、全体的な人間理解に立ち戻ることを可能にしつつ、個別のパターンを取り出すために何を分析の単位とすればよいだろうか。その一つとして、「階層―段階理論」における「可逆操作」が挙げられる。「可逆操作」は、「外界を取り入れ、新しい活動をつくりだし、そうすることで内面性を豊かにしていく」（田中 一九八七、一四四頁）という三つの要素を一つの単位として切り離さずにとらえるとともに、外界と内面との双方向への作用が想定された概念である。中村隆一（二〇一三）によれば、「可逆操作」は、発達の実体に発達の契機を内在化させた概念であり、それによって「発達の自己運動」ないしは「発達の内発性」という特徴をもたせている。自己運動とは、「運動が外部のものによって引き起こされるのではなく、運動しているもの自体にその原因をもつこと」（森 一九九五、一七一頁）である。この特徴づけによって、発達に独自の内的合法則性の解明が可能になるだけでなく、発達を阻む障害との関係を説明することも可能になる（中村 二〇一三）。

中村（二〇一三）によれば、ピアジェも発達の実体部分として「シェマ」を取り出し、その動態を同化と調節によって取り出そうとした。しかし、発達段階間の移行という質的変化と漸進的な変化とが両立するかどうかや、障害の概念の位置づけについては残された課題となった。また、ヴィゴツキーについても、発達主体側の内発性が意識されていたが、発達の実体が特定されていなかったために、移行期について現象としての把握にとどまったとされる。

以上のような点から、今後「可逆操作」を分析単位とした実証的研究の蓄積や理論的検証とともに、それらの成果と発達心理学研究との関連や位置づけを明確にする必要がある。それらの後、発達の普遍性の中に特殊性としての障害を位置づけた普遍的な発達理論が新たな質をもって誕生することも不可能ではないだろう。

〈注釈〉

（１）「階層―段階理論」では、相対的に関連がある（あるいは強い）と考えられる四つの側面・機能に分けて発達の全体像をとらえることを試みている。下部連関とは、主として姿勢や全身運動などに関わる側面であり、乳児期であれば寝返りやはいはい（移動）などの行動を指す。基本連関とは、手指の制御、手による物の操作に関わる側面であり、道具使用や表現などが該当する。上部連関とは、音声・言葉、認知などに関わる側面である。これら発達の各連関が動的に協応する側面として、自我・自己や社会性などとして把握される散逸（内部）連関がある。

〈引用文献〉

秋山道彦　二〇一二、「発達の規定因」高橋惠子・湯川良三・安藤寿康・秋山弘子編『発達科学入門１（理論と方法）』東京大学出版会、二一―四四頁。

Allport, G (1955) *Becoming.* Yale University Press.（豊沢登訳　一九九五、『人間の形成』理想社）。

麻生武　二〇一三、「発達段階」日本発達心理学会編『発達心理学事典』丸善出版。

安藤寿康　二〇一二、「行動遺伝学と発達」高橋惠子・湯川良三・安藤寿康・秋山弘子編『発達科学入門１（理論と方法）』東京大学出版会、九九―一一四頁。

別府哲　二〇〇七、「自閉症における他者理解の機能連関と形成プロセスの特異性」『障害者問題研究』第三四巻第二号、二五九―二六六頁。

別府哲　二〇一六、「自閉スペクトラム症と1歳半の節」『障害者問題研究』第四四巻第二号、一八―二五頁。

遠藤利彦　二〇〇五、「発達心理学の新しいかたちを探る」遠藤利彦編『発達心理学の新しいかたち』誠信書房、三―五二頁。

Erikson, E.H.（1950/1963）. Childhood and society. 2nd ed. Norton（仁科弥生訳　一九九七―八〇、『幼児期と社会１・２』みすず書房）。

Erikson, E.H. & Erikson, J.M.（1997）. The life of cycle complete: Expanded version with new chapters on the ninth stage of development. Norton.（村瀬孝雄・近藤邦夫訳　二〇〇一、『ライフサイクル、その完結（増補版）』みすず書房）。

Gesell & Thompson（1929）Learning and growth in identical infant twins: An external study by method of co-twin control. *Genetic Psychology Monograph*, 6, 1-124.

開一夫　二〇一一、「脳と発達」　高橋惠子・湯川良三・安藤寿康・秋山弘子編　『発達科学入門1〈理論と方法〉』　東京大学出版会、八五―九八頁。
加藤聡一　二〇一七、「可逆操作の高次化における階層―段階理論」における3つの法則性の区別と連関―〈対称性原理〉と〈美しき法則性〉の独自性」『人間発達研究所紀要』第三〇号、一五―三一頁。
加藤義信　二〇〇七、「発達の連続性 vs. 非連続性の議論からみた表象発生問題―アンリ・ワロンとフランス心理学に学ぶ」『心理科学』第二七巻第二号、四三―五八頁。
木下孝司　二〇〇九、「子どもの発達をめぐる最近の研究動向―認知発達研究に潜む問題点と教育実践」『障害者問題研究』第三七巻第二号、五五―六一頁。
木下孝司　二〇一六、「『1歳半の節』に関する発達心理学的検討」『障害者問題研究』第四四巻第二号、一〇―一七頁。
木下孝司　二〇一七、「生涯発達をとらえる基礎理論」　山崎晃・藤崎春代編　『臨床発達心理学の基礎』　ミネルヴァ書房、二五―四七頁。
小島康次　二〇一三、「新成熟論の考え方」　田島信元・南徹弘編　『発達科学ハンドブック第1巻　発達心理学と隣接領域の理論』　新曜社、七九―八三頁。
Minagawa-Kawai, Y., van der Lely, H., Ramus, F., Sato, Y., Mazuka, R., & Dupoux, E. (2011) Optical brain imaging reveals general auditory and language-specific proceeding in early infant development. *Cerebral Cortex*, 21, 254-261.
皆川泰代　二〇一三、「脳科学の考え方」　田島信元・南徹弘編　『発達科学ハンドブック第1巻　発達心理学と隣接領域の理論』　新曜社、三五〇―三五九頁。
Moriguchi, Y. & Hiraki, K. (2009) Neural origin of cognitive shifting in young children. *Proceeding of the National Academy of Science of the United States of America*, 106, 6017-6021.
森宏一編　一九九五、『哲学辞典〔新装版〕』、青木書店。
村田幸次　一九九二、『発達心理学史』　培風館。
中村隆一　二〇〇七、「可逆操作概念の意義―発達診断・発達相談の経験から」『人間発達研究所紀要』一八頁、一九頁、二五―三三頁。
中村隆一　二〇一三、『発達の旅』　クリエイツかもがわ。
中村隆一　二〇一六、「方法論」　中村隆一・渡部昭男編　『人間発達研究の創出と展開』　群青社、九―二七頁。
大泉溥　二〇一六、「弁証法」　中村隆一・渡部昭男編　『人間発達研究の創出と展開』　群青社、四〇―五三頁。
Piaget, J & Inhelder B (1966) La Psychologies de L' enfant.（波多野完治・須賀哲夫・周郷博訳　一九六九、『新しい児童

心理学』白水社)。
Sameroff, A. (2010) A Unified Theory of Development: A Dialectic Integration of Nature and Nurture. *Child Development*, 81, 6-22.
田島信元　二〇〇五、「発達」森義彦編『理論からの心理学入門』一〇三—一三六頁。
田島信元　二〇一三、「ヴィゴツキーの文化的発達理論の貢献：過去・現在・未来」田島信元・南徹弘編『発達科学ハンドブック第1巻　発達心理学と隣接領域の理論・方法論』新曜社、三一—四二頁。
田島信元・南徹弘　二〇一三、「発達心理学の理論・方法論の変遷と今後の展望」田島信元・南徹弘編『発達科学ハンドブック第1巻　発達心理学と隣接領域の理論・方法論』新曜社、一—一六頁。
高橋惠子　二〇一二a、「発達とは」高橋惠子・湯川良三・安藤寿康・秋山弘子編『発達科学入門１（理論と方法）』東京大学出版会、三—一九頁。
高橋惠子　二〇一二b、「発達の概観」高橋惠子・湯川良三・安藤寿康・秋山弘子編『発達科学入門１（理論と方法）』東京大学出版会、四五—六二頁。
谷村覚　一九九七、「発達段階の再評価」『教育心理学年報』、三六—三七頁。
田中昌人　一九八二、『人間発達の科学』青木書店。
田中昌人　一九八五、『乳児の発達診断入門』大月書店。
田中昌人　一九八七、『人間発達の理論』青木書店。
内田伸子　一九九九、『発達心理学—ことばの獲得と教育』岩波書店。
Vygotsky, L., S. (1984)（柴田義松訳　二〇〇二、『新児童心理学講義』新読書社)。
Werner, H. (1957) The concept of development from a comparative and organismic point of view. In D. B. Harris (ed.) *The concept of development : An issue in the study of human behavior*. University of Minnesota Press.
湯川良三　二〇一二、「認知発達」高橋惠子・湯川良三・安藤寿康・秋山弘子編『発達科学入門１（理論と方法）』東京大学出版会、一一五—一三四頁。

2 発達と教育

はじめに

白石正久（一九九四、二〇一六）は、難治性てんかんや脳性マヒがあり、運動機能と精神発達に最重度の障害のある重症児に他者の言語に傾聴する姿があることをとらえ、発達検査の工夫によって言語認識の発達レベルを確認しようとしてきた。その結果、少なくない子どもたちに「大―小」などの対比的認識や「大―中―小」などの中間項の認識をはじめとした、概念の形成があることを見いだした。これらは、機能・能力の現象的なレベルと認識発達のレベルに、顕著な乖離がみられる事例群であり、従来の発達診断において「乳児期前半」の発達段階と診られていた子どもたちであった。それに対して白石は、あえて「見かけの重度」問題という表現を用いて問題提起を行ってきた。

「見かけの重度」とみられる重症児は、口、目、手などの開閉、アイコンタクト、かすかな発声などを用いて、「食べたい」「関わってほしい」などの要求を表現することが家族には確かめられている。さらに、要求を受けとめられないと不機嫌になる、嫌なことからは目をそらす、嫌な場面になると急に寝入るなどの「反抗」「拒否」の表現も観察されている。

このように「一歳半の発達の質的転換」を達成した重症児は、可能な限りの機能・能力を働かせて要求する。その要求は眼前にない事物や活動についてであり、見えないものへの表象と期待が内在している。そして、その要求や期待が実現しなかったときに、さまざまな方法で悔しさを伝え、「抵抗」や「反抗」をする。そこには他者にも意図と要求があることを認識したうえで自らの要求を伝え、「自─他」関係を調整しようとする自我機能が芽生えている。しかし、生活のなかでこれらの事実を経験的に認識している家族も、その「事実」が子どもの発達の表現であるとはみず、「乳児期前半」と同等の発達レベルと認識し続けてきた。

子どもを一個のたいせつな人格としてはぐくみ、コミュニケーションや生活のスタイルをつくり上げてきた家族の歴史への敬意を忘れてはならない。しかし、生活のなかで把握されているこれらの「事実」は、これからの人生において実現していくべき発達可能性の客観的表現なのである。子どもは、その発達可能性を基盤として、もっと多くのことを主体的な要求と活動によって経験し、学んでいくことができるはずである。障害が重くとも、そのことによって生活と人生に加わる「豊かさ」は計り知れないものがあろう。

このことは「見かけの重度」とみられる重症児ばかりではなく、すべての子どもたち、障害のある人々に対してたいせつにされなければならない。つまり、一人ひとりの発達への認識は、その発達要求と発達可能性への認識であり、その発達可能性の実現の権利を保障するための客観的な根拠なのである。その見えにくい発達の事実を認識し、発達要求を代弁し、その要求を子どもとともにかなえるべき第一の存在は、教師や指導員などの実践者である。

1 発達と実践

（1）実践の主体と「働きかけるものが働きかけられる」

全障研は、その目的として「理論と実践の統一的発展」を掲げてきた。この目的規定は、全障研固有のものではない。ここにおける「理論」とは、広い意味で、人間の外界と自己に対する対象変革的活動によって形成されていく自然と社会、その歴史に対する認識の総体であり、換言すれば科学である。そして人間は、自然の一部である自然的存在として、生命を維持するために自然に働きかけ、生きるための糧を生産しつつ、自然と社会に対するさまざまな感覚、感性、認識を獲得してきた。この「働きかける」という「実践」なくして、外界の事物・事象への認識、理論、科学は獲得しえない。人間は、そうやって客体としての外的な事物・事象に働きかけるなかで、同時に自己にも働きかけ、自己の本質的な力をそこに対象化し、そのことによって自己を変革しつつ、さまざまな可能性を実現してきた。理論はその時点においては常に仮説であり、人間は思惟の能動性をもつゆえに、その仮説を検証しようとし続ける。つまり認識の内容が真理であるかどうかは、実践によって証明されていく（岩崎 一九八四）。

つまり実践とは、人間の認識の発展に深く関与して不可欠な営為であり、対象に働きかける活動の全体を貫く普遍的な概念である。その普遍性のなかにあって、発達保障の研究運動における実践とは、いうまでもなく、人間、なかでも障害のある人々や子どもの発達可能性を現実のものにしようとする実践であり、教育、療育、保育、医療、地域生活の保障、成人期の日中活動や労働の保障などである。

ここまでにおいて、実践の主体としては教育などで働く「大人」を想定してきたが、いうまでもなく障害のある人々、あるいは子どもも実践の主体として外界に働きかけ、外界を変革しつつ自らに包摂する過程にあって、自己をも変革しようとしている。その外界と自己を対象化する活動を通じて、可能性としての自己を現実的な自己として発達させていくことができるのである。つまり、障害のある人々、あるいは子どもは、私たちの実践の客体でありつつ、同時に彼らも実践の主体である。発達保障の実践に関わる私たちとの関係でいうならば、私たちは彼らに働きかけつつ、同時に彼らの外界と自己への主体的な働きかけを認識し、さらには彼らによって働きかけられている。この「働きかけるものが働きかけられている」という「相互性」を認識することが、発達保障のための実践をすすめていくうえでは重要な視点となる。

全障研はその黎明期から、障害のある人々や子どもを実践の主体として認識することを、何よりたいせつにしてきた。結成大会（一九六七年）の基調報告は、次のように述べている。

「わたくしたちは、〈中略〉実践を重ねていく過程で、わたくしたち自身の発達観のあやまりを知り、変革をとげることの重要性を知ってきました。たとえば、これまでわたくしたちは、はやく、たくさん、たくみに答えを出すことをめざす体制の中で育てられてきたので、発達とは、できないことができるようになる、上にのびていくことだという理解のしかたをしてきました。劣っている点をかぞえあげることを発達研究とよび、細かい尺度をつくって、できないことができるようになることを追い求めたりします。〈中略〉しかし、教育実践の中で発達とは、そのような受身的な適応の過程ではなく、主体的に外界にとりくみ、外界を変革していく過程としてとらえなければならないのだということを知り、討議をすすめることができました」（全国障害者問題研究会 一九九七、七三二頁）。

当時、「できないことができるようになる」ことを追い求める実践にあっては、「できない」ことや「劣っている」ことを探すための尺度をつくり、そこから検出された弱点にばかり働きかけることがもっぱらの状況であったのだろう。発達の主体であるべき障害のある人々や子どもを客体化するだけの一方向的な実践は、彼らのことを理解する私たちの視野や視点をステレオタイプにし、発達への認識を「受身的な適応の過程」という枠に封じ込めてしまう。もちあわせている発達観や「尺度」で把握される機能・能力に視野は限局され、その結果として見失われていくのは障害のある人々や子どもの内面における精神活動であり、発達要求であった。残念ながら、いまだ、一方向的な対象理解と実践は克服できていない。

(2)「発達要求」とはなにか

「働きかけるものが働きかけられる」というときに、まず私たちが受けとめるべきことは、障害のある人々や子どもの「願い」「要求」である。滋賀県立近江学園の園長であった糸賀一雄は、「だれひとりの例外もなく、感ずる世界、意欲する世界をもっている。ただ生かしておけばよいのではなく、どのような生き方をしたいと思っているのかを知り、語り合い、触れ合い、お互いにより高い生き方へと高められてゆくような指導がなされなければならない」[1]と述べた。発達保障の提起に先立つ時期に、近江学園の実践討議のなかから生まれたこの指導理念は、すべての人間が、より良く生きることを願いつつ、力をあわせて自己変革を遂げようとしていることへの信頼をもって語られているのである。このまなざしのなかから、発達要求あるいは「発達は要求からはじまる」(京都府立与謝の海養護学校「発達の四原則」)という言葉が生まれてきたといってもよい。この発達要求に対しては、全障研の研究運動において協議され、定説的な定義がなされたことはない。「ヨコへの発達」「心の杖」なども同様に、一九六〇年代の近江学園、びわこ学園の実践研究のなかから提起されてきた言葉だが、実践による探究が自由度を広げて展開していくためにも、定義や命題化を急がないほうがよい概念もあるのではないか。そのことを前提として、多少の整理を試みたい。

実践の領域からとらえるならば、発達要求とはなにか。人間は生きるために生まれてくる。生きるために必要な飲食と排泄、衣服による体温の維持からはじまって、この「生きるための要求（欲求）」が生存のための前提となる。乳児は、その要求を自分でかなえることはできないが、養育を担ってくれる他者によって、それを実現できることを知っていく。しかし、「自分」が生まれるとも言われる生後一〇か月頃より、手伝われることを嫌い、自分の手で食べ、やがては自分で靴も衣服も身に着けることを要求するようになっていく。これらの「生きるための要求」は、目的移動、遊び、造形表現、社会で生きるための学習、生活の糧を得て自己実現していくための労働などにおいて、人間の文化の世界に目を開き、より豊かに生きることを願う要求へと成長・発達とともに発展していく。

養育者に対する要求の段階からはじまって「生きるための要求」を実現していく過程において、子どもは自らの現下の能力では豊かに生きることはできない状況を感知、意識し、自らの可能性の尖端をみつめて自己を変革する必要に駆られることになる。ここにおいて、「生きるための要求」は発達要求へと発展していく。

そして人間の歴史は、「生きるための要求」を実現していくために、協力し共同して、生きること、働くことを積み重ねてきた。人間は、発達要求の実現のために、人に支えられ、人を支え、励ましあい、力をあわせることを本性として自らに刻印してきた。そのなかで、人間はその必要によってコミュニケーションの手段を獲得し、要求の充足のために資源を探し、道具を創造して生産を拡大してきた。さらにはその生産のなかで科学と技術を高め、あるいは生産とむすびつきつつ生産の外で自己を表現し、その自己表現を他者と共有して、さまざまな芸術、スポーツ、レジャーを創造してきた。このように「生きるための要求」と発達要求は、個人のものであるとともに、集団的な歴史的行為によって実現してきたものである。個の発達は、この歴史的行為によって人間が獲得してきたものを、子どもがわがものとし、かつ創造的に発展させていく過程でもある。つまり個の発達、歴史的行為のいずれにおいても、「生きるための要求」と発達要求の実現は、人間相互のむすびつきや協業を強めることを必然として求めてきた（マルクス／エンゲルス 一九九六）。

2 発達の原動力を子どもの内部に見いだす

(1) 発達の原動力としての内部矛盾

「生きるための要求」、そして発達要求を人間発達の重要な契機としてみることは、人間を成り立たせている諸機能・能力などすべての要因を視野に入れて、その相互のつながり（連関）を理解することへとつながる。なかでも、要求の選択や決定の前提となり、意味の理解、価値判断などを行う感性、動機、意欲、自己調整などの人格的諸要素となる諸機能を見失うまいとする発達への視野と視点が、発達保障のための実践の発達観をなしてきた。

発達における連関の視点の重要性は、前項の「1発達認識」において論じられた。それは発達を構成する諸機能・能力の連関性のみを認識する視点ではない。自然と社会のすべての事物・事象を、固定不変なものとみる見方を克服し、それらを変化・運動と相互連関において「ありのまま」認識しようとする視点である。さらに、それらの変化・運動と相互連関のなかに見いだされる、区別と対立、主流と伏流、前進と後退などの多面的な局面と運動を探究する視点である。後述する発達の原動力をとらえようとするときにも、それを遺伝などによる成熟的要因や単一の機能・能力、活動に求めようとしたり、教育作用などの外在する要因に一元的に還元しようとする視点は、連関性を問う視点と両立しない。

このような視野の狭さや一面性を克服して、全面性を志向する姿勢と視点をもつことによって、あらゆる事物・事象のなかに、調和的ではなく区別され、かつ対立しながら変化していく諸要素・側面が生起していることを見いだすことができる。なにごとにもこのような対立があると、その関係はそのままの状態で均衡を保っていることはできず、その対立しあっている諸関係が原因となって、諸事物・事象の変化・運動が惹き起こされるのである。この対立しあっている諸関係のありようが「弁証法的矛盾」であり、それこそが変化・運動・発展の原動力となる（牧野 一九九二）。

このような弁証法的発展法則[2]に立脚しつつ、発達の内部に、その原動力としての矛盾（内部矛盾）を認識してきたのが、旧ソ連の児童心理学、教育学の諸研究であった。なかでもコスチューク（一九八二）の命題「子どもの発達の原動力は、子どもの生活、彼の活動、まわりの社会的環境とかれとの相互関係のなかに生じた内的矛盾である」（一一四頁）はわが国でも広く知られてきた。同様にグムルマン（一九七三）は、「人格に生じる新しい欲求、課題、志向と、それらを満たすために必要な手段を獲得する水準の不一致が、人格形成の全段階で法則的にあらわれる基本的な内部矛盾の一つである[3]」（一一二頁）として、そこに発達の原動力を見いだしていた。

一方、田中昌人（一九八〇）は、これらの議論を「発達段階の移行を最近接発達領域の理論の拡張によって一般的に論じて、さまざまな解釈や主観の介入に委ねるなど、発達の原動力としての内部矛盾の説明になりえていない」とし、「人格の要求水準間のギャップの意味が教育学的に定まるのは、主要な内部矛盾をまさに発達の内部において連関的、発展的にとらえ、〈中略〉相対的に独立した内面的合法則性をもったものとしてとりだし、それらとの相互関係で教育学的な媒介的決定ができるときである」[4]（一七九頁）としていた。つまり田中（一九九七）は、発達の内的条件と外的条件の関係（その一つが発達の内的法則と教育作用の関係であるが）は、単なる相互関係という一般的なものではなく、「発達が深く認識できていなければ、教育を真に変革し、創造していくことにならない」（四六六頁）としていたのである。

（2）「外的原因は内的諸条件を介して作用する」

このように、教育に代表される外的作用と子どもの内的諸条件の関係を一般的な相互関係の規定にとどめず、「外的原因は内的諸条件を介して作用する」というルビンシュテインの整理による弁証法的決定論の立場での定式[5]によって探究しようとする議論が、一九七〇年代から八〇年代のわが国の理論研究のなかでも意識的になされてきた。これは、レオンチェフらの心理的発達の決定因を人間の外に置き、「社会的にのみ存在する形態で、先行世代の経験の習得と獲得の過程でおこなわれる」とする社会的、歴史的生産物の「占有」過程に重きをおく立場を批判するものでもあった[6]。つまり、子どもの活動による外在的なものの直接的な内在化として発達をとらえたり、外在的なものの影響に一面的な優位性を与えるような相互関係の認識を批判し、内在的な過程、なかでも発達の原動力としての内部矛盾の発生、発展、消滅を解明しつつ、それに教育などの外在的なものがいかに屈折し影響するかという相互関係の研究を行おうとした（田中 一九八〇など）。

筆者の能力を超えるので、以上の議論へは踏み入らないが、いくつかの前提となる視点を整理しておきたい。

第一に、「外的原因は内的諸条件を介して作用する」とされる弁証法的決定論の立場は、教育作用、教育的実践を、内部条件の一つとしての発達の法則に対して従属的な位置におくものではない。つまり、教育作用などは不可欠の「外的原因」（傍点は筆者）であって、その原因によって発達の原動力である内部矛盾は生成する。それゆえに、内部矛盾の生成などの発達の法則に視点を定めて認識しつつ、それとの相互作用にあずかる教育の内容・方法を検討していくことが教育と教育学の研究課題なのである。また教育の妥当性は、発達の原動力の生成などに関わったかどうかという心理学的認識によって評価されるのではない。つまり、教育と発達との相互関係においても、教育作用をふくむ外部原因は発達の主要な条件であり、それは発達の法則を介して作用するというのが弁証法的決定論の視点である。

あらためて弁証法的決定論の視点とはなにか（牧野 一九九五など）。決定論には、力学的な相互関係に代表される二項間の因果関係をとらえ、外部原因は、それが作用する事物・事象の固有の特性にかかわりなく、作用の結果を一方的一元的に規定するとする機械的決定論もある。それに対して弁証法的決定論は、あらゆる事物・事象の相互連関、つまり因果関係や合法則性を認めつつ、それを科学的に認識することによって、その法則にもとづいて客観的な世界を目的意識的に変革・創造していくことができるとするものである。そのもとで、「ある現象が他の現象に与えるあらゆる作用は、その作用を受ける現象の内部特性を介して屈折される」（ルビンシュテイン 一九八一、二九頁）とみる。また、本質的な連関を必然性として認識しつつ、一方で実践や理論探究によって認識された偶然性を排除せず、偶然性と必然性の区別と連関、つまり偶然性を貫く必然性を認識しようとする。教育などの人間を対象とする実践は、多様で偶然的な事象と出会う過程であるが、その偶然性のなかに本質的な法則、つまり必然性はないかを探究することによって、教育学などの学問として結実する。心理学は、弁証法的決定論の立場でいえば、外的諸条件（外部原因）と内的諸条件との相互作用において、主要な役割を演じているのは外的諸条件であることを認識しつつ、その作用が屈折される内部諸条件としての心理事象を法則的に解明するものである。ただし、これらの弁証法的決定論の「外部原因は内的諸条件を介して作用する」という命題は、ただ「発端の公式にすぎない」（一四一頁）のであって、その相互作用の具体的研究は、いまだ端緒についたばかりである。

第二に、発達過程は子どもの内的諸条件の重要な要因であるが、すべてではない。この「内的諸条件」と「発達過程」を区別したうえでいかなる視野で探究するかが、前提として問われるべき事柄である。ここでいう視野とは、実践や学問の領域のことでもある。たとえば、ルビンシュテイン（一九八二）は「心理諸過程、すなわち、知覚や思考（それのみでなく、たとえば感情）の完全無欠な研究は、それぞれの活動の『人格的』諸相、およびなかんずく動機的諸相を含まなければならない。すなわち、それらの諸過程のなかで、人格の前に提起されている課題にたいする彼の態度を明らかにする必要がある」（一七三頁）とする。さらに「あらゆる効果的な教育活動は、被教育者独自の道徳的活動を、自己の内面的条件とする」（一九二頁）とする。つまり、内的諸条件としての「心理諸過程」に「動機的諸相」を含む意味を込めて「人格的諸相」を、そしてさらに「道徳的活動」などの子どもの主観をも包含している。ルビンシュテインは、「あらゆる心理過程の内的条件の総体として」の人格と述べるように（一九〇頁）、総体的な心理諸機能による構成体としての人格を想定しているが、そういった人格把握の妥当性も重要な研究課題となる。つまり、内的諸条件、そしてその一つとしての発達の法則的過程というときに、何を内的諸条件、発達、人格などの構成要因として規定するかが、そもそも問われているのである。「発達の原動力」「内部矛盾」の定義を検討するさいに、たとえばコスチューク（一九八二）が矛盾の具体例を以下のように記述していることも議論の契機となる。「子どもの新しい欲求や疑問や志向と彼の可能性の発達水準とのあいだにある矛盾、社会環境が彼に提出しかれがひき受けた要求とその要求を満たすに必要な能力や技能の習得水準とのあいだにある矛盾、新しい課題と以前につくられた習慣化している思考や行動の方法とのあいだにある矛盾などである」（一一四頁）。このように並列的で主観の関与する矛盾の把握では、内的諸条件としての発達の法則的過程とそこに存する内部矛盾を認識していくことにはならないとする指摘がある。筆者もそれに首肯するが、しかし一方で、コスチュークによって例示される矛盾のいくつかの側面が、子どもの人格の形成や発達において意味をもつことを否定することはできない。あるいは内的諸条件としての発達を、諸機能・能力の連関と質的変化の過程として認識するならば、教育作用との相互関係をとらえる視点は比較的明瞭になるが、人格の形成過程に認識の視野を広げるならば、その相互作用の心理学的研究は人格発達をいかなるシステムとして把握するかを、まず論じる必要があり、容易ならざるものになる。教育、あるいは教育学は、その認識の視野を教育的価値のひとつとしての人格の形成に向けているのであって、その実践や学問を心理学の枠に移したり従属させることはできない。

3　子どもは発達によって教材をどう取り入れるか

（1）発達の過程と教育課程

さて、教育と発達との相互関係をとらえる視点を検討してきたが、具体的にその関係はどのようにつくられるのか。その相互関係において、発達に関わる教育そのものがいかなる変化の過程を形成し、質的に変化、発展していくのかを検討することが課題となる。全障研の研究運動は、発達を質的転換のある過程ととらえ、その過程と相互関係をむすぶ教育のありかたとその発展過程について、実践的な研究を重ねてきた。そのなかで研究の契機となってきた基本的視点には、たとえば以下のようなものがあった。

茂木俊彦（一九八四）は、養護学校義務制間もない当時の実践に依拠しつつ、「子どもの発達とは何かと問い、発達の段階と各段階の発達を主導する活動を明らかにし、その活動を教育的に十二分に組織することによって、子どもがいわば新芽がはじけるような仕方で次の高次の発達段階に移行するのを指導するという教育観」（一一一頁）の生成をみていた。発達段階と各段階の活動、高次の発達段階への移行の過程を明らかにすることは発達心理学の研究だが、同時にその活動を仮説を立てたうえで計画し、教育的に組織する実践を通じて、発達段階の移行を達成していく「活動」とは何かを明らかにしていくのは、教育学と教育実践の主体的な役割である。それぞれの段階における「主導的活動」とは何か、それは他の諸活動とどう連関するのか、「新芽がはじけるような仕方」とはどのような過程なのかなどの研究課題を内在させた提起であり、「発達的順序性を主軸とする教育内容編成」という私たちの実践研究の視点として、今日まで共有されてきた。

田中（一九八〇）は、弁証法的認識を基礎にもつ発達研究の立場から「教育における発達的前提を科学的に認識し、発達と教育の弁証法的関係を正しく組織する視点に立ち、学問の成果にもとづいて、生活的内容の精選とその発達的具体化をおこなったうえで、どのように教育内容として組織していくのかが問題とされ、実践的にためされていくのでなければならない」（二五六―二五七頁）としている。そして、この視点から教育課程は、「これら発達の原動諸力の発生から弁証法的充実、そして弁証法的否定、さらに新たな発達の原動諸力を発生させるべき新たな弁証法的充実等を保障する発達的諸関係を教育的に組織していくさいの基本計画である」（二五七頁）

とする。つまり発達の原動力の発生にはじまり、その原動力の充実・発展、そして弁証法的否定による、さらに新しい原動力の発生にいたるまでの過程をひとつの単位とする教育の段階、つまり教育階梯を仮説としていた。このように田中は、自身の「可逆操作の高次化における階層―段階理論」に依拠して教育階梯の提案を行ったわけだが、教育実践にしっかりと足をおき、これらの教育階梯の妥当性、その教育課程の内容を明らかにしていく心理学と教育学の往還と共同のある研究が、今日さらに求められているといえよう。

(2) 子どもが発達と教材によってつくる「単位」

述べてきたように、発達とは、子ども(以下では仮に子どもを主語とする)が外界と自己に働きかけ、外界の変革、創造とともに、その包摂において能力と人格を自己変革していく過程であるとされる。外界とは自己をも含む自然と文化である。自然は、人間の歴史以前からも存在する物質、事物、事象である。文化は、人間が、その身体と精神によって自然と既存の文化に働きかけ、歴史的に創造してきたものであり、衣食住、コミュニケーション、労働、育児、教育、芸術、文学、スポーツ、学問、技術、経済、政治、倫理、宗教などであり、それを行うための技能、素材、道具を含む。

文化には、「より快適に生きたい」「より深く知りたい」「より良く自己表現、自己実現したい」という「生きるための要求」によって創造された価値が内在している(白石 二〇〇六)。子どもは、文化に働きかける過程において、そこに込められたこれらの要求を感得し、自らも「生きるための要求」を高め、価値創造の主体になろうとする。しかし、それを無条件で学習し、能力、人格として獲得・形成していけるわけではない。そこには、発達段階、つまり発達の連関とその特殊性・個別性を含む発達の質的特徴(様式)、発達要求と内部矛盾の生成などがあり、さらに一人ひとりの感性、関心、興味に規定された文化の「取り入れ口」がある（白石二〇一四）。

　この「取り入れ口」が、いかなる「レベル」（質）、「大きさ」（量）、「つながり」（諸関係）を取り入れることができるのか、その「取り入れ口」をもつ子どもが、教材化された文化と向き合い、感性をゆさぶられ、関心と興味を高め、自らのものとして取り入れることができるかが問われることになる。たいせつなのは、その過程において教育的指導のもとで子ども自身が文化を選択・加工して、質、量、つながりをもった「単位」を創り出すことである。その単位の形成過程について、白石（二〇一四）は具体例を提示した（八三―一〇八頁）。ここであらためてそれを検討し深めてみたい。

　一歳半頃の発達の質的転換期において、生後一〇か月頃から子どもは「入れる・渡す・のせる」などの定位的な調整を行うようになる。手に持ったものと容れもの、手に持ったものと相手の手、手に持ったものと「もう一つのもの」との関係を探索するようになる。そしてその活動に対する他者の受容・承認による意味づけを期待し、意味づけられたことによって、「もう一回」その単位を創りだそうとする。さらに他者からの受容・承認を期待し、その実現によって単位を積み重ねていく。この単位の量的な拡大が一定の蓄積を見せると、子どもは一つひとつの定位的活動に対する他者の受容・承認では飽き足らなくなる。そこにあるすべてのものを対象として「入れる・渡す・のせる」などの活動を「やりきった」後で、その結果を喜びの表情で見つめ、視線や表情で喜びを伝えようとする。つまり「入れきる・渡しきる・のせきる」などの主体的な意図＝「つもり」をもち、他者に先導されるのではなく、自己の発達要求によって「大きな」単位を創造するようになる。他者の受容・承認を要求する主体から、「つもり」をもった活動の主体としての自己を要求する姿へ飛躍していく。ここにおいて、「もっと、もっと」と要求し、その要求によって、単なる「対」ではなく、「対比」を拡大していく準備がはじまる。

田中（一九八七）らの「可逆操作の高次化における階層―段階理論」によると、この一歳半頃の発達の質的転換を達成すると、九、一〇歳頃の発達の質的転換期までの長い発達の階層に入る。この階層にある三つの発達段階にそくして絵本教材の取り入れ方で単位を例示すれば、以下のようになる。

『いないいないばあ』（松谷みよ子、瀬川康男画、童心社）、『いないいないばぁあそび』（きむらゆういち、偕成社）などの導入期の絵本では、他者によって引き起こされる「ばぁ」というページの変化を期待し、期待通りの変化の発見という単位の形成が、次の単位を予期的に認識し期待することにつながっていく。そこでは、一つひとつの登場（人）物が顔を明かすことへの期待が、並列的ではあるが積み重なっていく。やがて、そういった一つひとつの単位ではなく、この本の最後の登場（人）物が「ばぁ」と顔を見せるところまでを大きな一まとまりとして意識し、本を一つの単位として読み聞かせを期待するようになる。この変化が、一歳半頃の発達の質的転換（一次元可逆操作の獲得期）であろう。期待とは時間的空間的に「今」は存在しないものを想定することであり、一歳半の質的転換期においては、見えないものへの期待とともに、それを予期的に想像する表象機能が獲得され始めることになる。この段階においては、読み聞かせてくれる指導者と絵本を一つの単位としてとらえ、その指導者の表情、ことば、共感などが、重要な意味をもっている。絵本の読み聞かせのなかで培われる単位の形成と予期・期待は、生活と活動においてさらに展開し、さまざまな場面で予期と期待を内包する要求となっていく。

三、四歳の発達段階（二次元可逆操作の獲得期）については、『おおきなかぶ』（A・トルストイ、内田莉莎子訳、佐藤忠良画、福音館）で例示する。「おばあさんは　まごを　よんできました。まごが　おばあさんを　ひっぱって、おばあさんが　おじいさんを　ひっぱって、おじいさんが　かぶを　ひっぱって……うんとこしょ　どっこいしょ」というように、かぶに集うものたちを一つの単位として保持したうえで、さらに一つの登場（人）物が加わり、新しい単位をつくっていく。そこでは、一つひとつの単位の並列ではなく、前の単位を一まとまりの大きな単位の表象として保持したうえで、もう一つの単位をつなげ、そのことによってさらに大きな単位が創られていくという「つながり」がある。そういった対比性のあるつながりによってつくられていく展開は、かぶが抜けるという「締めくくり」を現出させる。一つの単位がもっと大きな単位につながり、「大きくなる」という対比性が子どもの心をとらえ、かぶが抜けることへの期待を高めていく。同時に、つながるものは、「おばあさん」「まご」「いぬ」「ねずみ」というように小さくなっていく。その「逆行の対比性」が認識されるようになれば、「かぶが抜ける」という結末の意外性、予期や期待への「どんでん返し」が、子どもの心をとらえる。これによって、「お定まり」の顛末ではない、もう一つの「つながり」、つまり逆転性や解放性のある単位も創られるようになる。そういった単位は、自己を対象化する視点において、あるいは「こうありたい」自分という発達要求においても、より解放された多様性と自由のある内容をもつようになっていく。このような解放性や創造性の価値を看過して、「お定まり」の活動に子どもを封じてしまうことも多い。

六、七歳の発達段階（三次元可逆操作の獲得期）は、『スイミー』（レオ・レオニ、谷川俊太郎訳、好学社）によって例示する。「スイミーは　およいだ、くらい　うみの　そこを。こわかった、さびしかった、とても　かなしかった。」「スイミーは　おしえた。けっして　はなればなれに　ならない　こと。みんな　もちばを　まもる　こと。」「みんなが、一ぴきの　おおきな　さかなみたいに　およげるように　なった　とき、スイミーは　いった。『ぼくが、めに　なろう。』」つまりここで形成されつつある単位は、「こわかった、さびしかった、とても　かなしかった」などの感情にかかわる言葉に触発されてスイミーに感情移入し、「まるでわがことのように」想い描くことができる各々の場面の理解のことである。この感情移入は、視点を他者に移して理解し共感するという視点変換の発達と相互関係をむすび、そのことによって子どもは繰り返し読むなかでいっそう深い感情移入を行うようになる。そして、その単位が次の場面展開へとつながっていくという系列性によってストーリーが生まれ、ストーリーにおけるテーマ性、主題という抽象性をもった大きな単位が形成されていく。子どもは生活においても、仲間の「こわさ」「さびしさ」「かなしさ」などを自らの感情と重ねて認識し、共感できるようになっていく。その友だちの「さびしい」心のために、自分はどうしたいのかという実生活のストーリーを描くこともできはじめる。

このように、子どものなかに獲得されつつある発達の質的特徴が、絵本教材のなかにある普遍性のある典型をつかみ取り、一つの単位を形成するようになっていく。そして、その単位が、発達の質的特徴によって媒介（仲立ち）され、次の単位につながっていき、新しい意味と価値をもったより大きな単位が子どものなかで創られていく。獲得されつつある発達の質的特徴は、同時に個人の生活経験のなかにある感情体験によって修飾され、その単位への関心、興味、思い入れの多様性を創りだす。

（3）子どもと教材を媒介する教育的指導の役割

子どもは、その発達の質的特徴によって絵本教材のなかにある典型を容易につかみ取れるわけではない。また、その典型が、その教材から独立して、生活や学習というより普遍的な文脈のなかで生きて働くようになっていくこともたいせつな課題である。そのように教材と子どもの関係を仲立ちし、単位の形成を導くのが指導の役割である。

『いないいないばあ』ならば、次のページへの期待を高める読み方の工夫とともに、読み聞かせる大人が、

「ばぁ」の場面と呼応して自らの顔を絵本の後ろから登場させると、子どもはその大人との共感的感情に鼓舞されて、次の展開への期待をいっそう高める。しかも、指導者が一人の子どもとだけではなく、たくさんの子どもとも関係をむすびながら読み進めていくことによって、子どもは一つの絵本につながる「仲間」を認識していく。期待は、絵本のページだけではなく、仲間の表情変化にも向けられるようになる。

『おおきなかぶ』では、大人が「うんとこしょ どっこいしょ」の掛け声とともに絵本を掲げ、引っ張る動作をしてみせると、その場面のなかに吸い込まれるように子どものからだも動きはじめる。その動作が、「大きくなる」という感覚・イメージとともに力がみなぎる喜びを子どもに高め、かぶが抜けるという場面への期待と予期が高まっていく。また、その動きによって、「仲間」とつながっているという認識と一体感が形成されていく。つまり、子どもは、その「仲間とつながる」ことを、他の遊びや生活においても自発的に試みるようになっていく。つまり、集団がひとつの単位として認識されはじめるのである。

『スイミー』の読み聞かせでは、『おおきなかぶ』のような動作を手がかりにした演出は無用であろう。子どもが自らの経験や感情を想起して、「かなしい」「さびしい」「いっしょにがんばる」などを共感的に理解することがたいせつなのであって、その感情が内発的に生まれるような静かな語調や語間をたいせつにして読み進める。一人ひとりの子どもが、感情世界を創りながらストーリーをたどりはじめていることへの尊重が求められる。この感情世界は、容易には目に見える形で表現されない。その表現の契機として、たとえば『スイミー』の読後に「劇遊び」として子どもが演じるとき、「ぼくが、めに なろう」というスイミーの一言の台詞にも、一人ひとりの子どもの『スイミー』への思いがこもっているはずである。『スイミー』に何を感じるかの多様性は、友だちは一人ひとり「違うけれども（そのたいせつさは）同じ」という普遍性の認識を獲得していくうえで尊重されなければならない。付言すれば、この意味での普遍性の認識の芽ばえは、五、六歳頃の「生後第三の新しい発達の原動力」の誕生において確認されることである。

これらの指導の媒介によって、子どもが教育目標を内在した教材と出会い、発達連関とその個別性・特殊性を含む発達の質的特徴、発達要求と内部矛盾の生成をもって、教材のなかにある典型を発見・認識し、自らのものとして取り入れようとしているのが「単位」である。その単位が多様にむすびつきつつ拡大し、新しい、さらに大きい単位へと発展していく。

なおここでは、内部矛盾の生成過程とこれらの教材や指導のありかたの相互関係、あるいは内部矛盾の生成を土台とする「発達の最近接領域」への働きかけ方など、「発達の一歩前からの教育」はいかにあるかも論じるべきだが、一般化、普遍化できるほどに私たちの研究は深まってはいないことも事実である。

（４）感情の発達と生活の歴史

中内敏夫（一九九〇）は、「教材としてつくりだされようとしている『典型的な事実』は、一般的なそれではなく、『子どもの感性』をゆさぶり、かれらに『論理的に考えさせる』力をもった『典型的な事実』』であるとし、そのような「典型的な事実」を分析・総合する教材研究・授業づくりにおいては、子どもの「問題意識」にそって子どもの生活現実を分析・総合するという「特殊化」の回路が必要になるとする（一二二―一五一頁）。つまり子どもは、その教材によって「問題意識」を喚起され、生活過程のなかで醸成された感性、関心、興味、そして発達の質的特徴に規定された認識のレベルによって、そこに「わかるようになる」「できるようになる」ことの意味や価値を見いだしていくのである。この教授過程は、たとえば「おやなんだろう」という興味、関心を引き起こす感性への働きかけからはじまる。

しかし、子どもがその教材のなかにある教育内容を習得するまでには、自らの機能・能力を対象化し、仲間と自分を対比することなどで生じるさまざまな葛藤過程が避けられない。この過程には、発達の内部矛盾がより本質的な要因として潜んでいる。その過程にあっては、子どもたちを方向づけ、葛藤を克服させ、集団で教材の価値を共有しようとする指導が子どもに添うことになる。その過程の目標達成によって、達成感や次の活動へとつながる感情の余韻が、集団の共有物としてもたらされる。

子どもが指導を媒介として教材と向きあい、単位を形成して取り入れていく過程には、上記のような感動、葛藤、達成感とその余韻の共有などの感情の過程が随伴している。このような感情の過程があるからこそ、いっそう感性、関心、興味、意志の多様性に関わる子ども一人ひとりの生活現実や生活の歴史を問うことがたいせつになる。

筆者は、しばしば三木裕和（一九九七）の重症児施設の訪問学級での実践を紹介してきた。その子どもたちは、人生の早い段階から病棟のベッドを居住の場とし、医療従事者とともに、生命と健康の維持発展のために管理された生活を送っている。そのことを想うとき教師たちは、家庭でならば当たり前に味わうであろう「縁側でポカポカに干した布団」を経験させてやりたいと願う。その子どもの生活の歴史への想像力が、教師を授業づくりへと駆り立て、教材に命を吹き込む力になっていく。そして乳児期の前半の発達の階層における「快・不快」を感じ分け、それを大人とともに味わうことのできる発達の内的条件をもって、子どもは「ポカポカに干した布団」という快の単位を形成し取り込んでいこうとする。このように、発達の内的条件への認識とともに、それを形成してきた「子どもの生活現実を分析・総合するという『特殊化』の回路」をもった教材研究が求められている。

生活の過程の理解とは、願う生活と、そうなってはいない現実の狭間を生きてきた子どもの心理への理解と共感でもある。

生活の過程をとらえる視野において、家族の階級的位置、生活の経済的基盤と労働実態、それに規定される健康、文化的生活、家族間関係、地域との関係、医療・労働・地域生活支援と相談支援などの権利保障の実態をリアリティをもって認識し、そこにある生活問題を、障害によって引き起こされている個別性・特殊性に留意してとらえていくことは、発達保障の実践に求められる視点である。それらの相互関係のなかで生じる貧困、差別、暴力、虐待、独り親などの家族間問題などへの感応力も必要になる。

こういった単位のありよう、換言すれば教育・生活と発達の質的特徴などの相互関係をとらえていくときに、認識発達に偏重しない発達論や教材研究の視野が必要だと筆者は考えている。あるいは、われわれがもちあわせている発達論では説明できない子どもの反応のなかにある重要な事実によって、発達論そのものを対象化し展開させていくことができるのではないかとも考える。

たとえば、「歌絵本」教材として採用されることの多い『にじ』（詞・新沢としひこ、曲・中川ひろたか、絵・あべ弘士、アスク・ミュージック）は、多くの子どもが好む歌と絵本である。その詞は「にわの シャベルが いちにち ぬれて あめが あがって くしゃみを ひとつ」にはじまり、「くもが ながれて ひかりが さして みあげてみれば…　にじが そらに かかって きみの きぶんも はれて きっと あしたは いい てんき」で終わる。

この詞の意味を一歳半の発達の質的転換期にある子どもが理解するのは容易ではないと思われる。しかし、私の経験では、この発達段階にある多くの子どもは、この詞と歌にうっとりと吸い込まれるような表情になって聴き入るのだった。また曲を聴きながら、その歌詞の書かれた絵本のページに魅入らされもする。この子どもたちは、『にじ』の何に引きつけられるのだろうか。おそらくこの歌絵本を教材化している教員は、午前中ではなく「終わりの会」、またはその前の授業時間に、『にじ』の授業を行っているのではないか。そして教師も「きっとあしたは　いい　てんき」と口ずさみつつ一日を振り返り、ゆったりした気分になって今日に続く明日からの時間のことを想ったりする。その教師と子どもたちの創り出す時間を垣間見ると、子どもたちもまた教師と同様に、安堵と希望というべき「気分」の生成のなかにあるように想われる。それは、言語によって意味づけられていく対象ばかりではなく、まさに「感じ取る」というべき感情の世界が、子どもの心をとらえているようにみえる。一歳半の発達の質的転換期を、このような安堵と希望が子どもの心をとらえる発達段階として理解することはできないか。

私たちは、「わかる」という認知のレベルを入り口として子どもの発達と教材の関係を分析する。しかし、その認識とも連関しつつ、子どもが抱く感情あるいは気分にも、その発達段階固有の特徴が現れ出る。たとえば発達の初期には、乳児期前半の発達段階における「快と不快」、乳児期後半の発達段階における人見知りや分離不安などの「不安」、一歳半の質的転換を達成した後の「はにかみ」や得体の知れないものへの「不安と葛藤」などと説明されてきたものである。そのような葛藤状況のなかでの感情の特徴だけではなく、「感動」「期待」「憧れ」「希望」「安堵」「誇り」などと表現される未来を志向した感情や気分は、発達の過程においてどのように形成され、萌出され、共有されていくのか。発達に、このような「感性」と「気分」「感情」によって外界を志向し、その接点において新しい発達的事実を創り出していく側面があるならば、それは重要な視点となる。

同様に筆者は、子どもが表現する「懐かしさ」のもつ意味も論じたことがある（白石二〇一四、一〇一―一〇四頁）。これは、未知の時間軸に対する「不安」の対極にあるものといってよい。現前しない対象を想いうかべることができる表象機能の芽ばえとともに、「いつか、どこか」で経験したことを、その感情とともに子どもは想起することができる。それが心地よい経験であるならば、「懐かしさ」は能動的に生きることへの志向性を高めてくれよう。たとえば、『いないいないばあ』の絵本を手にした子どもに対して、「あなたはもう小学生なのだから、それは幼すぎる」と無下に言うことはできないだろう。その懐かしさをこそ尊重して、そこから未来へと続く文化を創造することもできるのではないか。このような感情世界の発達が、子どもの自然、文化への志向の重要な動因をなしていることを、過小評価してはならない。

(5) 子どもが発達によって形成する人間関係・集団

さらに、教育と発達の相互関係において認識されるべき発達の一側面として、対人関係と集団の形成がある。子どもが働きかける外界には、人、つまり他者が含まれ、その他者に関わる認識と感情の変化とともに、他者に働きかけ、さまざまな発達レベルの共感、葛藤を経験しつつ、他者との共同によって外界を創造するようになっていく。

たとえば子どもは、生後一〇か月頃から自分の「名前」を認識して呼名に応えるが、それのみならず離乳食を口に入れられることを嫌い、いったん自分の手で出して食べ直そうとする。まさに活動の主体になろうとする「自分」が生まれはじめている。この頃から鏡のなかでの自像を認識し、同時に自分ではない存在にも気づき、区別するようになる。感覚おもちゃではない大人の扱う生活道具に興味をもつようになるが、他の子どもにも視線を向け、その「友だち」の手にしているものに、憧れのまなざしで見入るようになる。「大人」ではない「仲間」としての存在が、子どもの興味、関心の対象として立ち現れる。その友だちの手にしているおもちゃや道具を引き寄せて自分のものにしようとすれば、大きな抵抗に遭遇し噛みつかれることもある。しかし一方で、友だちはおもちゃの受け渡しもできる存在であることを経験的に認識し、微笑みを交わすようになっていく。一歳半の発達の質的転換の達成によって、相手の手にしているものだけではなく、活動そのものに憧れるようになっていく。さらに、二、三歳の発達段階に至って対比的認識の獲得がはじまると、自分を対比の起点にして「大きい」存在、「小さい」存在を区別し、「大きい」存在をモデルとして憧れ、「小さい」存在には、自らの大なることを確認するように手を差しのべ、プレゼントをし、衣服や靴の着脱に手を貸そうとする。この「小さい」存在への関わりは、多くの場合には強引であり、相手の状況に自分をあわせるものではない。このような仲間のなかでの自分の相対的な位置は揺らぎ、それゆえに「本当に自分もできるだろうか」というような不安を引き起こす。そのような葛藤をつねに内包しつつ、目標を共有しての「しごと」ができるようになり、簡単なルールのある遊び、イメージを共有しての「みたて」「つもり」そして「ごっこ」の遊びが友だち同士でできるようになっていく。まさに「友だち同士」であることに喜びを覚えるようになっていく。四歳の発達の質的転換期になってもけんかは絶えないが、「だってね、だってね」と悔しさを言葉にしつつ、我慢するようになっていく。やがて五歳後半の発達段階になれば、友だち同士のけんかに割って入って、互いの言い分を聞き、それぞれの論理の折りあいをつけるにはどうしたらよいかと、想いを巡らすようになっていく。「仲裁」は、そのようなAとBの間に「AでもBでもない」Cが存在することを認識できるようになっているからであり、事物・事象の中間項を認識した論理や感情が獲得されていく。これが三次元の発達段階であり、友だちや「小さい」存在に対して、相手の状況や心理を理解したうえでの導きや教えができるようになりはじめる。いわば、視点を他者に変換するのであり、そうやって教え導く存在しての自己が形成されはじめる。ここに至って、仲間とともに目的や目標、それを実現するための道すじを語りあい、力をあわせて集団を形成する主人公としての自治的力量を芽ばえさせていく。このように子どもは、自らの発達要求によって自他関係や集団をつくり、友だちや集団のなかで自己を対象化し、自己意識と人格を形成していくのである。つまり、個人内の発達的力量は個人間の関係をむすび調整する力でもあり、その力があわさって集団が形成されていく。

障害がある場合には、たとえば他者の行動・心理へのわかりにくさと不安感などによって、以上のような典型的な表現になるとは限らない。しかし、他者との関係の発達的な意味、他者と形成したい関係の質が障害によって制約されることはない。仲間を認識し、その友だちとの関係のなかで、友だちを媒介として興味を広げ、自己に包摂していく。友だちと自分との自他関係は、区別、対比、中間項の認識を基礎にして、憧れ、「小さい」存在への手出し、そして「教え導き」への要求となって発達していく。障害と発達の内部矛盾に立ち向かいつつ生きる姿を受けとめ、発達を導き支える教育的関係があるならば、障害のある人々も、自他の認識や関係形成の要求を、感受性と自尊感情を高めながら逞しくしていくことができる。

おわりに

発達に対する教育の重要性、主導性は言うまでもない。そのうえで全障研の研究運動は、教育や教育的実践が発達の法則的過程といかなる相互関係をむすぶのかを、目的意識的に探究してきた。そうして私たちは、実践研究にしっかりと足をおき、多くの実践記録、実践報告をまとめあげ、「理論と実践の統一的発展」を期して五〇年の研究討議を積み重ねてきた。

全障研の目的、理念である「発達保障」における「発達」をとらえる視野は、発達心理学的認識に一つの基礎を置きつつ、それに限定されるものではない。諸機能・能力の連関的発展としての発達過程と相互関係をむすびつつ、身体の状態、自然との交わり、その人の社会的関係において形成されてきた文化、生活や労働において形成される対人関係、そしてそれらの結晶ともいえる自己と他者に関わる認識や感情などの総体である人間性の変化・発展を含むことを前提とすべきであろう。人間のもつ自然と社会に関する感性と認識は、その個人のおかれた環境的、社会的要因に規定されて、きわめて個別的なものである。それらの個別性、多様性への認識は、個人の生命、自由、幸福追求の権利を基礎づけるものである。

発達心理学的認識は、人間の発達の共通・普遍性に関わる法則的な認識であるが、自然的・社会的な諸関係においてとらえる個別の存在の発達への認識は、それらの共通・普遍性をもつ主体による自己創造のありようを内包している。教育的実践を対象とする研究には、この個別性と多様性を安易に捨象しない視野や懐の深さが求められる。そのことによって、発達の共通・普遍性をとらえる視野も、より全面的なものに変化していくことができる。個別性に溺れず、普遍性にのみ拘泥せず、その区別と連関をとらえつつ諸科学との往還や共同を、実践研究を介して確立させていきたい。

そのように全障研の研究運動は、諸科学の総合的かつ批判的な検討、実践を介しての理論形成をたいせつにしてきたのであり、心理学、教育学、学習理論、社会福祉学、医学などのなかにある特定理論に依拠することはない。民主的な研究討議によって目的や理念を追求しようとしている研究運動団体においては、多様な理論的実践的探究の場から参加する会員一人ひとりの実践と学問の尊重、そして民主的討議が、何よりもたいせつなことである。

〈注釈〉

（1）『近江学園年報』一九五八、第八号、一六頁。

（2）発達の原動力の生成の過程には、弁証法的唯物論における「発展法則」が貫かれているとされる。「量的増大と質的変化の相互転化」「否定の否定」そして「対立物の統一と闘争」である。これらの弁証法的発展法則を機械的にあてはめて、具体的な現実のなかにある因果的関係を説明するような図式化に対しては、「現実の具体的な分析にとってかわる図式として、歪曲して理解」されてはならないとの指摘がある（牧野 一九九五）。

（3）訳者によれば本書はソ連邦教育科学アカデミーの『教育学の一般原理』の訳であり、引用箇所のある第2章「発達と教育」はグムルマンが分担執筆者である。

（4）なお田中は、発達の原動力である「内部矛盾」について、自らの「可逆操作の高次化における階層―段階理論」により「可逆操作力と可逆操作関係の矛盾」が本質的なものの一つとしている。

（5）ルビンシュテイン 一九八一、第一章「一般的諸問題」二四―六六頁。

（6）たとえば矢川徳光 一九七六、「補遺一　生物学的と社会的」四五―五〇頁。

〈引用文献〉

グムルマン／コロリョフ（ソビエト教育学研究会訳）一九七三（原著は、一九六七）、『教育学原論』明治図書。
岩崎允胤 一九八四、『人間と社会の弁証法』梓出版社。
コスチューク（村山士郎・鈴木佐喜子・藤本卓訳）一九八二（原著は、一九五六など）、『発達と教育』明治図書。
牧野広義 一九九二、『弁証法的矛盾の論理構造』文理閣。
牧野広義 一九九五、『哲学と現実世界』晃洋書房。
マルクス／エンゲルス（服部文男監訳）一九九六（原著は、一八四五―四六）、『〔新訳〕ドイツ・イデオロギー』新日本出版社。
三木裕和・原田文孝・河南勝・白石正久 一九九七、『重症児の心に迫る授業づくり―生活の主体者として育てる』かもがわ出版。
茂木俊彦 一九八四、『教育実践に共感と科学を』全障研出版部。
中内敏夫 一九九〇、『新版 教材と教具の理論』あゆみ出版。
ルビンシュテイン（内藤耕次郎・木村正一訳）一九八一（原著は、一九五九）、『心理学』青木書店。

白石正久 一九九四、『発達障害論第一巻―研究序説』かもがわ出版。
白石正久 二〇〇六、『発達をはぐくむ目と心―発達保障のための12章』全障研出版部。
白石正久 二〇一四、『発達と指導をつむぐ―療育と教育のための試論』全障研出版部。
白石正久 二〇一六、『障害の重い子どもの発達診断―基本と応用』クリエイツかもがわ。
田中昌人 一九八〇、『人間発達の科学』青木書店。
田中昌人 一九八七、『人間発達の理論』青木書店。
田中昌人 一九九七、「全障研の結成と私の発達保障論」全国障害者問題研究会『全障研三十年史』全障研出版部、四三九―五七五頁。
矢川徳光 一九七六、『人格の発達と民主教育』青木書店。
全国障害者問題研究会 一九九七、『全障研三十年史』全障研出版部。

第3章

発達保障論は人間の「障害（disability）」をどのように理解しようとしてきたか

――全障研の結成から一〇年目までの議論に焦点をあてて

木全和巳

1 問題意識

本章に与えられたテーマは、「発達保障論は人間の『障害（disability）』をどのように理解しようとしてきたか」である。探究の手がかりとして、「障害者権利条約」（以下、権利条約）と「国際生活機能分類」（以下、ICF）の障害理解の基本的枠組みを取り上げた。この二つは、現在のところ「障害」概念を深めていくうえで、国際社会において共通理解となっている枠組み、いわゆる「準拠枠（frame of reference）」となっている。とはいえ、これらの枠組みそのものについても、それぞれの展開の歴史があり、そこには多様な解釈がある。権利条約は、その前文で「障害が発展する概念であることを認め」と述べるように、「障害」そのものの定義を確定することには、抑制的であった。

筆者は、この二つの枠組みを絶対視するものではない。これまで発達保障の立場から書かれた「障害」に関する言説を読み解き、発達保障論が積み上げてきた「障害」概念に関する理解の意味と価値を改めて見つめ直すための方法論上の手がかり、いわば「補助線」として活用しようということである。同時に、今後、権利条約とICFの「障害」理解を深めていこうとする時に、発達保障論として蓄積されてきた議論からとらえ返すことで見えてくるものがあるのではないかという期待もある。仮説的には、「障害」理解モデルとしていわゆる「医学モデル」から「社会モデル」へと把握する単線的な理解、また、この二つのモデルを単純な対立として把握しようとする理解の仕方、そして、一面的な「社会構成主義」にもとづく「社会モデル」による「障害」の認識と理解について、批判的に検討していく際に、発達保障論は有力な視座を提供するのではないかと考えている。たとえば、茂木俊彦（二〇〇三）による「社会モデル」批判や「障害個性論」批判は、その一例である。

そもそも何をもって「障害」とするのか、そして、どこまでが「障害」であるのか、こうした「障害」概念の内包と外延は、歴史的にどう展開してきたのか、こうした諸問題に対して発達保障論はどう寄与してきたのか。こうした「問い」の一部分について考察することが、この章の課題である。

後で検討することになるが、「障害」概念の構成要素、つまりＩＣＦでいう「心身機能（body functions）／身体構造（body structures）」は、国際疾病分類（International Classification of Diseases, ＩＣＤ）とは目的が異なるが重なりがあり、医学分野を中心に利用されている。そして、権利条約で「機能障害（impairment）」とされるものの種類や程度は、国家によっても、時代によっても、異なっている。加えて生活上の不便さを克服するための個々の機器や段差を解消するバリアフリーの状況などの本人を取り巻く環境のありようは、国々や地域の状況により、多種多様である。戦乱と貧困の中での生活をいまだに強いられている人びともいる。このように、「機能障害」とは何であるかという問題一つをとっても、そこにはいくつもの論点が含まれている。こうしたことが、権利条約で「障害」そのものの定義がなされなかった要因の一つでもある。

併せて「障害」論を検討する際には、「差別」論と関連させた検討が必要であると考えている。第一回全障研大会の「基調報告」（一九六七）では、「二　たたかいの中から」の最初の見出しにおいて、「(1)わたくしたちのたたかいは差別からの解放であることをあきらかにしてきた」とあり、「三　『全障研』結成大会の課題」の箇所でも、課題の第一に、「差別」問題が取り上げられている。個人の論考を見ても、全障研初代委員長であった田中昌人は、全障研の結成以前から、「発達、差別、歴史」という構造で、「発達保障論」を構想していた。[(1)] また、河野勝行（一九七四）も、「資本主義」「階級（闘争）」「歴史」「差別」「障害（者）」という概念を使用して、この問題について言及してきた。現在、こうした言説についてはほとんど議論されることはなく、こうした議論のていねいな振り返りもなされていない。二〇〇六年の国連総会における採択、そして二〇一四年の日本政府による条約批准という「障害者権利条約時代」ともいえる現代において、「差別」論の課題は、現代「障害」論のもう一つの大きなテーマとなっている。改めて権利条約が禁止する「差別」の視点から、こうした言説とその意味について、時代背景をふまえたていねいな検討が必要である。

権利条約とＩＣＦをふまえて、筆者の「障害」観を述べるならば、「障害（disability）」とは、生物としての人間として「機能構造不全という障害（impairment）（disorder）」と社会的人間として生活する環境にある「社会的障壁（social barrier）」との相互作用により生じる「全面的（full）」で「効果的（effective）」な「社会参加」が制約された状態、能力（ability）が発揮できないまま、活動と参加が制限、制約され、「他の人たち」と「平等」でない状態に置かれている個々人の社会生活状況であり、いわば「人権侵害」の生活実態を指し示している概念であると把握している。[2] そもそも“disability”を「障害」「障碍」「障礙」「障がい」「しょうがい」と表記し、訳して理解すること自体に、疑問をもっている。先に日本語として使われてきた〈しょうがい〉という言葉の内実が、その後の国際的な理解の進展により、深まっていった経過もある。あえて音《おん》を活かすのであれば、「障碍」の表記が適切であろう。「障害」という日本語の辞書的な意味は、「正常な進行や活動の妨げとなるもの」である。[3] 英語の“disability”の意味は、何らかの要因により、潜在能力が発揮できない状態、「無能力」でも「不能力」でも「非能力」でもない「未能力」である。「能力不全」という意味であろう。「戦争」や「交通事故」や「労働災害」や「スモン」や「水俣病」の事例をもちだすまでもなく、「機能構造不全という障害」そのものも「社会システム」により「社会問題」として生み出される場合が少なくないことも含めて「障害」について理解しなければならない。個人の生活問題は社会の問題であり政治の問題でもあり、経済の問題でもあるからだ。人間の相互関係および対自然との関係において、自然的存在であり社会的存在でもある人間という理解に立って、「障害」を把握する視点である。本章のタイトルに「人間の」という概念が含まれているのは、「ホモサピエンス（Homo sapiens）」の本質をこのように理解しているからでもある。

ところで、種々の「機能障害」のある人が、社会的諸条件のもと権利侵害の状況に置かれていることを「障害（disability）」であるとするのが権利条約の「障害」定義だが、この「障害」の定義に立つと、「障害（disability）にもとづく差別」という言説は、トートロジー（同義反復）となってしまう。したがって、各国の「障害者差別禁止法」における「障害」の定義は、暫定的に「機能障害」としている。こうした点も、「障害」論の今後の理論的な課題となろう。

もう一つ、「発達保障論」における「障害」論を検討するにあたって大切な観点は、「発達保障論」は、実践的な理解を重視してきたという特徴である。かつて、筆者は「発達保障の理念」について次のように書いたことがある（木全 二〇〇七）。

「発達保障の理念は、障害の有無に関わらず誰もが生まれながらにもっている人間としての普遍的な可能性（人間らしく生きる権利）と、一人ひとりが無二の存在である個人としての可能性（その人らしく生きる権利）とを重ね合わせつつ、一人の人格をもった人間としてたった一度のかけがえのない人生をより豊かに生きていくために必要な人間的発達を社会的な権利として確認していく実践と運動の中から生まれた。この実践と運動の中からは、人はただ生きていればよいのではなくより豊かに生きる権利があること、そのためには保育・教育・医療・社会福祉実践などの専門的な支援が必要不可欠であること、人は一人ではなく仲間と共に成長し合うこと、より豊かに生きるためには、社会的諸条件の整備も必要なこと、このような条件整備も含めたねがいを実現する運動の中で更に一人ひとりの自治や共同の力が培われていくことなどが含まれる。このような発達保障の理念のもとが、一人ひとりが幸せに生きたいというねがい（幸福追求権）である」（二四五頁）。簡潔に言い直せば、発達保障の理念とは、「人間的発達を社会的な権利として確認していく実践と運動と研究」である。

こうした理念に立ってみる時、「障害」とは何なのかという理解は、当事者自身が生きていく過程において、それぞれの節目において、自分の「障害」を「機能障害」と区別しつつ、どのように受けとめていくのかという時に、大きな影響を与えるものと考えられる。こうした受けとめは、当事者だけではなく、ともに生きている家族にとっても切実な課題となる。そして、当事者や家族を専門職として支える医師、看護師、保育士、教師、ソーシャルワーカーなどが、支援の実践をするときにも、「障害」の理解は、重要な視点になろう。

本章では、こうした問題関心と問題意識にもとづいて、以下、検討をすすめる。(4)

2　目的と方法

本章では、発達保障論を掲げる全障研が、「障害（disability）」をどのように理解しようとしてきたかについて、結成時の「規約」をめぐる議論と、結成一〇年に際して発行された全障研の出版物に書かれた論説を、権利条約とＩＣＦの枠組みを利用しつつ分析をすることを通して、その意義と課題を明らかにすることを目的とする。

本章で中心的に検討する主要な論説は、一九六七年の結成時の「規約」とそれをめぐる議論、およびそれから一〇年後に刊行された『「発達保障論」の成果と課題』である。加えて、それらを理解し、検討するための素材として、一九八七年に全障研結成二〇周年を記念として出版された『発達保障の探求』、そして、『全障研三十年史』（一九九七）の田中昌人論文と清水寛論文も活用する。なお、ＩＣＦの「障害」理解に関しては、茂木俊彦の論考（茂木 二〇〇三）も参考にした。この本は、全障研出版部の発行物ではないが、茂木が全障研の委員長であったこと、この本は、『障害者問題研究』（第三〇巻三号、二〇〇二）の論考をもとにしていることもあり、今世紀における発達保障論の「障害」理解の一つの大切な成果であると考えているからである。したがって、本章は二一世紀初頭の茂木の視点から結成一〇年目までの論考をみていくような構造にもなっている。こうした論説をふまえつつも、集団的な討議を経て創られた文書を分析の中心に据えることで、発達保障論を掲げてきた全障研がどのように「障害（disability）」をとらえようとしてきたかの一端を明らかにできると考えた。特に、当時「障害」について語られた内容に含まれていながらも、その後、十分に展開できていない諸点にこそ、今後、発達保障の視点から、「障害」について理解を深めていくうえで、大切な論点が含まれていると考えた。もちろん茂木の論考などについても、現在の視点からていねいに吟味する必要がある。

以下では、権利条約（第3節）とＩＣＦ（第4節）の「障害」概念を概観したうえで、①一九六七年結成時の「規約」にみられる「障害」概念（第5節）、②その一〇年後の『「発達保障論」の成果と課題』（第6節）を、読み解くことを試みる。

3　権利条約と「障害」の概念

本章の分析の枠組みの一つである権利条約における「障害」理解とその課題について、考察に必要な範囲において、触れておく。

権利条約の第一条（目的）は、以下のように、「障害のある人（persons with disabilities）」を定義している。

> 障害者には、長期的な身体的、精神的、知的又は感覚的な機能障害であって、様々な障壁との相互作用により他の者との平等を基礎として社会に完全かつ効果的に参加することを妨げ得るものを有する者を含む。
>
> Persons with disabilities include those who have long-term physical, mental, intellectual or sensory impairments which in interaction with various barriers may hinder their full and effective participation in society on an equal basis with others
>
> ＊"disabilities""impairments""barriers"とすべて複数形

川島聡・東俊裕（二〇〇八）は、「特別委員会第六回会期終了後に公表された『議長草案』（二〇〇五）の添状において、マッケイ議長は障害と障害者を定義する必要があるか否かについては見解が分かれていると述べていた。そのうえで、議長はこれらを定義すべきでないという意向を示した。その理由として議長は、障害と障害者を定義するのは困難であること、これらを定義することにより特定の障害者を意図せずして排除する危険があることを挙げていた」（二一頁）と指摘している(5)。

こうした議論をふまえることで、条約前文の（ｅ）「障害が発展する概念であることを認め」の文言の意味も理解できる。こうした前提を認めつつも、「障害が、機能障害を有する者とこれらの者に対する態度及び環境による障壁との間の相互作用であって、これらの者が他の者との平等を基礎として社会に完全かつ効果的に参加することを妨げるものによって生ずることを認め」という前文の認識は、「障害」を理解するうえで、重要な手がかりとなると考える。この前文と第一条「障害のある人」の定義とでは、文末が異なる。「態度及び環境」が「種々」に、「妨げるものによって生ずる」が「妨げ得る（may hinder）」と、言い切らない表現を使用している。

権利条約における「障害」概念において重要な視点は、次の五つを確認できよう。

一つ目は、権利条約においては、「障害」そのものの定義はなされなかったことである。

二つ目は、「障害（disabilities）」と「機能障害（impairments）」を明確に区別していることである。川島・東も指摘するように、「長期的な身体的、精神的、知的又は感覚的な機能障害であって」の箇所では「含む（include）」「人たち（those）」と表現されているように、より広範に「機能障害」を定義しようとしたことである。

三つ目は、「障害（disabilities）」と「障害のある人（persons with disabilities）」を区別して理解しようとしていることである。この区別は、一九八〇年代の国際障害者年における「世界行動計画」や次節で触れるＩＣＩＤＨにおいても、確認することができる。

四つ目は、「機能障害（impairments）」と「障壁（barriers）」との相互作用において、「障害」を把握しようとしていることである。「障害の社会モデル」に関連する理解である。

そして、五つ目として、「他の者との平等を基礎として社会に完全かつ効果的に参加することを妨げ得る」とあるように、「人権」と「人権侵害」という視点から、「障害」を把握しようとしていることである。「障害の人権モデル」に関係する理解である。

ここでは詳細に議論はしないが、権利条約の「障害」理解について、本来は統合された「社会生活モデル」であるが、一般的には、「医学モデル」から「社会モデル」へという文脈において把握しようとする傾向が強いということは、確認しておきたい。

4 ＩＣＦの「障害」理解の枠組み

次に、本章におけるもう一つの「障害」理解の枠組みとしてＩＣＦを取り上げる。前節末尾で「医学モデル」から「社会モデル」へという単線的な「モデル」が支配的であることを述べたが、実はこうした理解では不十分である。「実体」か「関係」かという認識論における「あれかこれか」の論の立て方では、「障害」の本質的な理解につなげることは困難である。「障害」は「生活問題」であり「社会問題」でもあるという「認識」の画期的な意義は、十分に評価をしなければならない。「あれかこれか」を実践的に克服しようする枠組みとして、ＩＣＦの理解は、重要である。

ＩＣＦとは、「International Classification of Functioning, Disability and Health（国際生活機能分類）」の略で、ＷＨＯ（世界保健機関）で一九八〇年に制定された「ＩＣＩＤＨ（International Classification of Impair-

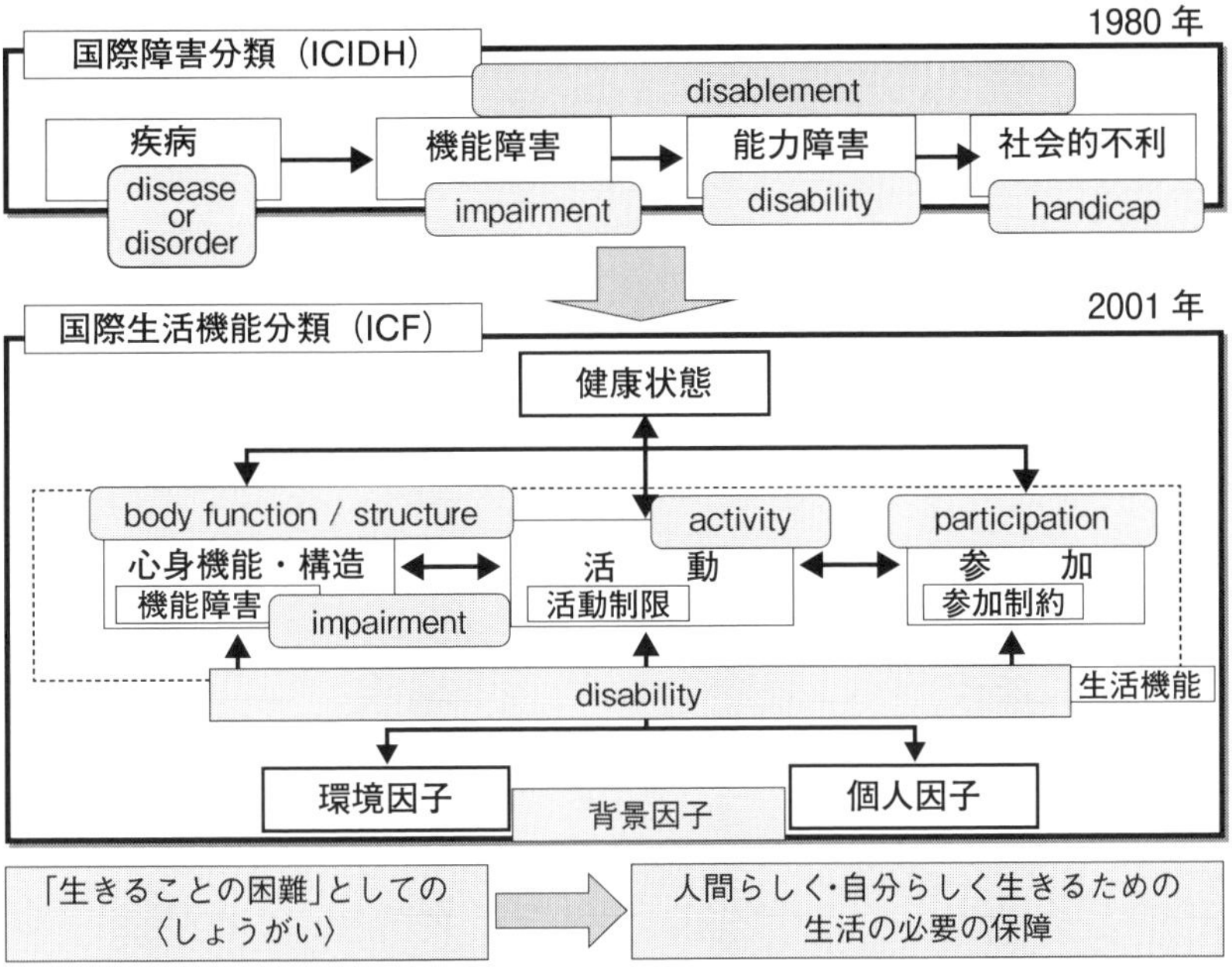

図1：国際障害分類（ICIDH）と国際生活機能分類（ICF）の概念図

ments, Disabilities and Handicaps：国際障害分類）」の改訂版である。二〇〇一年に制定され、正式名称は「生活機能・障害・健康の国際分類」という。「障害」を「生活機能」との関連で理解しつつ、「健康」と結びつけて、一四二四項目に分類し、**図1**に示されているように複雑に絡み合って相互作用している事象として、多層的な見取り図（パースペクティブ）によって把握するものである。

ＩＣＦにおける「障害」とは、「身体の損傷、活動の制限、参加の制約が含まれる包括的な用語」（障害者福祉研究会編 二〇〇二、三頁）である。機能障害は、身体における機能もしくは構造に対するものを指し、活動の制限は個人が仕事や行動を行う際に直面する困難を指し、参加の制約は個人が生活する中で体験する問題である。したがって、「障害」は複雑な現象であり、ある個人の肉体がもつ特徴と、その人が生きる社会の特徴とがもたらす相互作用の反映である。「人と物理環境および社会環境との間の相互関係の結果生じる多次元の現象」（二三二頁）とも定義されている。

ＩＣＦは、人々の健康、とりわけその中でも「福祉」（well-being）に関する部分を「生活機能」という概念で把握する。この「生活機能」は、「心身機能と身体構造」、「活動」と「参加」に分類される。「心身機能と身体構造」のうち、「心身機能」は身体系の生理的、心理的な機能をさす。からだとこころのはたらきである。「身体構造」は、器官・肢体の構造をさす。心臓、肝臓などの臓器や目や耳などの感覚器官、手や足などの肢体そのもののことである。また、「活動」とは個人が課題や行為を行うこと、「参加」は生活や人生の状況への関わりと定義されている。そして、それぞれが「背景因子（個人と環境）」との、またそれぞれの相互作用として把握される。背景因子としての個人因子は、性別、人種、年齢、その他の健康状態、体力、ライフスタイル、習慣、生育歴、困難への対処方法、社会的背景、教育歴、職業、過去および現在の経験（過去や現在の人生の出来事）、全体的な行動様式、性格、個人の心理的資質、その他の特質などが含まれる。また、環境因子は、人々が生活し、人生を送っている物的な環境や社会的な環境、周りの人々の社会的な態度なども含まれる。環境により障害の状況は、大きな変化を受ける。ただ、個人因子は、内容に宗教からイデオロギーまで含み、現時点では扱いが難しいため、ＩＣＦの分類には含まれていない。しかし、臨床上は大変重要な因子であるため、構成要素間の関係を示す図には個人因子も含まれている。

そのうえで、それぞれの否定的な状態が「心身機能と身体構造の不全」、「活動制限」と「参加制約」として把握され、総じての「生活困難」を障害としてとらえる。つまり、障害とは、「人と物的環境および社会環境の間の相互関係の結果生じる多次元の現象」と定義される。特に「活動」と「活動制限」に関しては、「していること」「できること」という二つの概念が提示されている。社会的な資源を利用することで本来もっている潜在能力を日常生活の中で実現させていく考え方として注目される。「ＩＣＦは障害を人が『生きる』こと全体の中に位置づけて、『生きることへの困難』として理解する、根本的に新しい見方」（上田 二〇〇五）である。

では、なぜこのＩＣＦが、先に述べたように「医学モデル」から「社会モデル」へという単線的な「モデル」に対する批判となるのか。ここでの「医学モデル」とは、障害は個人の現象であり、病気・外傷などの健康状態から直接的に生じるもので、専門職による個別の医療やリハビリの対象としてとらえるという考え方である。一方の「社会モデル」とは、障害は社会によってつくられた問題であり、問題は社会への統合によってのみ解決されるという考え方である。ＩＣＦは、このような二つのモデルを統合しようとした「生物・心理・社会」アプローチなのであり、私はまとめて「社会生活モデル」と表現することもある。なお、このように考えていくと、「障害」は、「個性」ではないことも理解できる。機能構造の不全（impairment）という「属性」「特性」は、社会環境との間で「個性」になりえることもあるが、そもそもこうした impairment の有無にかかわらず、どの人もかけがえのない人格をもつ個人であり、個性的な存在である。

ＷＨＯでは、このような新しい見方が採択されており、日本政府も、保健・医療・福祉・教育・行政などすべての職域、領域を超えて、ＩＣＦを共通の概念、用語として用いると決めている。共通言語としてＩＣＦの基本的な理解を普及することを前提として、こうした見方が当事者、家族、支援関係者などに今後も受け入れられていくような具体的な取り組みが、大きな課題の一つとなっている。

「障害」とは何かについて考えていく時に、ＩＣＦの理解は必要である。当事者として、「障害」を受けとめていく時にも同様である。「能力」との関連でいえば、「障害」とは、機能障害のある人が自身の機能障害と社会的障壁との関連で、自分の「能力」を十分に発揮できていない状況というように考えることもできる。

5　全障研結成時（一九六七）の「規約」「基調報告」の議論と「障害」概念

全障研が一九六七年に結成された時の「規約」では、会の名称は、「全国障害者問題研究会」であり、この会の目的は、「障害者の権利を守り、その発達を正しく保障するために、理論と実践を統一的にとらえた自主的・民主的研究運動を発展させる」であった。なお、傍点の「正しく」は、一九九一年の改正で削除されている。一九六七年八月一日から三日に開催された全障研結成大会の時、「規約案」に関して、会の名称とも関わる「障害」理解について、興味深い議論がなされている。この議論を中心に、考察をする。

「規約案」の「第一条（この会の名称）」について、滋賀支部から、「全国障害者問題研究会」という会の名称を「全国被障害者権利保障研究会」にという「修正案」が文書で提出されている。以下、『全障研三十年史』（全国障害者問題研究会　一九九七）における清水寛の要約による[6]「修正案」の趣旨に沿って、検討する。

（1）権利の主体に対する認識・「心身」のとらえ方

一番目として、「『特殊児童を障害児・者にかえたのは権利の主体を体制側ではなく、本人の側においた』という点で、しかも『心身障害児という二元的とらえ方ではなく、障害児者としたのは精神薄弱であっても力いっぱい自己の力が発揮できるのだからそれは心の障害といいきってはいけないことへの配慮をした』という点で『前進』である」と書かれている。

「特殊児童」から「障害児・者」へという表記と関わって述べられている「権利の主体」は「本人の側」という視点は、当時すでに法規範として存在した日本国憲法第一三条や世界人権宣言第一条の精神からも、また今日的に言えば、子どもの権利条約や障害者権利条約の観点からも、当然とはいえ評価できよう。「体制側」という文言は、フーコーなどの「権力（パワー）の諸関係」をふまえた現代権力論からみるとやや図式的な理解である。

「心身障害児」と「心の障害」という発想については、ＩＣＦの「心身機能と身体構造」概念からすると、十分な理解とは言いがたい。前節で見たようにＩＣＦにおける「心身機能と身体構造」のうち、「心身機能」は身体系の生理的・心理的な機能を、「身体構造」は器官・肢体の構造をさす。脳も含めたからだの構造とその機能（はたらき）を区別しつつ、関連させる理解に立つならば、「心身」という表現を「二元論」とする批判はあたらない。(7)

なお、「心の障害といいきってはいけない」という表現は、「精神障害（mental disorder）」概念を意識しておらず、“impairment”や“disorder”のレベルと「社会的障壁（social barrier）」、そして、「障害（disabilities）」の区別がなかった時代における「混乱」であり、さまざまな「精神疾患」とそれ故の「精神障害」を抱える人たちも十分視野に入っていない。当時も（現在も時に）「あなたにはからだに障害はあっても心にはないから頑張れ」のようなことが言われていたが、こうした言説に対する批判的な吟味が必要であろう。

（2）被障害者という表現――当事者主体の視点

二番目として、「障害児・者の前にかかることばをとりさることによって、障害ということばが児・者に全面的にかかり、人間性全体の障害を意味する表現になる点に問題がある。本人は障害をうけているのであり、障害の責任は本人に帰せられるものではない。被障害者として立ち上ることによって加害関係についてのあいまいな状況を解明して根源にせまることができ、変革をすすめる主体がどこでどのように結集したらよいかが明らかになる。障害をもっているというばあいと、障害をうけているというばあいでは、運動と研究のかかわりかたがことなってくることをおもうとき、わたくしたちは被障害者として、そして被障害者と連携して出発すべきでなかろうか」とある。

「かかることば」というのは、「心身」のこと。「人間性全体の障害」という表現も興味深い。ここでは「障害」は「悪いモノ」という意味が込められている。「人間性全体の障害」の「障害」とはどのような意味なのかなど、「障害」ということばの意味内容は、権利条約などの到達点から見れば曖昧さを残している。とはいえ、「障害をうけている」「障害の責任は本人に帰せられるものではない」という文言は、「障害」とは何かを考えるうえで、重要な問題提起であった。

「被障害者として立ち上ることによって加害関係についてのあいまいな状況を解明して根源にせまることができ、変革をすすめる主体がどこでどのように結集したらよいかが明らかになる」という表現においても、運動の主体は「当事者」という視点は明確であった。ただし、「当事者」とは誰のことか、何についての「当事者」かなど、現在の「当事者研究」につながる「当事者」論の視点からのさらなる吟味が必要である。(8)

「変革をすすめる主体」という概念は、社会運動としての障害者運動、その中でも、全障研の実践研究運動との関連で、運動の担い手、運動の原動力など、教育や社会福祉を含む後の「運動論」（真田 一九六六）を意識していた。(9)

なお、第一回全障研大会の「基調報告」（一九六七）にも、「障害をうけている人たちのおかれている生活と教育の実態を正しくみつめ、この人たちやその父母たちの切実な要求を正しくうけとめていこう」「障害をうけている人たちをとりまく実態の中から、差別の現実を的確につかんでいこう」「障害をうけている人たちに対する差別の根源を深くほりさげ、その要因を追求しわたくしたちの認識の変革をはかろう」と記述がされており、「障害をうけている」という表現がみられる。

さらに、「重度とか重複とか重症とかいわれている人たちにたいして、自分の力を力いっぱい発揮していけるように必要な集団・労働・教育・医療などを分断させないで統一的に保障しようと話し合っています。その討議の中で職業教育を労働教育に、精神薄弱者を精神薄弱といわれている人に、障害児を被障害児などとよびかえるこころみがなされることによって、権利の主体を明確にしていこうという機運が高まってきているのです」（「結成大会報告集」一四頁）という文章にも、「障害児を被障害児などとよびかえるこころみ」という文言を確認できる。清水は、「被障害児・者の教育権の歴史と、〝権利としての教育・社会保障〟の理論と実践をすすめることの意義」という文章の中で、「被障害児・者」を使用していた（三九頁）。なお、この文書の中では、「発達を阻害している」というように、「疎外」ではなく「阻害」をいう概念を使用している。

関連して、結成時の「障害者の生きる権利をみんなで守るために」という入会の「よびかけ」の冒頭の文言も、興味深い。

「交通事故や公害、労働災害や職業病、低賃金、物価高による生活苦などによって、最近、障害者は急激にふえています。／しかしながら、障害者にとっては、障害にうちかつために必要な対策が正しくつくられていないため、生きる権利、学ぶ権利、働く権利が十分に保障されていません。／このような現実のなかで、私たちは、障害者の権利を守り、その発達を保障するために、障害別をこえ、思想、信条、各層のちがいをこえて統一し、おたがいが平等の立場で教えあい、学びあって、真実にせまる研究組織として……」という文章である。呼びかけの対象は、「障害者と父母のみなさん。学校、施設などで教育、医療、社会保障のしごとにたずさわっているみなさん。障害者の問題に心をよせているすべてのみなさん」とある。

「障害にうちかつために必要な対策」と表現されているように、「障害」はうちかつ対象という認識である。そのために「必要な対策」、つまりは社会政策がつくられていない。だから、「権利が保障されない」という論理展開である。また、この「うちかつ」という表現は、いわゆる「受容」論との関連でも、興味深い。「受けとめる」「受け入れる」ではなく「うちかつ」という表現については、吟味が必要である。「障害別をこえ」とある表記の「障害」は、個別の「機能障害」を示している。

「権利を守り」とあるが、「守る権利論」(国家に守らせる権利論)という論理でもある。「保障」を「守る」という言葉にしている。ここには、教師やソーシャルワーカーは、公務労働としての権力を行使しており、当事者との権力関係の中で、パワー(権力)を行使する存在で(も)あること、だからこそそのパワーを行使する際に、当事者の生活などの権利を守る、発達を保障しうるパワーの行使が求められることなどの複雑な関係が、「守る」に内包されていた。

その後の「当事者運動」の中では、こうした「守る」が、本来の暴力から弱者を「保護」するのではなく、抑圧的な「保護」となり、当事者たちから「保護」の「対象」として扱われてきたと批判された。当事者運動の「獲得権利論」と同じところと違うところを改めて検討していく必要もある。田中昌人は、「規約」に関して、「障害者の奪われている権利をかちとり、守り、生かし、創り出していくこと」と書いており、「人間の権利」を「獲得」して「保障」しつつ「生活」の中で「創造」していく「実践」（研究運動）として、認識していた。

二〇一五年の夏の全障研全国大会の実行委員として参加していた脳性まひ当事者である小森淳子さんは、次のような「つぶやき」をしている。「全国大会で、私は若い脳性まひの子たちにレポートを書いてもらおうと、当事者レポート学習会を何度か開きましたが、最後の時私と彼らだけになったとき、異口同音に訊くのです。『全障研は、先生たちや支援者の人たちの集まりなのに、そんなところで特別支援学校の先生や就労支援センターの人たちの無理解を訴えるようなレポート発表してもいいの？』って。『いつも私たち当事者は健常者のお世話になっているのに、こんなレポート発表してもいいの？』って。なんか私は心のなかで泣けてきたけど、『私たち当事者が言わなかったら、いったい誰が言うの？』と言って励ましました」と。

当事者にこのように書かせてしまう現状があるのは、なぜなのか？　少なくとも、規約の議論の時には、「変革の主体」についてのそもそもの議論がなされていた。本来の「発達保障論」は、当事者を権利主体、発達主体として把握するものであり、当事者に「お世話になっている」などと感じさせるものではなかったはずである。

（3）当事者主体の人権保障

さて、「修正案」に話を戻す。

第三に、「しかも私たちは『被障害者のもっている問題を研究するのではなく、障害をうけている人とうけていない人とが同じ基盤にたって必要なたたかいをすすめることによって研究の領域や内容や方法を新しくつくりかえていきつつあるのである。そのことによってはじめて障害をうけている人たちの権利を保障できる』。したがって、『被障害者』の次に『権利保障研究会』という言葉を加えたい、という趣旨であった」とある。

「被障害者のもっている問題を研究するのではなく」という表現も、現在の「当事者研究」との対比で興味深い。「当事者研究」では、当事者自身が当事者自身の苦労という問題を解決していくために本人自身が研究をする「専門家」であると規定している。[10] ここでは、「当事者」でない「専門家」は、「当事者」の問題の解決に向けて、支え、共に研究を進めていく役割をもつ。このような役割規定から見ると、「同じ基盤にたって必要なたたかいをすすめる」という発想は、「障害」理解と研究運動の展開にとっても、現在につながる重要な提案であった。日本の「当事者研究」の発想にも似ているフィンランドのケロプダス病院で行われている「オープンダイアローグ」という「対話」を重視した実践の視点からみたときにも、この「同じ基盤に立つ」ことの意味は大切である。[11]

「権利保障」の「たたかい」という表現については、社会運動との関係で理解できる。先に「守る権利論」の問題について述べたが、この表現からは「獲得権利論」として位置づけようとする志向を読みとることができる。

「研究の領域や内容や方法を新しくつくりかえていきつつある」という視点については、たとえば「当事者研究」「オープンダイアローグ」などの研究の領域や内容、方法という視点からみて、どこまでなにを新しくつくりかえてきたのかなど歴史的な検討が必要なように思われる。機能障害の有無にかかわらず、実践をする人が主体者であり、実践の対象は、機能障害のある子ども、人たちである。そのうえで、「実践研究運動」の主体は、誰なのか、当事者の側はどのように位置づけられるのか。研究の主体は、誰なのか。実践研究運動での当事者であるということは、どのような立ち位置で、どのような視点をもって関わるのか。この意味で「同じ基盤」とはどのようなことなのか。生活の主人公、社会運動の主体者と相対的に区別される教育実践や社会福祉実践における目的と対象と主体との関連についても、改めて吟味が必要である。

重要な視点として、川島・東（二〇〇八）は、「あらゆる者の人権を保障しているはずの国際人権法とその学問分野が、こと障害者を等閑に付してきた」最大の理由の一つとして、「保護や福祉、治療、保安、更生の客体として障害者をみなすことを当然とする障害者観が、国際人権法（学）にも投影されてきた」ことにあると指摘している。そして、こうした流れは、一九九〇年代以降、「人権の国際化」と「障害者運動の活性化」という二つの潮流が相まって、その意識を少しずつ変えてきたという認識を示している。こうした認識からすると、全障研がすでに一九六〇年代の後半から、当事者主体の「人権保障」の理念を打ち出していたことは、評価に値する。

（4）名称変更――原案承認へ

さて、清水によると、「この修正案をめぐっては、種々議論がされ」、「出された意見の多くは提案の意図・理由に賛同するものが多かった」とある。けれども、「しかし、会の名称は、『障害者の権利を守り、その発達を保障する』という目的で一致できるならば誰でも入会しやすいように一般的な表現でもよいのではないかとの意見も出され、最終的には、会の名称については今後一年間、各地での実践・研究活動を通して、『全障研』の課題と内容にふさわしい用語について検討していく、という条件つきで原案が承認された」とある。

その後、一九六八年三月一五日に、第二回全国委員会が開催され、この「規約」については、新潟支部の金田利子より、文書で次のような提案がなされた。ガリ版印刷されたこの提案には、「第一条（会の名称）に関しては、支部で討議したところ、結成大会の滋賀支部の修正案の方が『障害者が好んでなったのではなく、社会的な原因でなったことを示してすっきりしている』『被障害者ということで、障害者は勇気づけられ運動の方向も示されたと言っている』『しかし、まだ結成後の日は浅いし、会員の中から、その認識が生まれるような運動となっていないので、下からの盛り上がりを基盤として改称をした方が良い』との意見が交わされ、結論としては、『今の名称のままでも、被障害者、権利保障という思想を自覚しているので、もっと研究運動が深められてから改称した方が良い』ということになった」とある。

結果、「障害者の権利を守り」となったが、この文言では、当事者が当事者として権利を獲得しようとする主体であることがやや不明確となり、保護者、教師など関係者が、「障害者の権利を守る」という意味が強くなる。「同じ基盤」という大切な意味づけが薄れてしまった感は否めない。「今の名称のままでも、被障害者、権利保障という思想を自覚している」「もっと研究運動が深められてから改称した方が良い」との提案であったが、結果的にはその後五〇年にわたり、名称そのものは、変更していない。名称について、どのような議論がなされ、現在に至っているのかの検討も求められよう。他方で、「機能障害がある人たちのさまざまな社会生活の問題を当事者とともに当事者としてその問題の要因と解決の方法を研究していく」と理解するのであれば、「障害問題」ではなく「障害者問題研究会」という名称は、先駆的であったかもしれない[12]。

6　『「発達保障論」の成果と課題』（一九七八）の中の「障害」概念

（1）冊子の「発達論・障害論」

次に、『「発達保障論」の成果と課題』（全国障害者問題研究会　一九七八）の中の「障害」概念について検討する[13]。

この冊子は、一九七七年一二月に開催された第一回の共同研究者集会の問題提起を受けて編集されている。全障研の結成は、一九六七年であり、この研究集会および本冊子は、一〇年の節目としてまとめられたという性格をもつものと判断できる。冒頭、加藤直樹は、この研究集会の性格について、「障害児教育、保育の問題に焦点をあてて、『発達保障論』の到達点と課題を討論すること志向するもの」と述べ、さらに本冊子を「まとめるにあたって一定の集団的討論をおこなった」と書いている。このことからしても、本章のテーマを深めていく素材として、意味がある歴史的資料である。同書が刊行された一九七八年は、翌一九七九年の「養護学校義務制」実施に向けて、日本全国各地で、多様で多彩な社会運動が展開されていった時期である。なお、田中昌人は参加しておらず、冒頭に開催にあたってのメッセージが載せられている。

主な目次は、以下のとおりである。

2　発達論・障害論
3　発達についての心理的検討
4　実践への発達論的寄与
補　発達理論に関する若干の研究課題について
(1)　機能連関を支えるもの　(2)　障害と機能連関
第二章　話しことばの獲得期前後
第三章　話しことばを駆使し書きことばを準備する時期
第四章　書きことば獲得期前後

以下では、テーマとの関連で、特に第一章の「2　発達論・障害論」について検討する。ちなみにこの章は、「集会に向けての荒木穂積、加藤直樹、長島瑞穂の問題提起の「総論」にあたる部分について、第一分科会の窪島務がまとめ、指定討論者の茂木俊彦による問題提起」が補論として加えられている。長くなるが、「2　発達論・障害論」の一部を抜き出してみる。

①障害の有無を問わず、すべての人の発達のすじ道は同じであり、発達における共通の質的転換を主体的になしとげつつ発達していく(人間の発達の基本的すじみちの共通性の主張)。障害による特異性や問題行動は、発達の質的転換期との関係で発達連関的に位置づけることによって科学的に認識することができる。
②発達の「もつれ」はすべての人が直面する。障害の発生しやすい時期(好発期)が質的転換期との関連で明

らかにされつつある。

③諸能力の発達は、人格の解放と内的に結合していく。実践的にいわれたこととしては、発達をいわばタテへの発達（発達の高次化）としてのみ抽出するのではなく、ヨコへの発達（操作特性の交換性を志向的に高めていく）ととらえる。〈中略〉おそらくこうした発達研究の成果は、これまで教育学において問題とされてきた「全面発達」論などの諸概念を発達の質的転換期との関連において吟味・再検討していくことを教育学にたいしても要請するであろう。

障害観については、障害を科学的に把握するとは、それを生成・発展・消滅という弁証法的過程としてとらえることであることが提起されている。一次的障害と二次的障害の区別（ヴィゴツキーやソビエト欠陥学でいわれている一次的障害（欠陥）と二次的障害についての理論的検討は、今後の課題であろう）、問題行動を障害者に特徴的なものとして固定的にとらえるのではなく、発達要求と読みとること、障害は発達との関係で、その意味を変化させることなどが提起され、実践の中で深められつつある。また早期発見、超早期治療、リハビリテーション医学の発達、就修学の完全保障が追求されていく中で、これまで固定的に見られていた障害像そのものが大きく変化していくであろうことをも見とおしうる段階にきている。たとえば、ボイタ法等の成果を完全に発揮し尽くすことができれば、これまでの運動障害像は大きく変化していくであろう。ここでは阻害条件としてその利用上の様々の問題（専門家の養成問題も含め）が存在する。

障害観を変革することは、障害の存在を無視することによっては果たされない。障害をその生成・発展・消滅の過程において科学的、総合的にとらえ、障害にたいして諸科学が総合的に協力しあいながらとりくむことを通じて実在する障害像自体を変えていくこと、そうしたとりくみが関係者、父母、地域住民に支えられて発展していくという関係の中でこそ、不十分であったり誤ったりしている障害観は変えられていく。

障害についての科学的認識は、医療、教育、生活保障、労働する場の保障、福祉、社会保障、地域住民の連帯などの社会的・地域的諸条件が総合的に築かれていくことを結合してなされていく。

整理すると次のような視点が指摘される。
①障害そのものの生成・発展の過程を科学的に解明すること。ここでは予防の意義が強調されねばならない。
②障害の軽減、固定化への過程を科学的に解明すること。ここでは治療・訓練、リハビリテーションの意義が強調されなければならない。
③固定的機能障害の発達的意味の変化を科学的に解明すること。ここでは教育の意義が障害との関係で強調されなければならない。
④障害者の生活上の制約、差別の実態とその仕組みを科学的に解明すること。ここでは社会諸条件を変革することの意義がその主体形成とかかわって強調されなければならない。
（一五―一七頁）

(2) 田中昌人の「障害」概念から

前述のとおり、田中は、この冊子には、直接参加をしていない。しかしながら、理論的にもここで取り上げた内容に強い影響力があったので、ここで少し詳細に検討しておきたい。別途、田中が、「障害」をどのように受けとめ、理解しようとしてきたかという研究が必要である。

田中の「発達障害」概念は、「発達障害者支援法」の「発達障害」概念ではなく、田中独自の「可逆操作の高次化における階層‐段階理論」による「発達」概念の対概念として使用されている。『全障研三十年史』（一九九七）の記念論文「全障研の結成とわたしの発達保障論」（田中　一九九七）では、「障害そのものが普遍性と特殊性の総合において、通常の場合以上により本質からの科学的認識を必要として、しかも解決がはかられていかなければならない問題」（四二二頁）と規定して、「①障害者の奪われている権利をかちとり、守り、生かし、創り出していくこと、②それによってどのような障害や発達でもその発達の原動力をいっそう深部でとらえ」（四四一頁）という表現がみられる。

ちなみに『人間発達の科学』（田中　一九八〇）においては、「発達障害は、いわゆるおくれの程度として段階づけられる側面をもつと同時に、それだけでは還元できない質をもっている。それは、人間の発達における基本的に共通の弁証法的発展法則のうえになりたつ質である。発達障害の顕著な特徴は可逆操作の高次化の障害としてとりだされるが、それはさらに可逆操作力と可逆操作関係の矛盾の自己運動障害とみることができる」（一八八頁）という記述がある。

一九八七年に全障研結成二〇周年を記念として出版された『発達保障の探求』における「発達保障の発達理論的基礎」の中でも、「①発達に障害があってもこのみちすじ以外にあるのではなく」、「②発達障害というのは、可逆操作の高次化のどこかで顕著になったことであり〈中略〉すべての人が可逆操作の高次化のどこかで発達障害に直面するということ」、という文脈において、使用されている（一四四―一四五頁）。

白石正久（二〇一六）は、『人間発達の科学』を引用したうえで、「『発達の原動力の生成の障害』という意味で『発達障害』を使いたいところであるが、日本ではそれと異なる使用が一般的となっている」（七頁）として、「発達の障害」と言い換えて記述している。この「発達の障害」という理解は、発達保障の立場から、「障害」を理解しようとする時に、重要な概念となる。この時の「障害」は、現在、「発達障害」と訳される“developmental disorder"、あるいはＤＳＭで「精神疾患」と訳される"mental disorder"の"disorder"の意味ではない。網膜剥離で見えない「視覚機能障害」であるとか、交通事故による両足の切断による「歩行障害」であるという意味と文脈における「障害（impairment）」概念ではなく、あくまでも「発達の障害」という限定した使い方である。

ちなみに、田中は、一九六七年七月に開催された日本心理学会の要旨集では、「機能障害」という概念を使っている。「危機的発達連関構造には機能障害の有無に拘わらず、だれでもどこでも直面する。連結可逆操作獲得の障害、次元可逆操作獲得の障害、変換可逆操作獲得の障害などの状態をとる。しかし、その場合も可逆操作特性の交換性を志向的に高めていく方向は無限に開かれており、それを獲得していくことで、代理不可能な主体性が輝きを発揮する。機能障害に取り組む意味も、そこに生まれる」（七四―七五頁）。ここでは、「獲得の障害」という使い方で、「発達の障害」を意味する使い方と「機能障害」という概念がきちんと区別されていた(13)。

当時から現在に至るまで、全障研の会員は、田中の「障害」概念と、その当時の辞書的な、あるいは文部省や厚生省などの政府の立場による「障害」概念、その後登場するＩＣＩＤＨやＩＣＦの「障害」概念をきちんと理解し、区別して「障害」概念を使っていた、いるとは必ずしも言えないのではないか。このことも、研究の課題である。

田中の言う「発達（の）障害」とは「発達の原動力の生成」が妨げられるということであろう。田中自身は、「阻害」概念を使っている。むしろ「碍」の本来の意味で、本人の「心身機能と身体構造」の不全と欠陥の意味である。「発達の原動力」（motive power ／ driving force）と「発達の源泉」（source）は、異なる概念である。「原動力」は「内的な運動をおこさせるちから」であり、「内部矛盾」（internal contradictions）である。「発達の源泉」は、「発生してくるもと」のことで、教育が直接用意できる諸条件のことをさす。この諸条件を規定するのは、社会的諸条件である環境である。「社会的障壁」（ソーシャル・バリア）の側面である。「発達の源泉」は「生成」するものではなく、用意するもの、準備されるものを意味しており、それが十分でないことも「障害（disability）」と理解される。個人内の「内部矛盾」と社会システムの「矛盾」、それぞれがある。社会の一員であり、「矛盾」ある社会におかれ、「社会」を認識し、「社会」に働きかけていく、そうした「社会」と個人との関係と間に生じる「矛盾」（外部との関係で起こる内部矛盾）は、そのままでは「原動力」にはならない。個人間の「内部矛盾」（自身の発達の課題として取り込まれ、再生された矛盾ということ）に直接働きかけるという教育の概念と関係があり、こちらが「源泉」という概念である。教育と学習との関係も含めて総合的に説明することは簡単ではない。ここに「障害」という概念が加わるとなおさら把握が困難となる。最低限、「主体」の中に生まれてきた「ねがい」、これを「おもい」として、他者に対して発信し、伝えるちから、他方で、そのような「発信」を受けとめるちから、育てる関わり、引き出す関わりなどの関係が、総合的に検討される必要があろう。

(3) 「障害観」に関する記述の検討

このように田中の「障害」概念を押さえたうえで、先に引用した箇所（一二二―一二四頁）について、検討する。はじめに、「障害観については、障害を科学的に把握するとは、それを生成・発展・消滅という弁証法的過程としてとらえることであること」とある。「科学的」という概念も説明がむずかしい。何をもって「科学的」というのか、説明はない。文脈の中での「障害」概念は、ＩＣＦの身体構造・心身機能の不全の部分、“impairment”や“disorder”と英語で表現される概念とほぼ同一と考えてよいのかどうかも不明である。

また、「問題行動を障害者に特徴的なものとして固定的にとらえるのではなく、発達要求と読みとること、障害は発達との関係で、その意味を変化させることなどが提起され、実践の中で深められつつある」とある。

ここでは「障害者」と「障害」の区別も曖昧なまま使用されている。“person with disability”と“disabled person”の区別とその重要性については、一九八〇年代の国際障害者年の行動計画やＩＣＩＤＨの「障害」構造の議論を待たなければならない。しかし、一九七八年当時、国際的には、すでにＩＣＩＤＨの議論や国際障害者年に向けての議論が始まっていた。こうした議論を十分に反映したかたちで記述されたかどうかは、検証が必要なところである。「問題行動を発達要求と読みとる」は大切な視点である。また、そもそも、「障害」概念が現在の“disability”に相当する概念として把握されているのか、それとも“impairment”や“disorder”と英語で表現される概念として把握しようとしているのかは、確証が得られない。

「障害は発達との関係で、その意味を変化させる」は、茂木（一九七九ａ）の「発達における障害の意味」という「障害還元論」に触れた重要な論考があり、同時期に研究ノートも書いている（茂木 一九七九ｂ、一九八〇）。こうした茂木の研究成果が、一九七八年のこの冊子に反映されていたかは、確認できなかった。しかしながら、「障害」を「発達」との関係で理解する視点は、重要である。

「そうしたとりくみが関係者、父母、地域住民に支えられて発展していくという関係の中でこそ、不十分であったり誤ったりしている障害観は変えられていく」と書かれているが、ここには、機能障害のある本人が登場しない。現在であれば、関係者の前に、一番先に書かれるはずである。「社会運動」として、いわゆる「障害者運動」における「主体形成」を強調しつつ、機能障害のある当事者の主体形成を強調していない。『全障研三十年史』の清水論文（一九九七）では、「全障研運動の創造」の「Ｉ　権利としての障害児教育の創造をめざして

四　私たちは精神が薄くも弱くもない！」の項で、一九六七年の日教組教研において、「M子せいしん、うすくない。M子せいしん、よわくない」という子どもの作文を引用しつつ、当事者の声の代弁をしている。結成時の「あいさつ」でも「全国各地で、障害者、父母、教師をはじめとする」と、障害当事者が最初に書かれている。こうした実践が冊子の記述に反映されていない。教育の対象である子どもであっても、生活の主人公であり、学習の主体者でもある。「障害観」の変革における当事者（子どもも含む）の主体的な役割が十分に把握されていない「弱さ」があろう。

「不十分であったり誤ったりしている障害観」とは、どのような「障害観」のことを指しているのか。「機能障害を固定的に把握する障害観」、「機能障害のある人たちの機能障害を自己責任や宿命として把握する障害観」などが挙げられる。「私たちに抜きに私たちのことは決めないで」という「本人主体」の視点が、十分ではない。「障害にたいして諸科学が総合的に協力しあいながらとりくむ」というのも、意味が取りにくい。本来であれば「『障害』がもたらす問題とその課題の解決に向けて諸科学が……」ではないか。この時点では、こうした不十分さがみられた。

（4）各テーゼの検討

次に、整理されたテーゼについて触れる。

「①障害そのものの生成・発展の過程を科学的に解明すること。ここでは予防の意義が強調されねばならない」。

高野哲夫（一九八一）は、ＩＣＩＤＨの理解のもとで、機能障害と能力障害と社会的不利の構造である障害状態を意識して、公害、交通事故、労働災害等により、「機能障害」を負うことを明確に位置づけているが、①の

「障害そのもの」は何を意味しているのか。「予防」という言葉を使っているが、母胎の健康を含め、機能障害を生じさせないための社会的諸条件を創造していくことを意識していると思われる。現在の disability は、相互作用の意で使われているので、社会的障壁の除去により、disability（生活の困難、生きづらさ）は、軽減していくことが読みとりにくい。また、「発達」（development）という英語を意識していると思われるが、「生成・発展」の「発展」の意味がわかりにくい。さらに、「予防」に関連して、その後の「出生前診断」などの医療技術の発展と「優生思想」などの関連についても、不十分さがみられる。

「②障害の軽減、固定化への過程を科学的に解明すること。ここでは治療・訓練、リハビリテーションの意義が強調されなければならない」。

この「障害」は、「心身機能と身体構造」のことであり、「社会的障壁」のことは抜け落ちている。リハビリテーションの意味も上田敏の「人間的復権」が意識されてはいなかった。

「③固定的機能障害の発達的意味の変化を科学的に解明すること。ここでは教育の意義が障害との関係で強調されなければならない」。

「固定的機能障害」という概念は説明されていないが、「教育」の意義が「障害」との関係で強調されるというテーゼが出てくる。あえてＩＣＩＤＨの視点から読み解こうとすれば、「固定的機能障害」は、ＩＣＩＤＨの“impairment”を意識しており、「教育」との関係での「障害」の強調という場合には、能力と学習と教育との関係を意識したＩＣＩＤＨの「能力障害」としての“disability”を意識している可能性が感じられる。しかしながら、教育は、「人格」の発達がそもそもの役割であり、まとまりのある人格を構成する諸能力の発達との関連も含めて、このテーゼを読み解いていく必要があろう。

「④障害者の生活上の制約、差別の実態とその仕組みを科学的に解明すること。ここでは社会諸条件を変革することの意義がその主体形成とかかわって強調されなければならない」。

このテーゼが優れているところは、障害と障害者を分けていることである。あくまでも「障害者の生活上の制約」ととらえようとしたこと、そして、「差別」という概念が出てくることである。

この冊子には直接関わっていないが、このテーゼにも影響力があった河野勝行の全障研第七回大会（一九七三）の記念講演とそれをまとめた『日本の障害者――過去・現在および未来』（河野 一九七四）から、関連する主要な記述を抜き出してみる。

「障害そのものの発生を地球史において探求すると、障害は機能と器官が複雑化した脊椎動物の誕生の時期に発生し、人類の歴史（約百万年）も障害に苦しめられてきた歴史があること」。

この記述で明らかなように、河野の「障害」概念は、一九七三年当時から、ＩＣＦの「心身機能と身体構造」をはっきりと意識していた。したがって、田中の「発達障害」の「障害」とは異なる概念であった。そして前述の文章に続けて「しかし、障害があるということと障害者差別があるということは相違しており、人間の歴史の内でも、差別が生まれたのは人類が階級社会になってから（数千年）であること」と述べている。この記述で明らかなように、河野は、「障害」と「障害者（差別）」を区別している。「障害者差別は、社会的な生産労働における不利を基盤として成立しているが、類似した女性差別と同様になくすことができること」「日本における障害者差別は、①素因＝障害、②必須要因＝階級社会、③拡大要因＝日本国民全体の権利保障の水準が低いという条件の三大要因から構造的に成立していること」「したがって、日本国民全体に対する権利侵害の状態をなくしていくこと（拡大要因の除去）、階級社会をなくすこと（必須条件の除去）によって、障害者差別をなくすことが可能であること」「障害そのものをなくすこと（素因そのものの除去）も追求すべきこと」とも述べている。最後の一文は、現代的な観点に立てば、「出生前診断による中絶」など「優生思想」にもとづく政策や行動との関係において再検討されるべきであろう。「機能障害」は抽象的に存在するのではなく、必ず具体的な人に附随している。権利条約による「機能障害」と「障害」と「社会的障壁」の区別は、「機能障害」の解消ではなく、「障害」の解消に向けて、意味のある提案であった。

冊子のテーゼに話を戻すと、④の「生活上の制約」という概念は、現代のＩＣＦの（社会）活動の制限と（社会）参加の制約という概念につながる。「医学モデル」を乗り越えようとしつつ、「社会モデル」への志向がみられる。現在の社会構成主義による一面的な「社会モデル」への賛意ではない。繰り返しになるが、ここでの医学モデルは、障害を、個人の現象であり、病気・外傷などの健康状態から直接的に生じるもので、専門職による個別の医療やリハビリの対象としてとらえるというモデルである。「社会モデル」は、障害というのは、社会によってつくられた問題であり、問題は社会への統合によってのみ解決されると考えるモデルである。ＩＣＦは、このような二つのモデルを統合しようとした「生物・心理・社会」アプローチであることは先に述べたとおりである。

この『「発達保障論」の成果と課題』の中の「障害」概念についての評価は、むずかしい。「発達論・障害論」の見出しがつけられているが、十分に「障害論」が展開されたとは言い難い。しかし、概念上の混乱はあったが、従来の「医学モデル」を乗り越えようとしつつ、よりＩＣＦに近い統合的な「社会モデル」への志向がみられる点は、評価できる。

7 結論

本章では、全障研結成から一〇年後までを中心に、発達保障論を掲げる全障研が、「障害（disability）」をどのように理解しようとしてきたかについて、結成時の規約をめぐる議論と一〇年目の『「発達保障論」の成果と課題』を主な素材として検討してきた[15]。

「障害（disability）」概念そのもの、つまりは、「『障害』とは何か」という問いについて、全障研では、正面から集団的に論じるということは、初期の「規約」の制定時を除いて、十分にはしてこなかった。ＩＣＩＤＨ以降は、その解釈を別にして、茂木の論考にみられるように、ＩＣＦを手がかりにしながら、「障害」概念を深めようとしてきた。ただし、全障研の中では、「機能障害」と「障害」を明確に区別して使用するという点では、十分な概念的整理がなされてこなかった。その理由については未検討であり、これからの課題となる。

「障害学」のように、「障害」そのものとは何かという根源的な問いを立てて、検討してきたわけではないが、発達保障論の立場から実践研究運動を進めつつ、「障害」とは何かを問い続けてきたことは、確かである。さらにていねいな検討が必要であるが、田中が「発達の障害」という時の「障害」の理解は、個人の系、集団の系、社会の系という三つの系で「発達」を把握しようとする認識の中で、練り直されていく。

田中が「発達の障害」という時は、いわゆる発達心理学における個人の諸能力の「発達」とその「障害」（“impairment”や“disorder”）レベルではなく、個人内、対人間、対社会条件との関係において、「発達」を妨げるものという一元的な理解に立ちつつ、「障害」概念を使おうとしていた。しかしながら、「障害」概念そのものについてのていねいな議論が十分になされないまま、社会問題としての「障害」と生物学的な「障害」とが混在したまま、いわゆる二元論的な理解のままになっていた。統一的に把握するには、集団の系の発達（発展）や社会の系の発達（発展・開発）という未解明の課題が多すぎたこともあろう。また、生活問題としての障害者問題は、戦争や公害や薬害や交通事故など社会の中で絶えず起こりつづけ、対抗する社会運動も、さまざまな分野で続けられていた。

いわゆる発達保障論は、田中の極めて強い影響があったことは、確かである。発達心理学が基盤にあったこともあり、当初の「差別」と「歴史」という社会的な観点においても提起されていた「発達」と「障害」理解が、いつの間にか、「障害」理解に関しては、個人の系に収斂される傾向が強く、十分に引き継がれなくなっていく。こうした田中の発達保障論と、ＩＣＩＤＨやＩＣＦとの関連などについては、河野も茂木も言及していない。

実践者たちも、発達保障論の中での「障害」理解は、おもに重症心身障害を含む知的障害や肢体不自由など、教育（障害児教育、特別支援教育、療育）などの実践分野で使われ、理解されることが多くなり、“impairment”や“disorder”の意味で受けとめられることが多くなった。厳密には、田中の「発達の障害」の「障害」は、“disorder”の意味のみでは括れない豊かなものであろう。しかし、現場的には、「障害」は「機能障害」として理解され、「障害」の社会的問題は、「障害」概念とは別の問題（生活問題など）として議論されていく。こうした把握の仕方を、私は、「障害」の二元論的理解ととらえてきた。全障研の中では、残念ながらこうした二元論的理解が現場を中心に根強くあり、現在でも「機能障害」と「障害」の区別と連関についての認識は十分ではない。全障研大会の分科会構成などで使用される「障害」概念は、少なくともＩＣＦの意味する“disability”概念ではない。

繰り返しになるが、もともと田中は、この二元論を「発達の障害」という概念で克服しようとしてきた面があるが、使用する言葉が「同じ」ということ、また、研究そのものが発達心理学を中心に「個人の系」を中心になされてきたこともあり、概念の区別と統一による理解がなされないまま現在に至っている。あえてこの二元論という言葉を使うと、全障研の中には、「障害」概念の理解について、二つの二元論が残っており、統一的に理解されていない。

一つは、これまで述べた生物レベルと社会レベルが混在した「障害」（disability）理解であり、もう一つは、このような田中の「障害」概念理解とその後のＩＣＦなどによる理解との統一がなされないままの二元論である。

単純な発達段階論と障害特性論、行動変容を目標とする指導技法等がはびこり、内面も含めた人間的な発達理解が軽視される時代の中で、また、「障害」の自己責任論（気の毒、迷惑）が強まる中で、この二つの二元論の克服は、実践研究においても、大切な課題であろう。

「発達保障論」の立場で「障害」概念を把握しようとする際には、個人内、対人間、対社会諸条件との関係において、豊かな人間的「発達」を妨げるものとして把握され直さなければならないだろう。全障研は、「人権と発達の保障」を理念として掲げている。私は、「人権」からの「疎外」が「差別」であり、「発達」からの「疎外」が「障害」であると考えており、「阻害」ではなく、「疎外」概念を手がかりにしつつ、「障害」理解を深めていく視点に、現在のところ可能性を感じている。具体的な展開については、今後に期したい(16)。

おわりに

権利条約とＩＣＦの「障害」理解の枠組みからみて、全障研は、本来、「障害（disability）」を理解しようとする時に、規約の制定時の「被障害者」の問題提起に確認できるように、「社会的障壁（social barrier）」を意識して、「障害者問題」を把握しようとしてきた。今回は、十分に検討できなかったが、「個人の発達―集団の発展―社会の進歩」の三つの「系」において、「人間の発達」を把握しようとする志向の中にもこの発想は読み取れる。「障害（disability）」は、「人間の権利」の侵害状況であり、「生活困難」、「生きづらさ」そのものであって、こうした状況は、個人の「機能障害（impairment）（disorder）」そのものがもたらすものではなく、「社会的障壁（social barrier）」との相互作用により生じるものであるというのが、今日的な理解であるが、そうした理解につながる認識は発達保障論の中にも確かに存在した。ただし、こうしたＩＣＦに相当するような概念を創造することが十分にできなかったために、「表現」において、相当の苦労をしていた。一方で、個々の「機能障害（impairment）（disorder）」の克服も、「個人の発達」の系の中で、重要視してきた。当事者が生活と訓練の主人公であり、主体者となるような医学的リハビリテーション、療育、教育、就労、日中活動、余暇活動、生活を支援する社会福祉実践などにおける専門性の確保のための条件整備についても、重視してきた。「障害（disability）」を、本人がもっている「潜在能力」が発揮しえないような、本人と社会条件の相互作用として把握しようとしてきた。こうした理解は、発達保障論ならではの理解であろう。

「障害」と「ある」「ない」は複雑な関係にある。たとえば、「眼球の損傷」は、「心身機能と身体構造」の要素でいえば、「身体構造」の不全である。この不全が原因となり、「見る機能」が損なわれている。このレベルは、“impairment”として把握できる。生物としてのヒトの視力、見えるちからは量的、質的に把握し、表現することができる。眼球が「ある／なし」は、存在としてあるかないかがはっきりとしている。眼球がない場合は、“impairment”は、はっきりしている。しかし、損傷の程度により、少しは見える場合は、見えるちからはさまざまであるが、どの程度かは「ある」。どこからが“impairment”で、どこからが“impairment”でないかは、存在の「ある／なし」ではなく、ある時代の社会が恣意的に定めた基準に基づいて判断される「ある／なし」である。程度を議論するのであれば、さらに“disfunction”という「機能不全」という概念を必要とする。見える能力である“disability”となると、さらに複雑である。めがねなどによりどこまで個人的な機能不全を補うことができるか。めがねや拡大鏡などを購入できるのか、使用できるのか、また点字ブロックが敷設されているような社会的環境（諸条件）との相互作用により、生活の困難である“disability”の範囲であるかどうかが決まる。これは、個々人が決めるものではなく、社会的・政治的に決められるものである。“disability”は、この決められたものに当てはまるかどうかであり、そのものが存在するという議論にはならない。

「障害（disability）」概念をとらえるには、「障害」と「発達」、「障害」と「社会」、「障害」と「人格」など、他の主概念との関係において「障害」を認識し、理解し、把握しようとする視点が必要である。詳しく論じることはできなかったが、「差別」概念とも共通性がある。

本章を締めくくるにあたり、少しだけ私の考えを述べておく。一〇年前の全障研結成四〇年の論考（木全 二〇〇七）の注で、私は、“people with disability”を単なる「障碍者」「障碍のある人」「障碍をもつ人」と訳すのではなく、「障碍とある人」というように、“with”を「と」と訳す提案をした。小さな、しかも注での提案だったので、注目もされることはなかった。しかしながら、その提案は、今でも間違っていないと考えている。そして、今回、全障研結成五〇年の節目の論考では、発達保障の視点から、“disability”の訳を「未能」とすることを提案したい。“people with disability”は、「無能」でも「不能」でもなく、「未能」であり、「未能」とある人のことである。

〈注釈〉

（1）田中（一九九七）の中の一九六六年度 京都府立大学発達保障概論授業構想原案、一九六六年 日本教育心理学会シンポジウム発表要旨に確認することができる。大泉溥（二〇一一）は、一九六六年に提起されたこの「発達・差別・歴史」という「実践関係的観点」は一九七〇年代には使われなくなり、「発達の三つの系」（個人・集団・社会・〈体制〉）の表現に変化していったことを吟味する必要性を指摘している。

（2）熊谷晋一郎は女優の東ちづるとの対談（二〇一七）で、「障害者支援が、結局潜在能力の開花に切り詰められている。何か不当な差別を受けているせいで、本来持っている能力を開花できない。合理的配慮でちゃんとした支援が受けられれば、眠っていた才能や能力を発揮できる。そのための機会は保障しなければならない。それ自体は正しいのだけれど、それだけになってしまう。これが右側にあったら左側には、そんなこととは関係なく生きていい、ということが必要」という表現を用いて、これを「潜在能力主義」と概念化して、批判している。これまでの「能力主義」批判から踏み込んだ批判である。ここには、相模原事件にみられるような「生存そのものの否定」があることも反映している。「生命」「自由」「幸福追求」の価値のもと、「生命」そのものの価値が危うくなっている状況への警告でもある。この表現についても、なぜ「それだけ」になってしまうのか、本当に「それだけ」なのか、「それすらないのか」、ただ「生命」だけでもなく…という考えをもとに「発達」という押さえが必要なのかという吟味も必要である。

（3）Wikipedia の解説レベルでは、「なんらかの障碍によって発生するダメージやトラブル、問題が生じたという意味。また、支障をきたしている状態も指す。医学的には、生理的な機能障害の impairment と、その結果ものごとを遂行するための能力障害 disability が日本語では区別されておらず、また精神障害では、変調を意味する disorder に障害の語があてられる。社会福祉のモデルとしては、社会的な制約を取り払うために disability に焦点を当てた政策が考えられる」とある。https://ja.wikipedia.org/wiki/%E9%9A%9C%E5%AE%B3 (2017/01/12 確認)。ちなみに国連障害者権利委員会への締約国報告正文で"impairment"の検索をかけると一致なしである。障害者基本法の障害者の定義の不十分さに見られるように「身体障害者手帳」の枠組みでもある「医学モデル」にこだわる日本国政府は、「障害」について国際水準を理解しないまま正文を作成している。

（4）この論考では、ＩＣＤ、ＤＳＭといういわゆる（精神）医学的診断における固有の「障害」診断概念の発展の歴史とその意味や価値については、取り扱わない。というのは、（精神）医学的診断の固有の「障害」概念は、後に詳しく述べるように、ＩＣＦの「健康状態」と「心身機能と身体構造」の分類の系列に属することであるからだ。英語にすれば、"illness"や"disease"、"impairment"や"disorder"と表記される、主として人間の生物としての側面に焦点をあてたものである。もちろん、人間は、社会的な存在であり、こうした（精神）医学的な「機能障害」を表象する概念（医学的な診断や治療に必要な概念）であっても、歴史的社会的な概念であることは間違いない。したがって、たとえば「自閉症」と呼ばれてきた精神医学的「障害」概念が、医学的診断の進歩、すなわち社会的な諸条件の展開と相まって、どのように変化してきたのかということを、「発達保障論」の視点から検討することは、意味のあることである。特に対象への認識の変化が実践にどのように影響を与えたのかということ、また、対象そのものが社会的諸条件の変化の影響を受けて変容したことで、対象認識も変化し、把握概念が変化してきた可能性などは重要な論点である。

（5）この「議長草案」（二〇〇五）は、国連のホームページ（N/AC.265/2006/1.supra note29.）で確認ができる。

（6）主に記念論文2「全障研運動の創造―『全障研』結成準備会時代から第三四回全国大会まで」から引用。また、田中昌人論文にも、滋賀県での討議の詳細も含めて書かれている。なお、滋賀からの提起の公式記録は、『全障研結成大会報告集』の「障害者の権利を守りその発達を保障する自主的民主的研究運動を」のなかで、鈴木宏哉がまとめている「規約審議について」（三四―三五頁）がある。

（7）一九七〇年に制定された「心身障害児対策基本法」の『心身障害者』とは、肢体不自由、視覚障害、聴覚障害、平衡機能障害、音声機能障害若しくは言語機能障害、心臓機能障害、呼吸器機能障害等の固定的臓器機能障害又は精神薄弱等の精神的欠陥（以下「心身障害」と総称する。）があるため、長期にわたり日常生活又は社会生活に相当な制限を受ける者をいう」の定義との関連については、定義の成立過程と全障研の批判との関係など別途検討が必要である。

（8）中西正司・上野千鶴子（二〇〇三）は、「ニーズを持ったとき、人はだれでも当事者になる」「ニーズ（必要）とは、欠乏や不足という意味から来ている」「こうあってほしい状態を不足ととらえて、そうではない新しい現実をつくりだそうとする構想力を持ったときに、はじめて自分のニーズとは何がわかり、人は当事者になる」と、「ニーズ（必要）論」の視点から定義を試みている。そして、「当事者主義」でもなく「当事者本位」でもない「当事者主権」という概念を使用することで、「自己決定権」を基礎とする「人間の尊厳」を保障できるとしている。

(9)真田是(一九六六)の「社会問題の克服への方向」では、「社会政策」の二面性と「社会運動」のあり方について論じていた。その後、社会福祉を「社会問題」「社会運動」「政策主体」の三つの主要モメントを基軸に据えた。こうした六〇年代、七〇年代の社会運動論と障害者運動の関連についても別途検討が必要であろう。

(10)「当事者研究」については、北海道浦河町の「べてるの家」を中心に広がり、現在では、精神障害から発達障害、肢体障害、薬物依存の分野などにも対象を広げながら、実践研究が進められている。文献も多い。「発達保障」の視点と重ね合わせての検討も必要であろう。べてるしあわせ研究所編(二〇〇九)では、「自分が苦労の主人公」「自分を助けるアプローチ」「人と問題を切り離して考える」「自分自身で、ともに」など興味深い言葉がある。理論的には、熊谷晋一郎編(二〇一七)を参照のこと。

(11)オープンダイアローグについても、文献が多い。斎藤環(二〇一五)を参照のこと。フィンランド北部・西ラップランド地方にある精神科病院で一九八〇年代前半から行われ、主に統合失調症の急性期の患者を対象にした精神療法。治療では、患者と主治医だけでなく、家族や友人・知人、看護師らを交えてミーティングを開き、対等に意見を述べ合う。

(12)当時の『みんなのねがい』第六号(一九七〇)では、日本福祉大学学生サークルが「障害」について議論している。文中には、「政策的にハンディを負った人を障害者として健体者より一段低く見ている」「『障害者』はハンディを負っているだけ」という文言がみられる。注においても、「『障害者』の障害は、その人が自らもっているのではなく、社会的につくられたものだ……。障害者ではなく被障害者という言葉を使うべき」と書いている。

(13)一九七九年に第二版が出されているが、この時には、「明白な誤りや表記上の最小限の訂正、修正」のみが加えられている。本稿では、第二版を引用している。

(14)ただしこの報告は、田中杉江、長島瑞穂との連名である。出所は、大泉溥(二〇一一)。

(15)当初の原稿では、一九八七年に全障研結成二〇周年を記念として出版された『発達保障の探求』までも射程に入れていたが、紙幅の関係もあり割愛せざるをえなかった。別の機会に論じたい。

(16)ラテン語の"alienato"(他人のものにする)に由来する疎外概念は、経済、社会、歴史的には、客体として存在するようになったものを操作する力を主体が失っている状態のこと。たとえば、あるものが私とは無関係であるという場合、そのあるものに対して私は無力なものとして疎外されていることになる。この疎外を克服することによって、人間はその本来の自己を取り戻し、その可能性を自己実現できるものとされる。人間が作ったもの(商品・貨幣・制度など)が人間自身から離れ、逆に人間を支配するような疎遠な力として現れること。またそれによって、人間があるべき自己の本質を失う状態をいう。

〈引用・参考文献〉

べてるしあわせ研究所編 二〇〇九、『レッツ！ 当事者研究1』特定非営利活動法人地域精神保健福祉機構・コンボ。
川島聡・東俊裕 二〇〇八、「障害者の権利条約の成立」長瀬修・川島聡・東俊裕編『障害者の権利条約と日本』生活書院。
木全和巳 二〇〇七、「『障碍』概念の発展と『自立』概念の展開」荒川智・越野和之編『障害者の人権と発達』全障研出版部。
河野勝行 一九七四、『日本の障害者―過去・現在および未来』ミネルヴァ書房。
河野勝行 二〇〇二、『WHOの「国際障害分類」を読む』文理閣。
熊谷晋一郎・東ちづる 二〇一七、「誰も排除しない／されない社会を目指す」『世界』四月号、岩波書店。
熊谷晋一郎編 二〇一七、『みんなの当事者研究』金剛出版。
松井亮輔・川島聡編 二〇一〇、『概説障害者権利条約』法律文化社。
茂木俊彦 一九七九a、「発達における障害の意味」『子どもの発達と教育3』岩波書店。
茂木俊彦 一九七九b、「子どもの発達と障害―研究ノート1」『立正大学文学部論叢』六三号。
茂木俊彦 一九八〇、「子どもの発達と障害―研究ノート2」『立正大学文学部論叢』六八号。
茂木俊彦 二〇〇三、『障害は個性か』大月書店。
中西正司・上野千鶴子 二〇〇三、『当事者主権』岩波新書。
大泉溥編 二〇一一、『日本の子ども研究―明治・大正・昭和（第一三巻）田中昌人の発達過程研究と発達保障論の生成』クレス出版。
斎藤環 二〇一五、『オープンダイアローグとは何か』医学書院。
真田是 一九六六、「社会問題の克服への方向」『現代日本の社会問題1』汐文社。
白石正久 二〇一六、『障害の重い子どもの発達診断』クリエイツかもがわ。
障害者福祉研究会編 二〇〇二、『ICF 国際生活機能分類―国際障害分類改定版』中央法規出版。
高野哲夫 一九八一、『障害原論』ミネルヴァ書房。
田中昌人・清水寛編 一九八七、『発達保障の探求』全障研出版部。
田中昌人 一九八〇、『人間発達の科学』青木書店。
田中昌人 一九九七、「全障研の結成と私の発達保障論」全国障害者問題研究会編『全障研三十年史』全障研出版部。
上田敏 二〇〇五、『ICF（国際生活機能分類）の理解と活用』萌文社。

全国障害者問題研究会編　一九七八、『「発達保障論」の成果と課題』全障研出版部。
全国障害者問題研究会編　一九九七、『全障研三十年史』全障研出版部。

第4章

発達保障論における教育実践の構想

越野和之

はじめに

この章のタイトルを「教育実践の構想」とした。「構想」ということばに込めようとしたのは、「教育実践」とは、さまざまにデザインされ、提案され、実際に取り組んでみることで、その妥当性が検証され、修正されたり豊富化されたりしながら、発展していくものなのではないか、という意味合いである。本書の他の章が、たとえば「発達をどう理解するか」「障害をどのように理解しようとしてきたか」というタイトルをもつのに対し（ここには、さまざまな仮説の提起と検証、理論的な行きつ戻りつはあるとしても、認識は〈一つの〉真実に向かって洗練され、研ぎ澄まされていくというイメージがある）、本章のタイトルを「構想」としたのは、教育実践のありように関する研究は、こうした「唯一の真実に接近していく」というタイプの研究とはやや異なる性格をもつべきなのではないか、という判断がある。

現実に教育実践が営まれる場（学校や学級、あるいは学校教育以外のさまざまな場）が、その時々で多様な条件をもつ（たとえば学校や学級の規模や教職員集団、教育実践の対象となる子ども・青年のもつ諸条件等）ことに応じて、教育実践は多様な形態をとる。ある年のある学校、学級で「優れた実践」が行われたとして、それとは異なる条件をもつ教育の場で、まったく同じことに取り組んだとしても、同様の成果が得られることはないだろう。もちろん、貧しい教育条件の下での実践上の制約は、実践の豊かな展開を可能にするように改められていかなければならない。貧しい条件を不動の前提として、「こんな取り組みは私たちの学校ではとうていできない」という状況を放置してはならないだろう。しかし、仮に同様の教育条件の下であっても、ある年に貴重な成果を得た取り組みが、他の年にはうまく展開しない、ということがある。それは何より、教育実践の主人公である子ども・青年は一人ひとり異なる個性をもつ存在であり、他方で実践を構想し、それに取り組む教師等もまた、一人ひとりが異なる個性的な存在であることに由来するのであろう。したがって、一つひとつの教育実践は、単にそれを記録し、別の子どもに対しても同じようにトレースすればうまくいくということにはならない。そうした、教育実践というものの一回性、再現不可能性を踏まえつつ、先達の取り組みから何を学び、実践の発展を期していけばよいのか。「教育実践の構想」というタイトルにはこのような問題意識を込めたつもりである。

「発達保障論における」についても、一言断っておこう。発達保障論とは、狭義には「精神薄弱」児施設近江学園における一九五〇年代の実践と研究を総括し、そのさらなる発展を期すための議論の中で、一九六一年に提起されたものであり、その主唱者は田中昌人らであった。この「論」は、日教組教育研究全国集会（一九五一年〜）の「特殊教育分科会」（一九六七年からは障害児教育分科会）における障害児観、障害児教育観の転換（「差別教育としての特殊教育から解放教育としての特殊教育へ」一九六三年）などとの密接な交流の中で、養護学校義務制の完全実施などを通した障害の重い子どもたちの権利としての教育の確立を要求し、そこに「権利としての教育」にふさわしい教育のありようを創造していくための重要な理論的基盤を提供した。同時に、「権利としての障害児教育」創造を志向する取り組みをはじめ、障害児者とその家族などの権利保障、発達保障をねがって取り組まれてきた多様な努力とその実践的な成果を理論的に再構成することで、自らの理論枠組みを広げ、その水準を高めようとしてきた。こうした努力は特定の個人によって行われたのでなく、さまざまな個人が参加して集団的に行われてきたのであり、その一つの主要な場が、自主的な研究運動団体としての全障研であった。発達保障論を提起した田中自身は、全障研結成三〇年にあたって、次のように述べている（田中 一九九七）。

「一九六七年八月三日に全国障害者問題研究会が結成された時にも、発達を保障することをめざす理論や実践は、不十分さや各種の困難の下にあっても、それであるがゆえに貴重なものとして、いわゆる発達保障という用語を用いていなかったとしても、いくつものものがあった。〈中略〉それらは決して一つの理論や方式にまとめられるものではないが、障害者問題を多面的・発展的に解決していく上では、すべてが限定づきで、いずれも貴重なものであった。［全国障害者問題研究会という自主的な研究会の＝筆者補］規約に基づいて参加する人々一人ひとりの持っている願い、努力、成果、教訓のすべてが、例外なく等しく尊重されるべきものとして、それらを『発達を保障するために』という表現に集約したのであった」（四四四頁）。

さらに田中は、同じ文章の別の箇所では、次のようにも述べる。

「人間の深部に成り立つ発達的共通性を、その基本において合法則的に認識して発達を保障していくためには、発達保障と銘打っていない多くの実践や理論が必要であるし、これからもいっそうそのようなことが多くなっていくであろう」（四四四頁）。

こうしたことをふまえ、本章では、発達保障論を、田中らの研究成果に限定するのでなく、全障研などにおける、障害やその他のさまざまな困難を抱えた人たちの権利保障、発達保障を志向して取り組まれた、多様な実践と研究の総体を含むものとして扱うこととする。

1　発達保障論における教育実践の位置

（1）「実践の中から育ててきた理論を実践へ」

発達保障論の理論構成において、障害やその他のさまざまな困難を抱えながら生きる人たち（子どもや青年、成人）に直接に関与し、一定の目的意識をもって働きかけて、その人間的な発達を実現しようとする営み＝教育実践は、格別の重要性を与えられてきた。

このことは、さまざまなことばや文章でくり返し表現されてきた。一例を挙げれば「実践の中から育ててきた理論を実践へ」ということばがある。このことばは全障研結成の翌年（一九六八年）に開かれた「第一回冬期学習会」のテーマとして掲げられたものであるが（全国障害者問題研究会、一九八六年）、障害などをもつ人たちをどのような存在としてとらえるか、また、その人間的な発達を実現するための営みはどのようになされるべきか、といった問題を正しく解明するための理論は、実際にこの人たちと取り組んだ実践と、そこで生み出された事実に基づいて構成されなければならず、そのようにして生み出された理論は、再び実践によって検証され、修正・発展させられなければならない、という認識を表現している。

こうした認識の背景に、人間の認識と実践との関係に関する唯物論的な把握を見ることはたやすい。しかし、発達保障論がその理論構成において、実践に重要な位置を与えたのは、単に唯物論的な認識論を障害がある人の発達に関わる認識にあてはめた、というだけのことではない。発達保障論が、その理論構成において実践に格別の重要性を与えてきたのは、発達保障論が生み出された時代における、障害のある人たちの人間的な諸権利を繰り返し侵害して顧みないような社会状況と、そうした状況をやむを得ないものとして正当化する傾向の強かった、支配的な「理論」に対する異議申し立てのための突破口を実践に見いだそうとしたということでもあったのではないだろうか。

いくつかの例を引こう。

一九六〇年代半ば、日本で二番目の重症心身障害児施設として開設した滋賀県の重症心身障害児施設びわこ学園では、「寝たきりの重症児」「動きまわる重症児」などと呼ばれた子どもたちとの取り組みが模索されていた。その実践に触れて、田中（一九七四）は次のように記している。

「さて、びわこ学園にはまだ歩いていない子どもがいました。『動きまわる』といわれる子どもたちもいました。『話しことば』をまだ獲得していない子どももいました。ベッドに寝たきりの子どももいました。この子どもたちはまだ歩いていないが、心ではどんなふうに歩いているのだろう、うろうろ動きまわるというのはなにを語りかけているのだろう、あの手の動きはなんということばだろう、ベッドに寝たきりだが本当に寝ることしかできないのだろうか、生後三ヶ月くらいまでの発達段階でもつれているといわれている子どもたちはどのようにして外界をとりいれていくのだろうか、人間の尊厳を現実に実現していくとはどういうことなのだろうか――」（二七八頁）。

「まだ歩いていない」子どもの姿を前にして、「心ではどんなふうに歩いているのだろう」と問い、「うろうろ動きまわる」姿や、おそらく「常同行動」と名指されることの多い「手の動き」の中に、子どもたちの「語りかけ」、「ことば」を読み取ろうとする思考は、障害が重く「教育不可能」とされてきた子どもたちの現実に即して、「人間の尊厳を現実に実現する」ための実践のありようを問う思考であった。こうした模索の中から、びわこ学園の職員らは次のような認識に到達したと田中（一九七四）は述べる。

「指導者の積極的な働きかけ＝教育によって子どもたちは発達していくのだ。教育は発達の後ろでなく一歩前に、つまり発達にとってもっとも必要な関係に立つべきだ。そしてだれでも生きている以上その発達に必要な関係というものは成立していくのであって、それを明らかにしていくのが私たちの課題なのだ」（一七九頁）。

ここには「発達に必要な関係」を、目の前の子どもに即して成立させていくことを「教育」と規定し、それは生きている限りどんな子どもにも可能なはずだと仮説しつつ、その具体的な成立のありようを明らかにしていくことを自らの課題として引き受ける職員らの構えが示されている。その背景には先にも述べた「人間の尊厳を現実に実現する」ことへの強烈な志向があることも再度強調しておきたい。

茂木俊彦は、一九七九年の論考で、田中の紹介するびわこ学園の取り組みに依拠しながら次のように述べている（茂木　一九七九）。

「……障害児の場合、それまでの発達環境の問題などもからんで、彼にとって適切な働きかけが見いだされるまでは、実践者や研究者との感情的交流も成立せず、本人にとってすでに可能となっている活動もひきおこさないことがある。そこで彼らをいわば外側からながめ、あらかじめ用意しておいた方法に彼らをあてはめてみるのでなく、逆に一人ひとりの子どもを、発達に必要な活動を営むことに向けての要求をもつ主体としてみる観点をまず確立し、彼らの内面への洞察を深めながら、その活動の展開に必要な条件の設定を試み、活動を援助・指導するという実践的とりくみを媒介させること、一言で言えば、対象にそくして方法を開発することが、彼らの『できる』ことの確認のために必要である。すなわち子どもにゆさぶりをかけ、『できる』ことをひきだしつつ確かめるのである」（一八六頁）。

ここで茂木は、障害のある子どもを「外側からながめ」、「あらかじめ用意しておいた方法に彼らをあてはめる」発想と対比して、子どもの「活動の展開に必要な条件の設定を試み、活動を援助・指導する」という「実践的とりくみ」を「媒介」させて子どもをつかむこと、「対象」（＝目の前の子ども）に即して「方法を開発」しつつ、その下での「子どもをつかむこと」の優位性を述べている。その前提として、子ども一人ひとりを「発達に必要な活動」への「要求をもつ主体」としてみる観点の確立と、「彼らの内面への洞察を深め」ることが挙げられているが、これは先の田中らの「人間の尊厳を現実に実現する」ことへの志向性、「だれでも生きている以上その発達に必要な関係は成り立つ」という認識と直接に響き合うものであろう。こうしたことを前提としつつ、子どもの要求する「発達に必要な活動」を「援助・指導」する実践を通してこそ、子どものうちに秘められた「発達に必要な活動」への要求が現実のものとして引き出され、そのことによって「外側からながめ」るだけでは把握することの困難であった子どもの要求を、より深くつかむことができる。実践にこそ、子どもへの理解を深化させ、「発達に必要な活動」が何であるかを明らかにする契機が孕まれている。発達保障論が、「実践の中から育ててきた理論を実践へ」という時、そこにはこのような実践と理論の関係認識が含意されているのである。

「すべての子どもにひとしく教育を保障する学校をつくろう」という理念を掲げて一九六九年に開校した京都府立与謝の海養護学校にあって、その学校づくりを牽引した青木嗣夫は、同校の開校初期を振り返って「とにかく子どもたちをじっくり見てみよう。その中からわたしたちのとりくみ方がわかるはずだ」という教職員集団の取り組み方を述べている（青木　一九九七、九五―九九頁）。与謝の海養護学校では、それまで「教育不可能」などとされ、就学猶予・免除というしくみを通して学校教育を奪われていた障害の重い子どもたちを、全国に先駆けて受けとめた。その取り組みは文字通り「空前」の取り組みであり、受けとめた子どもたちに対してどのような教育実践を組織していけばよいのか、あらかじめその取り組みを先導する「理論」が用意されていたわけではなかった。しかし、既存の「理論」や、それに基づく教育実践の構想が通用しないからと言って、「教育不可能」と考えるのでなく、青木らは、目の前の子どもたちを「じっくり見る」ことから取り組みを出発させている。そして、こうした青木らの取り組みはやがて「オムツを替えることも教育だ」という教育観の転換を導き、「学校に子どもを合わせるのでなく子どもに合った学校をつくろう」という学校観の転換を現実のものにしていく。ここにも、既成の「理論」を実践に適用することに終始するのではなく、実践を通して理論を創り出そうとする努力を通して生み出された巨大な成果が示されていると言えよう。

（２）「理論」を発展させる不可欠の契機

ここまで、発達保障論が初めて提唱され、そうした考え方にも導かれつつ、もっとも障害が重いといわれた子どもたちも含めて、文字通りすべての子どもに教育を保障する取り組みが開始された時期を例にとって、発達保障論における教育実践の位置について論じてきた。先に与謝の海養護学校について触れたところで述べたように、この時期の障害の重い子どもたちへの教育実践の取り組みは、先行する取り組みのないところで、まさに手探りで行われたと言ってよいものであった。そうした取り組みを経て一九七九年には養護学校義務制が全国的に施行され、さまざまな制約は残されたとはいえ、日本のどこに生まれても、障害の有無や軽重にかかわらず、学校教育の主人公となっていくための制度的基盤が整えられた。そこからすでに四〇年が経過している。障害の重い子どもたちについての教育実践は各地で展開され、その成果に基づく知見も膨大に蓄積されている。もちろん、そうした知見を適切に一般化し、この教育に取り組む教職員の共有の財産にしていく取り組みにはさまざまな制約と課題が残されてはいる。とはいえ、今日の障害の重い子どもたちとの教育実践は「先行する取り組みのないところで、手探りで」行われているという状態にあるわけではない。では、こうした四〇年以上にわたる実践の蓄積の下で「理論」と「実践」の関係は変化したと考えるべきだろうか。

養護学校義務制実施期から長年にわたって重症心身障害児と呼ばれる子どもたちの学校教育に取り組んできた三木裕和は、二〇〇〇年代初頭の自らの教育実践に触れて、次のように述べている（三木 二〇〇七）。

「重い運動障害をもつナッちゃんは、発達検査の場面で、正中線を越える追視ができなかった。仰臥位での、右から正中線への追視はなんとかできるものの、そこから先へは目線がついていかない。私は『正中線を越える追視はできない』と判断していた。ところが、ナッちゃんの大好きな先生が『おはよう、ナッちゃん』と明るく声をかけると、正中線を越え、左側を向くことができたのだ。／私はこの事実に驚き、発達のエネルギーについて改めて考えさせられたが、この時、私たちは『ナッちゃんの心の中で起きていたこと』を想像し、追体験するよう迫られた」（一一六頁）。

この時期の三木らの実践は、養護学校義務制実施期にそうであったのと同様の水準で「手探り」のものとは言えないであろう。にもかかわらず、三木はある方法（ここでは発達検査の手順に定められた子どもの発達像把握の方法）ではつかみ得なかった子どもの姿を、教育実践の一コマから見つけ出し、そのことに重要な価値を見いだしている。なぜこのようなことが生じるのだろうか。

その背景の一つには、多様な障害をもつ子どもの発達の状態をトータルに把握するという点において、未だ私たちは十分な方法論を得るに至っていない、ということもあるだろう。しかしそれだけではなく、目の前の「この子」に即して考えた時、「その子についての科学」は既存のかたちで存在するということはあり得ず、「その子」の姿やその潜在的可能性をより深くつかんでいくためには、既存の科学の方法を多面的に活用しながらも、その子との毎日の暮らしの中で、子どもの示す多様な姿を総合的に把握し、吟味していくことが欠かせない、ということでもあるのではないだろうか。学校の教師をはじめとする教育実践者は、家族を除けば毎日の最も長い時間を、他でもない「その子」とともに過ごす存在であり、そうした立場にあるからこそ、子どもたちの示すさまざまな「兆し」に出会うことのできる存在であるとも言える。このように考えるなら、実践者こそが、自身の出会った子どもの姿、そこに孕まれた発達への「兆し」を深く吟味し、そのもつ意味を考究して既存の理論に対して問題を提起しうる位置にいると考えることができる。「実践の中から育ててきた理論を実践へ」というテーゼは、それまで実践的経験の蓄積が乏しかったある時期においてのみ妥当するものではなく、今日においても引き続き理論を発展させるための不可欠の契機を示すテーゼなのである。

2 教育実践における子ども理解

働きかけること（実践）を通して、子どもへの理解を吟味し更新するとともに、その人間的な発達を実現するための実践のありようを創り出し、作りかえていく、という発達保障論の基本的なスタンスを確認してきた。このことは発達保障論における教育実践の重要な出発点であるが、とはいえ、その実践は何の枠組みもなくやみくもに行われるものではない。発達保障論の誕生から数えれば半世紀以上、障害の重い子どもの学校教育の制度的基盤を確立した養護学校義務制から数えても四〇年近くを経て、発達保障論に依拠し、その発展を志向する教育実践は、無数の実践的事実を生み出し、それらの総括と理論化の努力を経て、教育実践のあり方をめぐる貴重な到達点を生み出してきた。その全体に論及することはできないが、以下では、教育実践の下での子ども理解という問題と、発達上の障害をもつ場合の教育内容編成をめぐる問題という二つのテーマに焦点化して、発達保障論の発展を志向する実践と理論の到達点を整理し、併せて今日的な論点を示してみたい。

(1) 子ども理解における分析的アプローチ――「障害・発達・生活」

第一にとりあげるのは、障害や困難のある子どもをどう理解するか、ということである。このことに関してはすでに前節でいくらかのことを述べたのだが、ここでは「障害・発達・生活」という観点について考えてみたい。発達保障論は比較的早い時期から、「障害・発達・生活」という三つの視点で子どもを総合的にとらえることの大切さを主張してきた。これは複数の視点から子どもの姿を吟味していこうとする点で、ひとまず「分析的アプローチ」と特徴づけることができよう。

発達保障論における「障害・発達・生活」の分析的アプローチは、障害のある人の示すさまざまな姿や行動を、もっぱらその障害の特（殊）性から説明し、したがって、障害のない者との異質性、非連続性を強調するアプローチに対して、子どもの姿をより総合的な視点からとらえようとする志向性である。すなわち、発達保障論は、障害があることによってもたらされる困難に十分留意しながらも（障害の視点）、他方では障害をもちながらも、人間として発達しつつある存在ととらえ、障害が発達にもたらしている影響や、逆に発達していくことによって、障害そのもののもつ意味が変容することをとらえようとする視点（発達の視点）を重視する。障害の存在という特殊性を、人間の発達という普遍性の中に位置づけようとする視点である。この一つの例として、白石恵理子（二〇〇七）は、子どもの示すよく似た行動が、自閉性障害の子どもであれば「こだわり」として説明され、ダウン症の子どもであれば「がんこ」さの現れととらえられやすい場合を挙げ、次のように述べている。

「自閉症だからこだわりと思っていたのが、同じような姿を他の障害、たとえばダウン症の子が見せることもある。そこにどんな共通性があるのだろうと考えていくと、活動の目的が見通せないがための不安であったり、友だちの遊びが気になっているけれど、その思いをどう伝えたらよいのかがわからなかったりするがゆえの『こだわり』なんだと見えてくることもある。しかしともすると、自閉症の子が水道から離れず水の動きをじっと見るのは『こだわり』で、同じことをダウン症の子がしていると『がんこ』になって、障害のない一歳児がやっていると『お水で遊ぶのはおもしろいね』になってしまうことはないだろうか。もしかしたらそこに何らかの共通性があるのではないかと見ていくことで、『こだわり』や『がんこ』に対する見方が変わることもある。障害種別による類型分けで終わってしまえば、子どもの内面にせまっていくことはできなくなってしまう。〈中略〉『同じ』と『違い』をどれだけ行き来できるかによって確実に実践者側の認識が深まっていき、そこにあらたな教育の糸口を発見することがある」（八四—八五頁）。

さらに、もう一つの視点は「生活」の視点である。この視点は、文脈によって（現在の）生活実態との関連で子どもの姿をとらえる必要を指して用いられたり、生活史への視点を含意していたりするなど、その理解にやや幅が見られることばでもあるが、いずれの場合にも、当該の個人とその発達が、彼・彼女がそれまで生きてきた歴史と、現在の生活のありようによって規定されていることをとらえようとする視点であると言えよう。「障害」の視点を特殊性、「発達」の視点を普遍性と置き換えてきた言い換えをあてはめれば、当該個人の個別性をとらえる視点であると言えるかもしれない。発達保障論は、教育実践者が、実践の対象である子ども・青年をとらえようとする際に、これらの三つの視点から子どもの姿や行動を理解することを重視し、それらが適切に総合されることによって、障害のある人の今日の姿と、その発達していく可能性や、そのための条件を適切に把握することができると考えてきた。このとらえ方は、先にも述べたように、障害のある人の示すさまざまな姿や行動を、もっぱらその障害の特（殊）性から説明しようとする支配的な障害（児・者）観に対するアンチテーゼとして提起されたものであるが、この間、いわゆる発達障害のある子どもたちなどと関わって、その姿をもっぱら障害特性によって説明しようとする考え方が影響力を増していることを考える時、改めて重視すべき視点であると言えよう。

なお、ここでいう「障害」の視点に関して、茂木はＷＨＯのＩＣＩＤＨ（一九八〇）の考え方、後にはＩＣＦ

（二〇〇一）の考え方（本書第三章参照）を紹介して説明することが多かったが（茂木 一九九〇、茂木 二〇〇七など）、「障害・発達・生活」という場合の「障害」が、ＩＣＦのいうDisability（機能障害、活動制限、参加制約の三つのレベルとその相互作用を含む）を指すと考えてよいのか、活動制限や参加制約は、むしろ「発達」や「生活」の視点に（も）含まれる内容ではないのだろうか、といった問題は、管見の限り突っ込んだ検討がなされたことのない論点であるように思われる。本書第三章の整理などもふまえた検討が求められよう。

（2）分析的データを総合するキー概念

さて、ここまで「障害・発達・生活」の三つの視点から子どもをとらえるという発達保障論の主張を、「分析的アプローチ」と名付けて紹介した。この「分析的アプローチ」という命名は筆者によるものだが、この命名には実はある意図がある。筆者は、「障害・発達・生活」の三つの視点からの子ども理解は重要であり、また有効でもあると考えているが、それが、教育実践における子ども理解において真に生きて働くためには、ある条件があるとも思っている。先に筆者は「それらが適切に総合されることによって」子ども理解が深まっていく旨を述べたが、この「適切に総合される」ことがきわめて重要だと思うのである。

地域や学校ごと、また特別支援学校であれば障害の種別等によっても違いはあるだろうが、実はこの「障害・発達・生活」という視点はそれなりに教育現場にも浸透しており、たとえば特別支援学校における研究授業の指導案などを見ると、「子どもの実態」などの項目では、それぞれの子どもの障害の種類（診断名）と障害に由来する特徴的な姿、発達検査の結果、学校内外での生活の様子や当該授業でのこれまでの学びの姿などが、それぞれ項目を設けて示されていることも少なくない。しかし、筆者の印象を述べると、それらのデータが並列的に示されていても、それだけだと、肝心の子どもの姿はなかなか浮かんで来にくい。しかもこのことは、当該の子どもを知らない参観者が指導案を読んでも子どもの姿がイメージしにくい、ということにとどまらず、実際に授業を参観しても、これらの項目で示された子どものデータは、子どもに接する教師の行動とどう関わっているのか判然としないことも多いように思うのである。指導案には「子どもの実態」に関するデータとして記載してはあるものの、実際の教師の行動（ある子どもに対してはある接し方をし、別の子どもには、同様の場面や状況でも異なる接し方をするなど）をコントロールしているのは、「子どもの実態」に示されているデータとは別種の、当該教師の「その子観」であるように思われたりするのである。

筆者はここで、さまざまな教育実践場面における個々の教師の行動が、当該教師の「その子観」によってコントロールされているということ自体を批判したり、否定したりしたいのではない。このことはむしろ当然である。しかし問題は、子どもを科学的・総合的に把握する、という名目で採用されているはずの「障害・発達・生活」の視点が、形式的に指導案等に記載されるにとどまり、実際に個々の教師の行動を律する当該教師の「その子観」に影響を及ぼしていないとすれば、それは「障害・発達・生活」の視点という子ども理解の方法論が、それだけでは、十分な実践上の有効性を持ち得ていないということになるのではないか、というところにある。筆者が先に「分析的アプローチ」によって得られたデータの「適切な総合」の必要性を述べたのはこうしたことによる。

では、「障害・発達・生活」の視点から得たデータを何によって総合するか。この点と関わってまず想起されるのは、与謝の海養護学校が提起した「発達の四原則」の一つである「発達は要求から始まる」ということばである。同じように「要求」ということばを用いて「子ども理解」のあり方を述べたのは竹沢清（一九九二）である。竹沢は次のように述べる。

「『子どもがわかる』とは、子どもの細かなことがわかることではない。その子のねがい、本当の要求がわかることだ」（二〇四頁）。

「障害・発達・生活」という分析的アプローチによって把握された一人ひとりの子どものデータは、目の前の子どもが示す行動や姿が、どのような人間的なねがいの現れであるのか、その子の生活の中での要求、発達への要求が、そのような現れ方をするのはなぜか、という思考と結びつくことによって、具体的な目の前の「その子」像へと結びつけられなければならない。そのように生かされることで、「障害・発達・生活」に関するデータは、目の前の子どもの姿や行動を具体的に理解することにつながり、それゆえに、その子に対する教師の行動を具体的に律する子ども理解になるのである。

関連して三木（二〇〇五）は、次のように述べる。

「障害をもって生きるということは生やさしいものではありません。／障害児学校に勤め、障害児と親しくなる。いっしょに遊んだり、学習したり、生活介護の一端を担ったりする。障害について学習もし、いっぱしの『関係者』になったような気になります。しかしそれだけで『障害をもって生きる』ことについてわかったわけではありません。／私たちに求められている、もっとも大切なものは、障害をもって生きる人の辛さや悲しさを具体的に知り、その上でなおかつ、この人たちに生きる希望を示すことができる、優しくもたくましい力なのです。／たとえば、重症心身障害児は、自分で自分の体を動かすことができません。呼吸や摂食に苦しみがつきまといます。生きることそのものが戦いなのです。教師はまず、その苦しさや辛さをよく知る必要があります。それを知っているからこそ、体調の良いときに、戸外に出てホッとした笑顔が生まれた、その幸福がわかるのです。自分で自分の体を少しでも動かせたときの喜びがわかるのです。／自閉症児は、身のまわりのできごとに不快や不安を感じ、苦しんでいます。身近な大人がこの気持ちを理解してくれないと、人への信頼感も育ちません。自閉症児は、楽しみや遊びも『個性的』なので、理解されにくい。しかし、本心では自分の楽しさを人にもわかってほしい、それを認め、共感してほしいと願っています。安心できる人間関係の中で、仲良く暮らしたいと思っています。／障害をもって生きる人たちの辛さや悲しさは、実は、幸福に生きたいという『希望の種』なのです。それを瞳のように大切にしましょう。そうすることによってはじめて、障害に関わる諸科学の成果も生きてきます。障害をもって生きる子どもたちは、そういう大人の集団を求めていると思います」（二〇―二一頁）。

ここで三木は、障害のある子どもたちが、毎日の生活の中で、障害ゆえにたえず経験せざるを得ない「辛さや悲しさ」を理解することの大切さを述べ、それはすなわち「幸福に生きたいという『希望の種』」をとらえることだと述べている。そして、「そうすることによって初めて、障害に関わる諸科学の成果も生きて」くる、とも言う。言い換えれば、「障害に関わる諸科学の成果」（先に述べた「障害・発達・生活」についての分析的データも、その重要な構成要素である）は、目の前の子どもの「辛さや悲しさ」を具体的に知り、そこに秘められた「幸福に生きたい」というねがいをとらえることに生かされて初めて、教育実践を導くものになる、ということであろう。

3　子どもたちに豊かな文化との出会いに満ちた生活を

発達保障論における教育実践の構想と関わって二つ目に取り上げたいのは、教育内容とその編成に関わる問題である。これは、教育学領域の用語で言えば「教育課程の編成」に関わる問題であると言えるが、ここでは、もう少しことばを砕いて、「学校教育は、日々の取り組みの中で、子どもたちにどんな経験を用意し、何と出会わせるのか」ということばでこの問題を言い換えておきたい。

（1）「すべての子どもに教科を」

第二次世界大戦以後のわが国における障害児教育は「特殊教育」と呼称された。特殊教育は、知的障害以外の障害のある子どもたちの教育を、学校教育法などの規定に則して、通常の幼稚園、小・中学校、高等学校に「準ずる教育」（学年相応の教科指導と生活指導等の教育内容）と、「欠陥を補うために必要な知識・技能」の伝授（障害を補うために必要な知識・技能に関わる教育内容。一九七一年の学習指導要領以降は「養護・訓練」。今日で言う「自立活動」）として構想する一方、知的障害のある子どもについては、その障害特性として「抽象的・論理的思考の困難」を強調し、障害がない場合と同様の教科等によって構成される教育内容はこれらの子どもの障害特性に合致しないとして、生活経験の中で日常生活に必要な力量の形成をはかろうとする「生活単元学習」などの経験主義カリキュラムを重視した。こうした発想のうちには、「抽象的・論理的思考の困難」という障害特性論とともに、知的障害のある子どもたちの学校卒業後の生活を、単純部分労働に従事することで職業自立を図り、社会的自立につなげるという教育目標観があったことも指摘しておこう。こうした教育目標観を端的に示すことばとして、「愛される障害者」づくりということも盛んに叫ばれた。

一方、戦後結成された教師の労働組合である日教組は、朝鮮戦争の危機が迫り、教育の「逆コース」が叫ばれる社会情勢の中で、「平和を守り真実を貫く民主教育の確立」を掲げて、教育研究全国集会（一九五一年発足。以下、全国教研）の取り組みを開始する。日教組全国教研には、その発足時から「特殊教育分科会」が設定されていたが、一九六〇年の日米安保条約改定阻止闘争などを契機として、同分科会では「特殊教育」の差別性が次第に自覚され、「差別としての特殊教育から権利としての障害児教育へ」という障害児教育観の転換の必要性が指摘されるようになっていく。とはいえ、当時の分科会討議の記録を見ると、「権利としての障害児教育」論は、直ちに知的障害児に対する教科指導の必要性と可能性の認識に至ったのではなく、そのプロセスにはジグザグした討論があった（日本教職員組合 一九六八）。

たとえば、一九六二年（第11次全国教研）の分科会討議の記録には「一般的には、普通学級において単に学力指導を目標に設定する限り、精薄児教育の進展は望み得ない」という「結論」が見られるし、翌一九六三年（第12次）では、全体会における「精薄児はここまでしかのびないのだとか、ろう児は抽象概念に弱いのだとかいった枠ぎめをつくって指導することは、教育の否定である」といったまとめの一方で、「精神薄弱」分散会では、「一般的に言えば、精薄児の教科指導は困難であり、ただ軽症なものに限定して若干の可能性が考えられること、系統性よりも生活につながる面を強調すべきこと」が「おおむね一致した見解」とされている。また、「教科を知るという学力でなく、個人の可能性をのばし生活をきりひらく力としての学力」という記述も見られ、これが翌年の討議へとひきつがれている。

一九六四年（第13次）には、前年の「生活をきりひらく力としての学力」の具体化として「社会で生活していける能力が学力」だとする提案（青森）に対し、「精薄児の学力を考えるとき、まず自立することをすべてにして、それ以上を望まないというのが、これまでの原則みたいになっている。普通児との間の少ない特殊性よりも、数多くの共通性に着目したい。精薄児といえども人間社会の形成者である以上、文化の創造に参加していることは普通児と同じだ。ただ自立するということだけで、それ以上を望まないというのは差別ではないか」という発言（東京）がなされる。日教組全国教研・特殊教育分科会の記録を見るかぎり、知的障害児をも視野に入れて、「学力を身につけさせる方法や手だては工夫を要するにしても、普通児の学力観とまったく異なった障害児に特定な学力観をとるべきではない」ということが明確に主張されるようになったのは、ここが起点であるように思われる。

「特殊教育」論の差別性を批判する「権利としての障害児教育」論は、その確立過程におけるこのような討論を経て、知的な障害のある場合も含んで、「すべての子どもに教科を」との主張を鮮明にしていく。もちろん、ここで言う「教科を」という主張は、学校教育法施行規則や学習指導要領等によって規定される学校教育制度上の「教科」を、無批判かつ機械的に障害のある子どもにも適用するということではない。京都府の重症心身障害児施設「花の木学園」内の分教室「みのり学級」（現・京都府立丹波支援学校亀岡分校）が、一九八〇年代の初頭において「すべての子どもに系統的な『教科指導』を保障しよう」と主張した際の、教科の概念規定を見てみよう（糸井 一九八二）。

「人類が創造・発展させてきた『文化』を子どもたちが人間として主権者として豊かに育つ方向で発達のすじ

道にそくして科学的・系統的に束ねたものを『教科』と呼ぶならば、どんなに障害の重い子どもにも、その子の発達に応じて、その子にあった教科はあるはずである。／したがって『教科指導』は、どんなに障害の重い子どもたちにも不可欠な発達保障の手立てであるとおさえ、子ども達の障害と発達に必要かつ適切な『教科（各学習領域）』の設定と科学的・系統的な学習内容の創造をめざす」（三一九頁）。

この文章は障害の重い子どもの教科指導について論じられる際には必ずと言ってよいほど引用されるものだが、この一文について筆者は、第一に「どんなに障害の重い子どもにも……その子にあった教科はある」とする主張は、「そうであるはずだ」という仮説として提起されたものであったこと、第二にその仮説は「子どもたちの障害と発達に必要かつ適切な『教科（学習領域）』の設定と科学的・系統的な学習内容の創造」、すなわち、障害の重い子どもたちのための具体的な教育課程と教育内容を創り出そうとする際の課題意識の鮮明化のために設定されたものであったということを重視したい。加えて、その際の「教科」という概念は「学習領域」とも言い換えられていたこと、その内容は、「人類の創造・発展させてきた『文化』」を、「子どもたちが人間として主権者として豊かに育つ方向で発達のすじ道にそくして」、「科学的・系統的に束ねたもの」と規定されていたことにも留意が必要であろう。「みのり学級」において、先の主張の具体化として設定された「教科（学習内容）」は、「からだ」「しごと」「ふれる・えがく・つくる」「うた・リズム」「みる・きく・はなす」「かず・かたち・（文字）」の六領域であったという。六歳以降の発達的力量を前提として設定されている通常の小学校等の「教科」構成とは大きく異なっていること、重症心身障害児といわれる子どもたちの発達と生活のありように即して、学校での日中生活を構成し、発達に働きかけていく「文化」の領域が仮説的に設定されていることが見て取れよう。

つまり、ここでの「教科を」という主張の内実は、子どもの成長・発達をうながしていくうえで、人類の創り上げてきた「文化」と出会わせることの重要性の主張であり、そうした「文化」を、子どもの成長・発達に寄与するものという視点で精選しつつ適切に配列し、子どもたちに手渡していくことこそが学校教育の果たすべき役割だという主張だったと理解すべきなのである。そう考えると、「すべての子どもに教科を」という主張は、先の日教組全国教研での討論、すなわち、「まず自立することをすべてにして、それ以上を望まない」という「これまでの原則」に異議を申し立て、「精薄児といえども人間社会の形成者である以上、文化の創造に参加していることは普通児と同じだ」と主張されたことの具体化であったことがわかる。そしてこのことは、「タックスペイヤーを育てる」ことなどを一面的に強要する今日の特別支援教育の動向との関係でも、決して克服済みの課題とは言えない論点であると見るべきであろう。

（２）教科教育をめぐる論争

一方で、「すべての子どもに教科を」という主張に対しては批判的な見解も表明されてきた。代表的なのは窪島務（一九八八）および茂木（一九九〇）の議論であろう。

窪島は、「教科と教科外という二領域説」をとる「一般教育学」の教育課程理論を、田中（一九八〇）の言う「第四の教育階梯からの段階（通常の発達年齢で五歳半以降に相当）に対象をもつ『特殊教育学』」と規定して「二領域説」を適用しうる対象の限定性を指摘し、「これまで教育課程論が問題にしなかった発達段階の教育対象を前に、新たな教育課程の一般理論を構築する」ことを、障害児教育（学）の課題ととらえる（一九七一―一九九頁）。こうした理論的前提に立つ窪島は、先の「みのり学級」の主張などを取り上げて、「『理念』的立場からの教科必要論」と評したうえで、そうした考え方では「一般教育学の成果を無視して、独自の教科概念をもとう」とすることになるのではないかと警鐘を鳴らしている（二二一頁）。

窪島は、「教科は〈中略〉文化の体系から分かち伝えられる部分が、人間の全面発達に不可欠なものとして切り取られたもの（陶冶財）である」と述べ、そのようなものとしての教科は、「一方における客観的な『分かち伝えられるもの』」を想定することによって、「もう一方の子どもの側に『分かち伝えられる』とされた文化財の構造・形態において『うけとる能力』すなわち『占有能力』（わがものとする能力）の構造を、〈中略〉一定の水準で受け取り、保存する能力を前提とする」ものだという。「教科という観念の構造体は、教育実践を教科の内容としての文化財・陶冶財の『分かち伝えられる部分』の配列の構造と田中昌人氏のいう第四の教育階梯〈中略〉におおよそ対応する系統性に実践をいやおうなしにひきつける」ものであり、したがって「認識・技術の教育＝教科はどの発達段階にも妥当するような普遍的な図式ではな」く、「認識・技術の教育の内容と手段（教材・教具）・方法の特殊な形態であり、その内容と手段・方法のあり方は、子どもの発達に規定されて教科とは別の形態もとりうるし、とらねばならない」というのである（二一三―二一五頁）。

一方、茂木（一九九〇）は、東京都立八王子養護学校における遠山啓らの「原数学」「原教科」の試み（遠山一九七二）を直接の検討対象としながら、「教科教育をどこからはじめるか」と問い、遠山らが「概念形成の方法」（分析・総合の思考）の初歩と位置づけた「形と色」について、この取り組みは「一方では数学という文化・科学の体系をさかのぼることではあるが、他方ではすべての文化・科学を身につける認識能力の基礎をつちかおうとしている、ということでもある」と指摘している（一四二頁）。茂木は、こうした認識に立って、「教科概念をそこまで拡張することには〈中略〉賛成できない」という自身の立場を表明する。その理由として挙げられるのは、第一にこうした認識の形成が課題となる段階の子どもの場合「一定の時間、椅子に座って学習を進めることにはまだ困難がある」こと、第二に、先の指摘とも関わるが「この段階では、学習内容を各教科の系統にそくして細分化するといっても、結局どの授業でも類似したことを教えることにな」り、その結果「学習時間が細切れになるだけで、子どもの力はついていかない」と考えられることである（一四三頁）。

こうした時期の子どもに対して茂木は「この段階ではむしろ〈中略〉からだをつくるとりくみをはじめとする日常的な生活活動の力をつける必要がある」としつつ、「同時にちょっと背伸びして、まだ身につけていない認識の方法や知識の獲得に向かって挑戦させること」も「教育的に仕組む」必要があると述べ、散歩や片付け、遊びや食事の際の当番活動などの折に機会を見つけて、「同じ」と「違う」や物の位置と記号、「仲間集め」や「一対一対応」などに出会わせていく必要があると述べている（一四四頁）。茂木は「科学の系統にそくして教科教育の系統化をはかること」を重視しつつも、「科学の系統にそくしつつ、どういう指導形態をとるかは別に考える必要がある」と述べ、遠山らのいう「未測量の理解」や「位置の表象」の指導も含めて、「基盤として生活の中でそれを教えるということがあり、その上に立って、特別に用意した教材を使って算数指導をする」という「教科教育の二層構造」を提唱したのである。そのうえで茂木は「上層に位置する指導が中心にすわるのは、おそらく、発達年齢が五歳に達してからだ」とも述べている（一四五頁）。

窪島および茂木の議論に対しては森博俊（一九九三）が反駁を試みている。森の反駁の焦点は、茂木の述べるように「発達年齢二歳あたりを前提条件として教科教育を考える」という立場では「結果的に、教科教育から閉ざされる子どもたちを存在させることになってしま」うということであったと思われる（一九八頁）。森は、窪島の議論についても検討を加え、「窪島氏の教科観では、〈中略〉教科の指導法は、生活の中で学ぶこととは区別された、教材中心の系統的な教授・学習によると理解されていた」と指摘し、こうした教科観をはみ出す例として、『現代社会』で試みられるディベートや環境学習における生活単元的な調べ学習」などを挙げて、「教科概念の内包にその方法まで含めることは、必ずしも教科論やその実践の発展につながるとはいえない」と反論しているが（一九九一二〇〇頁）、こうした議論も含めて、その根底には、先に見た「教科教育から閉ざされる子ども」を措定することへの危惧があったように思われる。それでは、窪島や茂木の議論は、果たして森の言うように「教科教育から閉ざされる子ども」を想定するものであったのだろうか。

茂木（一九九〇）は、確かに「教科教育を根源にまでさかのぼらせるといっても、せいぜいこの発達年齢二歳のあたりを下限とするのが穏当であろう」と述べており（一四六頁）、当該の箇所だけを読めば、茂木は「二歳以前」についてでは「教科教育」に代えて「日常的な生活活動の力をつける」取り組みの重要性を主張しているようにも読める。しかし、茂木のほぼ同時期の別の著作には、「文化や科学や芸術の基本というものは、能力が一定の水準に達したときにはじめてそれを摂取する活動の対象となるという性質のものではない」、「文化・科学・芸術はそれぞれに幅広い底辺をもち、いわば階層をなしているともいえるのであって、能力がどの水準にあろうとも、その能力を駆使するならば摂取可能な内容があ」るとの記述もあり（茂木 一九八四、一〇五頁）、茂木が一定以下の発達水準にある子どもに対して「文化・科学・芸術」との出会いを「閉ざす」立場にあったとは思われない。だとすれば、「教科教育の下限」についての茂木の先の主張は、むしろ「どういう指導形態をとるか」という点に力点があったのではないかと考えられる（そうだとすれば、「教科概念の内包にその方法まで含める」ことへの森の批判は、窪島のみならず茂木にも該当するということにもなろう）。とはいえ、茂木のこの著作では「基盤として生活の中でそれを教える」という以上の立ち入った記述はない。では窪島の議論はどうだろうか。

窪島は、田中（一九八〇）のいう「教育階梯」のうち、第三の教育階梯以前（発達年齢五歳半以前）について、各階梯に照応する「教育課程の構造モデル」を示している（二一九―二二二頁）。窪島はこの「構造モデル」について「教育段階によって、領域の幅が伸縮するのではなく、その構造自体が変化する」ものとして構想したことを特徴の一つとしているが、にも関わらず、窪島の示す各階梯の「構造モデル」において中心的な位置を占めるのは「総合活動」と名付けられた領域であるように思われる。窪島は、この「総合活動」について、「子どもの能動的活動を基本的な視点として、知性を働かせて、物や事、及びそれらの相互の関係をとらえる学習と人々との関係を調節し組織する方法を学ぶ生活学習」、「人々といろいろな関係をとりむすぶなかで直接物と事に働きかける実践的活動を中心として組み立てられる形態の学習」などと説明している（二二四頁）。

さらに次のような記述も見られる。「総合活動というのは子どもの活動を主体に考えたときの活動形態であり、当然そのなかには人間的交流、言葉、自然、社会的事象などが素材・内容としてふくまれる。それは計画のはじめに『視点』なり『観点』なりとしておさえられているべきものである。〈中略〉問題は第一義的に指導＝学習形態を規定するのは子どもの発達課題がもとめる活動とその系統性であって、学問や技術などの体系や系統ではないということである」。「あくまで子どもの活動が、子どもの意欲や志向性、目的意識性、行動や日課の見通し、子どもどうしや子どもと教師のあいだでの人間的共感関係の深まり、などと結合して展開することが最も重要なこととして取りくまれるのであり、そのなかで言葉や手の技術、空間・時間的感覚、体力の発達などをねらうものである」（二二六―二二七頁）。

難解な表現だが、右の引用からキーワードを拾ってみると、窪島のいう「総合活動」は、子ども自身の「能動的活動」、「人々と……関係をとりむすぶなかで直接物と事に働きかける実践的活動」であり、そうした子ども自身の活動を、当該子どもの「意欲や志向性、目的意識性」等々と結びつけながら展開させることが、この教育活動の最大の眼目とされていることがわかる。一方、「人間的交流、言葉、自然、社会的事象」、「手の技術、空間・時間的感覚、体力」等は、教師によって計画され、子どもたちが取り組む個々の活動の中に含みこまれ、しかも、その活動の中で、それらの力の発達がねらわれもするのであるが、しかし、それらの「体系や系統」が「指導＝学習形態を規定」するのではなく、「指導＝学習形態を規定するのは子どもの発達がもとめる活動とその系統性」だとされている。このように見ると、窪島のいう「総合活動」は、「発達年齢五歳半以前」の子どもたちの場合について、茂木のいう「生活」の具体的なありようを、子ども自身の「能動的活動」、「人々と……関係をとりむすぶなかで直接物と事に働きかける実践的活動」として組織しようとする構想であったと言えるのではないか。第四の教育階梯以降において「教科」という指導形態をとる「文化との出会い」は、ここでは「総合活動」の中に埋め込まれる形で用意されることになる。

こう考えてくると、茂木が「話しことばの未獲得の子ども」や「言葉を獲得して語彙を増大させつつある子ども」を念頭に、「一定の時間、椅子に座って学習を進めることにはまだ困難がある」と述べていたことも、単なる指導上の「困難」を指摘したものととらえるのでなく、その時期の子どもたちの活動の基本様式に関わる認識を示したものと考えることもできる。この時期の子どもたちであっても、たとえば描画や構成活動などに取り組む際には、「一定の時間、椅子に座って」取り組む姿を見ることはできる。しかし、そうした活動が成立するのは、子ども自身が、他者との関係を支えに「描きたい」、「作りたい」というねがいをもって取り組んでいる場合であって、それはすなわちその子どもの活動（ここでは描画等）が、窪島のいう「人々と……関係をとりむすぶなかで直接物と事に働きかける実践的活動」として成り立っている場合なのである。だからこそ、この時期の教育活動は、子ども自身の「能動的活動」、「直接物と事に働きかける実践的活動」を中軸として組織されなければならず、子どもたちと出会わせたい「文化」は、その「実践的活動」の中に周到に埋め込まれる形で用意されなければならない。窪島や茂木の主張を、筆者はこのように読み取って、それらは「文化との出会い」を閉ざすものではないこと、そうではなく、「発達年齢五歳以前」の子どもたちに固有の「文化との出会い」のあり方を探求し、それを教育的に組織すべきことを主張したものと考えたいと思うが、どうであろうか。

（3）教科教育論争から何を引き取るか

ここまで、一九八〇年代から九〇年代の時期になされた教科教育をめぐる議論（正確に言えば教育課程をめぐる議論）を振り返ってきた。二〇年も前の議論だが、今日私たちが直面している問題と関わって、この論争から何を引き取るべきだろうか。

第一に大切であると思われるのは、教育活動は、その対象となる子どもたちの発達の水準に規定されて、それぞれの時期に固有の「活動」として組織される必要があるということ、教育の欠かせない役割としての「文化との出会い」も、それをただちに「教科」としてのみ概念化するのではなく、子どもの発達水準に由来する「活動」のあり方を踏まえて組織されなければならない、ということであろう。

一九九〇年代以降の障害児教育政策においては、「個に応じた指導」が強調され、「個別の指導計画」等の導入などを契機として、学校教育の現場では学習指導の「個別化」が進行している。「教科学習」のイメージが、漢字や計算問題の「プリント学習」に矮小化され、個々の子どもの「到達度」ごとに個別化したプリントに取り組むことこそが「教科学習」だという「常識」すらひろがっている。こうした中にあって、「権利としての障害児教育」の発展を期す立場からも、「生活単元学習こそが障害児教育の醍醐味」などと言われることがある。これは、本節冒頭で見た「特殊教育論」における差別的な教育目標論・内容論との格闘を経て「権利としての障害児教育」の名にふさわしい教育内容のあり方を探求してきた歴史を顧みれば、そうした経過を踏まえない乱暴な議論にも聞こえる。にもかかわらず、そこに込められた学習指導の「個別化」などへの違和感と、それに対置する教育活動の質を「生活単元学習」等のうちに求めるという発想には、一定のリアリティを認めないわけにはいかない。それを「生活単元学習」と呼ぶことの妥当性についてはひとまず措くとして、そこで言われる「生活単元学習」とは、旧来の特殊教育論において、教科の学習、もしくは子どもたちに学ぶ値打ちのある「文化」との出会いを組織することを否定して、日常生活・社会生活上の自立に特化した「生活単元学習」ではなく、窪島の言う「総合活動」としての質をもった教育活動を指すものだと考えられるからである。

二〇一七年の特別支援学校学習指導要領等の改訂において、「幼稚園、小・中・高等学校の教育課程との連続性」が強調され、そのことが知的障害がある場合などの教育活動の固有性を軽視して、形式的な「連続性」（＝同一性・同質性）の確保に帰結することが危惧されることからも、子どもたちの発達水準等によって規定される、中心的な「活動」の様式への留意と、その「活動」様式を踏まえた教育活動の組織化という課題は重視される必要がある。

このことは、教育評価のありようとも関わってこよう。三木（二〇一四）は、「客観性」「測定可能性」「成果」を求める近年の障害児教育における教育目標・教育評価の「トレンド」を念頭に、重症児教育において「授業実施以前に、行動的用語で目標を設定することは妥当か」と問い、小学校以降の教科教育における到達目標の設定

（たとえば「九九の七の段を唱える」「江戸時代の産業構造がわかる」など）に倣って、重症児教育における目標を、たとえば「人形を見る」「光に注目する」「ボールに向けて手を動かす」などと「行動的用語」で記述することについて疑問を呈している（一九―二〇頁）。三木は、本章でも先に検討を加えた窪島（一九八八）の議論を参照しつつ、「『九九の七の段を唱える』というような目標は、一度習得すれば他の場面でも再現が可能であり、簡単に失われることのない『占有性』を前提」としていること、一方で重症児教育における『『人形が登場すれば注視する』という目標は同じレベルでの占有性を前提としていない」ことなどを指摘して、「重症児教育における行動的用語の目標論・評価論は、目標準拠評価の表面だけを倣ったものであり、発達的視点からの検討が不十分」と批判する。しかし、こうした目標設定とそれに基づく評価は、教育行政などによって教育現場に強要されるばかりでなく、教育現場サイドにも、そうした発想こそが「科学的」であるかのように受けとめる傾向が否めない（越野 二〇一四）。

その背景には、「教科教育」という固有の質をもった教育活動が成り立つ段階においてはじめて想定することのできる「占有能力」（「送り手の側における文化財の構造・形態が受け手の側にも、完全な形でないにしても、おおよそのところ保存されて伝達されうること」窪島 一九八八、二一三頁）という前提を、教育活動全体に無批判に拡張し、しかも、教育内容としての文化財（「九九の七の段」とか「江戸時代の産業構造」の理解というのは、いずれも、それを学ぶ子どもの外に客観的に存在する「文化財」である）における「占有性」を、子ども自身の「行動」もしくは「機能」（見る、手を動かす等々）に置き換えるという二重の短絡があると思われるが、こうした短絡が、教育実践の現場に広く蔓延していることを思う時、右に述べた、子どもたちの発達水準によって規定される「活動」様式を踏まえた教育活動の組織化という課題はきわめて重要であると考えられる。

以上、教科教育をめぐる論争から引き取るべき課題の一つ目として、発達のそれぞれの時期における子どもの「活動」の質に留意する必要があること、教育活動は、そうした子ども自身の「活動」の質に留意して組織されなければならないことを指摘した。しかし同時に、子どもたちの「活動」に主軸を置いた教育課程の構想は、それだけでは、その活動に「含まれる」ことが予定される「文化」の教育的価値について、十分な吟味を欠くことになる危険性を孕んでいることを指摘しておく必要がある。

この点については、窪島（一九八八）が、自らの主張する「総合活動」への「比較的有力な批判」として、すでに次のように述べている。「総合活動では学習の視点があいまいになり教育活動が教師の趣味に流されたり経験主義に陥る危険性がある」というのである（二二六頁）。また、茂木（一九八四）も少し異なる文脈からではあるが、「活動の発達的順序性を強く意識した教育内容編成」という発想について述べ、そうした発想においては「一般にその対象と素材における系統性の確立において大きな困難に直面することが多い」こと、「ともすると活動の活性化が自己目的化してしまい、活動対象ないし素材が、子どもに伝えたい文化・科学・芸術の系統のどこに位置するのか、〈中略〉その授業に先立つ授業、これからとりくむであろう授業でとりあげる活動対象や素材とどうつながっているのかということを問題として意識することが弱く」なりかねず、「ときには扱う教材が教育的に見て適切かどうかの判断が鈍ることすらある」と指摘している（一一五頁）。

そして、このように指摘されてきた問題点は、決して過去のものではない。「生活単元学習」などが、ともすると「教師の趣味」や「得意分野」に流れやすく、学校教育のそれぞれの段階で、子どもたちに必ず出会わせたい教育内容への意識があいまいになりやすいこと、一方で、重複障害の場合の教育課程として「自立活動を主とする教育課程」が採用される場合などにおいて、教育活動の「素材」が、自立活動の目標に即した子どもの活動の活性化に焦点化され、「教材」としての教育的価値が不問に付されてしまうことなどは、今日においても決して珍しいことではない。木澤愛子（二〇一四）が「『みる・きく』というと、見る力・聞く力など感覚器官に働きかけその能力を高めようとする時間のように思われがちですが、重度重複クラスの『みる・きく』も『ことば』や『こくご』につながるものでありたいと思っています。子どもたちの姿を見ていると、言葉の意味そのものの理解は難しくとも、確かに言葉の響きやリズムに心を寄せ、その雰囲気から何かを感じ取っていると思える瞬間があるのです。ですから『みる・きく』は授業にストーリー性を持たせることだけでなく『お話そのものの良さを通して子どもたちに伝えたいことを伝える』そういう時間にしたいと考えています」（一一六頁）と述べる時、そこには教材の文化的価値、そこに含まれる「子どもたちに伝えたいこと」を問わないまま、たとえば「感覚機能の向上」といったことがらを、むき出しの「教育目標」に位置づけようとする傾向への異議申し立てがあるのだと思われる。

関連して原田文孝（二〇一四）は次のように述べている。「医療や福祉の実践と異なる学校教育固有の役割とはなんでしょうか。それは、学校教育は、文化・科学・芸術のエッセンス（以下、文化）との出会いを演出することで、自ら能力を獲得し、人間性（人格）を豊かにしていくことを助ける営みです。文化と能力の並行的獲得が原理原則です。授業でいえば、この文化が教材になるのです。／文化と能力の並行的獲得という学校教育固有の役割から考えると、授業で行動目標のみを設定することは、学校教育が医療の発想に近づき、治療化しているということです。絵本や歌を使って（手段にして）、重症児者の感覚器官の機能を高めるという発想は、学校教育の発想ではないのです。絵本や歌という文化（教材）を享受することは、手段ではなく目的なのです」（九二

―九三頁)。

ここで原田は、重症児者を念頭に、文化(教材)と学習主体との関係を「享受」ということばで表している。「享受」は英訳するとenjoyである。「占有」ではなく「享受」という文化との関わりを、教育実践においてどのように具体化していけばよいのか。子どもたちが、発達のそれぞれの時期において、「自ら能力を獲得し、人間性(人格)を豊かにしていくことを助ける」ような「文化」との出会いを、どのような内容・方法で構成していけばよいのか。ここにも私たちの前に残された重要な課題がある。

4 まとめに代えて――教育実践の担い手をめぐって

本章を締めくくるにあたり、教師や保育者、職員など教育実践の担い手と、その力量形成について簡単に触れておきたい。

本章冒頭で見たように、発達保障論は、その理論を形成し、あるいは発展させていくための主要な契機を「実践の中から育ててきた理論を実践へ」ということばで把握してきた。実践こそが理論を生成し、その妥当性を検証し、理論の発展を保障する担保であるとすれば、その実践を担う教育実践者こそ、理論の形成と発展の担い手でもあるということになる。このことと関連して、茂木(一九八四)の文章を紹介したい。茂木は「教えることによってつかむ」という表題の文章の末尾で次のように述べる。

「……いまここで私が強調したいのは、実践をよりすぐれたものにしていき、そのことによって子どもの変化・

発達の事実をひき出し、それを通して子どもをつかむということを、〈中略〉テストや調査などをふくむ種々の子ども把握の視点と方法の中でも、最も重要なものとして位置づけていこうではないか、ということである。教師は実践のあり方を創造的に探求し、教えることによって、そのもとで活動し、あらたな発達をかちとっていく子どもをつかみ、さらにつかみ直しつづけるべきだ。いったん確認したものを、実践による新しい発見をすることによって否定する——ここに教師による子ども把握の核心がなければならないだろう」(三〇—三一頁)。

ここには「実践のあり方を創造的に探求する」ことと「子どもをつかむ」ということの弁証法的な関係についての認識が示されている。実践の出発点における子どもへの理解は、「教えること」＝教育実践の進展を通じた「新しい発見」によっていったん否定され、より深い子ども理解へと発展する。またそのようにしてもたらされた新たな子ども理解があってこそ、教育実践はさらに新しい課題を見いだし、発展していくことができる。このことは言い換えるならば、教育実践というものは必然的に試行錯誤と、それゆえの誤りを含むものであり、そのことこそが、子ども理解と実践の両者の深化・発展を保障するということでもある。竹沢清(一九九二)の次の文章も、同様のことを含意するものだろう。

「子どもをとらえることにおいて、これでいい、ということはない。私の場合、『この子がわかった』と思うときは決まって、『これまでそんなことがなぜわからなかったのか』という苦い後悔に襲われる。真の子ども発見は、教師の自己否定・自己変革をともなうものなのだろう。／子どもたちに出会い、同時代を生きる者として、子どもたちとともに私も発達しつづけたい」(一三〇頁)。

今日、学校教育においても学校外の社会福祉事業等の現場においても、若い実践者が、厳しい労働条件の下で苦闘を続けている。そうした人たちが、子どもや仲間との実践において、試行錯誤を励まされ、自らの実践とそこで生み出された事実を、何度も振り返りながら、その発展を創り出していく条件が整えられているだろうか。障害のある人たちの毎日の生活を創り出し、その中で子どもや仲間の発達を実現していくことをねがう人々が、自らの実践を安心して語りあえる場と、いくつもの時間軸の中で実践を対象化し、そこから教訓を汲み出していけるような労働条件を創り出すことなくして、発達保障を志向する実践と理論の発展はない。そうしたことを実現する多面的な努力が重ねられることをねがい、そうした中で自らも必要な役割を果たしていくことを期して本章のまとめに代えることとしたい。

〈引用文献〉

青木嗣夫 一九九七、『未来をひらく教育と福祉』文理閣。

原田文孝 二〇一四、「恋愛を学ぶことは教育目標になるのか—重症児者病棟での教育実践論」三木裕和・越野和之・障害児教育の教育目標・教育評価研究会『障害のある子どもの教育目標・教育評価—重症児を中心に』クリエイツかもがわ、九二—一一一頁。

糸井利則 一九八一、「重度・重複障害児の教育」河添邦俊・清水寛・平原春好『障害児の教育課程と指導法』総合労働研究所、三一〇—三五〇頁。

木澤愛子 二〇一四、「心が動き出す時 ハグタイム—『みる・きく』の授業づくり」三木裕和・越野和之・障害児教育の教育目標・教育評価研究会『障害のある子どもの教育目標・教育評価—重症児を中心に』クリエイツかもがわ、一一六—一二七頁。

越野和之 二〇一四、「障害児教育における教育目標および教育評価に関する検討課題」三木裕和・越野和之・障害児教育の教育目標・教育評価研究会『障害のある子どもの教育目標・教育評価—重症児を中心に』クリエイツかもがわ、一四六—一六一頁。

窪島務 一九八八、『障害児の教育学』青木書店。

三木裕和 二〇〇五、「障害児の辛さや悲しさを知り生きる希望を示す」『みんなのねがい』二〇〇五年四月号、一九―二一頁。
三木裕和 二〇〇七、「特別支援教育と教師の専門性」荒川智・越野和之・全障研研究推進委員会『障害者の発達と人権』全障研出版部、一〇九―一一九頁。
三木裕和 二〇一四、「障害児教育における教育目標・教育評価の現状と課題―重症心身障害児を中心に」三木裕和・越野和之・障害児教育の教育目標・教育評価研究会『障害のある子どもの教育目標・教育評価―重症児を中心に』クリエイツかもがわ、一〇―三二頁。
茂木俊彦 一九七九、「発達における障害の意味」『岩波講座 子どもの発達と教育3 発達と教育の基礎理論』岩波書店、一七五―二〇六頁。
茂木俊彦 一九八四、『教育実践に共感と科学を』全障研出版部。
茂木俊彦 一九九〇、『障害児と教育』岩波書店。
茂木俊彦 二〇〇七、『障害児教育を考える』岩波書店。
森博俊 一九九三、「教科教育のあらたな発展を求めて」森博俊・障害児の教科教育研究会『障害児のわかる力と授業づくり』ひとなる書房、一八一―二一二頁。
日本教職員組合 一九六八、『障害児教育「日本の教育」1～16集より』日本教職員組合。
白石恵理子 二〇〇七、「『可逆操作の高次化における階層―段階理論』と障害児者の発達」荒川智・越野和之・全障研研究推進委員会編『障害者の発達と人権』全障研出版部、八二―九七頁。
竹沢清 一九九二、『子どもの真実に出会うとき』全障研出版部。
田中昌人 一九七四、『講座 発達保障への道②―夜明け前の子どもたちとともに』全障研出版部。
田中昌人 一九八〇、『人間発達の科学』青木書店。
田中昌人 一九九七、「全障研の結成と私の発達保障論」『全障研三〇年史』全障研出版部。
遠山啓 一九七二、『歩きはじめの算数』国土社。
全国障害者問題研究会 一九八六、『写真でみる全障研20年の歩み』全障研出版部。

第5章

発達保障と労働

丸山啓史

はじめに

発達保障をめざす実践や議論においては、人間の発達にとって重要な役割をもつものとして労働が考えられてきた。障害のある子どもの教育についても、労働がもつ教育的機能への着目を基盤として、直接的な就業準備としての職業教育とは区別されるものとして「労働教育」が考えられ、「労働の中で育つ」（茂木 一九九〇、一六〇頁）といったことが重視されてきた。また、一九六九年に名古屋市で「ゆたか共同作業所」が開設されたのを先駆として広がった共同作業所づくり運動のなかでも、人間の発達にとっての労働の意義が強調されてきた。そうしたなかで深められてきた議論を継承し、議論をさらに豊かにしていくことが、発達保障論の発展には欠かせない。

本章においては、共同作業所づくり運動のなかで語られてきたことを中心に、障害者の「労働と発達」をめぐる議論の到達点を振り返るとともに、これからの議論の方向性を提起したい。まず、第1節では、障害者の発達に結びつくものとして労働がとらえられてきたことを概観し、そのことの今日的意義を確認する。そして、第2節では、「労働を通した発達」を実現していくために大切にされてきた視点を整理する。また、第3節では、「労働を通した発達」には解消されない「労働の場における発達」について考える。そのうえで、第4節では、労働をめぐる幅広い議論の展開をふまえながら、障害者の「労働と発達」について理論的な探究を進めていくための論点を提示する。

1　労働と発達

（1）人間の発達にとっての労働の役割

■労働が発達を導く

発達保障論における労働のとらえ方に関わって、最初に確認しておくべきことは、単に経済的な収入を得るためのものとして労働が考えられてきたわけではないということである。秦安雄（一九七六b）が「労働は人間にとってただ単に生活の手段にとどまらず、本来人が人間になっていくうえでの人間的発達にとって欠かすことのできない基本的条件であるのです」（七〇―七一頁）と述べているように、人間の発達に結びつくものとして労働がとらえられていたのである。一九七〇年代前半においても、河野勝行（一九七〇）は「何よりも労働を発達の観点からみること。そのなかで労働の意味をとらえなおすことがたいせつではないか」（一六三頁）と述べていたし、秦ら（一九七四）は「本来労働は資本家の利潤のためのものではなく、人間の人間らしく生きんがための、また人間としてゆたかに発達していくためのものである」（六〇頁）と述べていた。そうした労働のとらえ方は、小野浩（二〇一五）が「労働は、人が人間として発達・成長するための源泉です」（七〇頁）と述べているように、近年にまで引き継がれている。

このように人間の発達との関係で労働が考えられてきた背景には、マルクス主義の労働観があったといえる。発達保障の観点から労働をとらえる議論においては、マルクスやエンゲルスの著作への言及がしばしばなされている。そのなかで、特に重視されてきたものとしては、「労働は、人間生活全体の第一の基本条件であって、しかも、ある意味では、労働が人間そのものをつくりだした」というエンゲルス（一九六五、七頁）の見解がある。労働することによって、手が発達するとともに、協働の必要性から言語が発達し、脳や感覚器官が発達してきたとする見方は、人間の歴史的な発達に関して労働に高い位置づけを認めるものであった。また、マルクスは、労働について、「自分の肉体に属している自然諸力、腕や足、頭や手を運動させる。人間は、この運動によって、自分の外部の自然に働きかけて、それを変化させることにより、同時に自分自身の自然を変化させる。彼は、自分自身の自然のうちに眠っている潜勢諸力を発展させ、その諸力の働きを自分自身の統御に服させる」（マルクス 一九八三、三〇四頁）と述べている。労働が人間の力を引き出し育てるという考え方が表現されているのであり、こうしたマルクスの記述は、障害者の「労働と発達」をめぐる議論にも影響を与えてきた。

■共同作業所づくり運動における「労働と発達」

障害者の労働を発達保障の観点からとらえる議論は、一九七〇年代に活発にされるようになった。そのことは、この時期に共同作業所づくり運動が広がっていったことと関係している。障害者の労働をどのように考えるのかということが、一九七〇年代以降、実践的にも重要な課題になったのである。そして、共同作業所づくり運動と結びついた議論のなかでも、人間の発達との関係で労働が考えられてきた。

共同作業所づくり運動のなかで注目された、ゆたか福祉会についてみると（清水・秦 一九七五）、ゆたか共同作業所の前身であるグッドウィル工場の取り組みに関して、「労働を人間の発達するための権利としておさえ、すべての障害者の労働権の保障をめざして、自覚的・意識的に取り組むようになったこと」が重要な点として挙げられており、「それは、職員が全障研運動に参加し、発達保障の理論を学ぶことをとおして明確になっていきました」と説明されている（八〇―八一頁）。そして、「『ゆたか』ではただ『作業ができればよい主義』では許されません。発達とは何か、労働とは何かを問います。ただ物をつくり出していく、どれだけ量ができたか、にとどまっては、発達を保障する労働にはなりません」（一四九頁）と述べられている。また、秦（一九七六b）は、ゆたか福祉会の取り組みに関して、「障害者の『働く場』を保障するとりくみに始まり、それを単なる働く場の確保にとどめるのでなく、労働を発達の保障と生活の保障をめざす権利としての思想に高め、実践にとりくんできました」（三七頁）と述べている。

ここにみられるような考え方は、当然、ゆたか福祉会だけのものではなく、共同作業所づくり運動のなかで基本的に共有されてきたものである。秦（一九七六b）は、「共同作業所でのとりくみは、ただ単に働いて賃金を得るというだけでなく、〈中略〉労働を通して人間的発達を実現することをめざしています」（七一頁）と述べており、秦（一九七九b）は、「共同作業所づくり運動の意義は、真に障害者の働く権利を保障することをめざして、人間としての発達と人間に値する生活の保障を実現するところにあります」（二七〇頁）としている。また、菅井真・藤井克徳（一九八七）は、共同作業所の実践に関して、「共同作業所における実践上の特徴をあげるならば、成人期障害者の『発達保障』を現実的に実現する営みであるということです。さまざまな実践のすべてが、最終的にはこの『発達保障』という目標に集約されるといっても過言ではありません」（三八頁）としたうえで、二重の「障害が重いからといって奪われてきた働く権利と、働くことを通して獲得される発達する権利という、二重の意味での権利保障の実現こそ、私たちの実践のポイントともいえるのです」（四二頁）と述べている。

賃金・工賃の向上が強調され、労働が主には生活の手段として考えられがちな今日において、共同作業所づくり運動の原点を振り返り、そこにある労働観を確認しておくことは、きわめて重要だと考えられる。

(2) 労働と結びついた発達

労働と結びついた発達の内容については、共同作業所などにおける集団労働に関する報告をふまえて、大泉溥(一九八九)が次のようにまとめている。すなわち、「①自分で起床し、身のまわりに気をつけ、相手を気づかい、余暇の過ごし方も変わってくるといった日常の生活感覚・生活イメージ・生活態度の変化」「②障害を軽減し克服していき、問題行動がなくなり、発作が減り、病気に罹りにくくなるといった生理的・心理的な治療的効果」「③自らの担当する仕事に責任をもち、その仕事のイメージをふくらませ、意欲的にとりくむといった労働に立ち向かう姿勢・労働態度の形成」「④仕事をとおして地域の人たちとの新たな関係が生まれ、社会的な出来事にも関心を示すようになるといった社会的関係の形成」「⑤『たくましくなった』とか『しっかりしてきた』といった労働者としての、社会人としての、人格の発達的な変化」という五点である(八〇頁)。

そうした発達の姿について、より具体的にみると、たとえば、坂田三雄(一九七九)は、まいづる共同作業所の取り組みに関して、「自分の労働が社会の役に立っているんだという自覚は、すべての面でカヨちゃんを生きいきした人間に変えていきました」と述べ、「見学者があると、ことばをさがしさがしながら、一生懸命仕事の説明をします。来客があればお茶も出してくれます。手洗い用の石けんを補充するのもカヨちゃんの役目。とにかく気がきいて、いろんな世話を焼いてくれるのです」、「最近のカヨちゃんは学習意欲に燃え、『漢字をおぼえたい』『地図が見れるようになりたい』『音譜が読めるように』『自転車に乗れるように』など、したいことがいっぱいあるのです」と記している(九三—九四頁)。そして、「カヨちゃんの後輩であるキミちゃん」については、「入所した頃、ほとんど口を開かず、動作ものろく、弁当もいやいや食べているような状態でした。しかし彼女も縫製作業のなかで次第に動作が活発になり、昼休みには仲間をさそってボール遊びをするように変わってきました。今では大きな声で話もするし、弁当も残さず、はやく食べるようになりました」（九五頁）と述べている。また、川口喜賜子（一九七九）は、「のりちゃんは四年前に入所したころはほんとの片言で、脈絡のない単語をポツンポツンとしか言えませんでした。ところが班労働の中で彼女のことばの発達は目ざましく、休み明けの日には家であったことを逐一話してくれるほどに語彙も豊富になりました」（一〇四頁）といった例を挙げながら、「峰山共同作業所ではここに紹介したように、一般企業ではとても働くことができなかった障害者が働くなかでひとりではなく友だちといっしょに働く力を身につけ、言語を獲得し、体をじょうぶにしてきています」（一〇八頁）と述べている。

そうした障害者の発達について、峰島厚（一九八四）は、「障害青年への教育の成果は『人がかわった』と表現されるように人格全体の変化としてみられている。その人格像の共通項をあえてあげるならば、『たくましさ』といってよいであろう」（五―六頁）と述べている。そして、ゆたか福祉会の取り組みをふまえて、①一人前に扱ってほしいという姿勢が出てくると同時に自分なりの理屈や論理をもちはじめるといった「子どもらしさからの脱皮」、②家族の育児方針やしつけ方針からの自立、③自分の力を発揮して試してみたいという要求につながるような「社会人への仲間入り」、という三点に着目している（六―七頁）。そして、このような峰島の議論を参照しつつ、大泉（一九八七）は、「青年・成人期障害者の発達という問題」への関心のあり方は、『能力』の発達よりも、『人格』の発達を重視していること」において「従来の障害児についての発達保障論で問題にしてきたのとは、いささか性格が違うような気がする」と述べている（五四頁）。

発達保障をめざす取り組みにおいて、労働との関係で考えられてきた発達は、作業・業務の力量が向上する、あいさつが上手にできるようになるといったことを中心とするものではない。発達保障論の全体に共通することであるが、能力の向上や技能の獲得だけが「発達」として考えられてきたわけではない。「たくましさ」といった表現に象徴されるような人格的な変化に目が向けられてきたのであり、それが労働の場における実践のなかで確認されてきたのである。

（3）「労働と発達」を問う意義

発達保障論のなかで「労働と発達」が議論されてきたことは、今日において大きな意義をもつといえよう。なぜなら、障害者の労働をめぐる国際的動向をみても、労働の具体的な内容・過程のあり方を問題にする視点は必ずしも十分ではないと考えられるからである。

近年では、ＩＬＯ（国際労働機関）が提唱してきたディーセント・ワーク（働きがいのある人間らしい仕事）の保障が障害者の労働についても議論されるようになってきているが、そうした議論においても労働の具体的内容への関心は相対的に低い。雇用促進・賃金保障・差別禁止・合理的配慮などが論じられる一方で、労働が障害者にとってどのような意味をもつ経験・過程であるのかという点はあまり問われない。同じ傾向は、障害者権利条約第二七条「労働及び雇用」に関しても指摘することができる。条文を読む限り、雇用機会・労働条件・合理的配慮・職業訓練などについての規定はあるものの、障害者の豊かな生活や発達につながるように労働の具体的内容を調整していくという視点は弱いと言わざるを得ない。

それに対して、「労働と発達」を問うことは、労働の具体的な中身を考えることである。そのことは、障害者の発達の実現にとって重要であるだけではない。丸山啓史（二〇一〇）は、障害者の労働に関して、「人との関係や労働の『やりがい』『楽しさ』などを含む『労働生活の質』の大切さ」(一五頁)を強調しているが、「労働生活の質」を高めていくためにも、労働の中身を考えることが欠かせないのである。また、人間の発達や「労働生活の質」との関係で労働の中身を考えることは、その中身を生みだそうとする援助実践のあり方を問うことにつながっていく。

2　労働を通した発達

(1)　障害者に仕事を合わせる

■労働のあり方を工夫する

発達保障をめざす実践と議論のなかで労働が重視されてきたといっても、ただ労働しさえすれば発達がもたらされると考えられてきたわけではない。秦(一九八〇)は、「労働が強制されたり、その目的が不明確であったりすると発達にとってマイナスになるであろう。問題は労働の集団の組織の仕方である」(二八頁)と述べており、秦(一九八二)は、「『労働』の組織のされかたが問われるのであり、単に『労働』の機会が与えられただけではなく、労働の喜びや発達につながる労働は、民主的な集団労働がどれだけ保障されるか、自主的、自治的組織と多面的でゆたかな内容の諸活動が保障される労働集団であることが重要なのである」(一四五頁)としている。また、白石恵理子(二〇〇二)も、「労働が単純に人をたくましくするのでもなければ豊かにするのでもない、まさに労働の質と、そこで成立する人間関係の質が問われている」(六九頁)と述べている。

発達保障をめざす取り組みのなかでは、「仕事に障害者を合わせるのではなく、障害者に仕事を合わせる」といったことが言われてきた。人間の発達につながるものになるよう、労働のあり方を考えることが求められるのである。そのことのなかには、作業工程を分解したり、道具（治具・工具）を工夫したりということのほか、労働する人が積極的に仕事に向かえるようにするということが含まれる。たとえば、みぬま福祉会の取り組みをみても（みぬま福祉会30周年記念刊行委員会 二〇一四）、缶プレス作業の「はじめ」と「終わり」がわかりやすくなるよう、缶を入れておくカゴの大きさやカゴに入れる缶の量を調整するということがなされている（五四―五五頁）。また、本人が古本販売における自分の役割を自覚できるようになったことにより、仕事に積極的に参加するようになった例が報告されている（五七―五九頁）。

■発達と「労働生活の質」をめざして

もっとも、障害者が労働に向かえればそれでよいということではない。白石（二〇〇二）は、「表面的に見える『できる』力だけに依拠して労働のあり方や援助内容を考えると、本人を結果的に追い込んでしまったり、労働を通して手応えや自分らしさを感じることにつながらなかったりすることもあります」と述べている（四五―四六頁）。また、丸山（二〇一〇）は、「『障害者が仕事を遂行できるようにする』ことは、重要な要素であり得る」としながらも、「『障害者が仕事を遂行できるようにする』ことだけが強調されるならば、『人間発達を阻害する労働』の遂行に障害者が追い立てられる危険性もある」と指摘している（一五―一六頁）。

みぬま福祉会の取り組みについてみても、先に挙げたようなことが語られる一方で、「『仕事に参加できても、生き生きしているわけではない。つまらなそうな表情。何か違和感がある』そんなことが職員の話し合いの中でよく出るようになりました」と述べられており、「参加するための方法論ではなく、参加している仲間の有り様が大きな課題になっていった」とされている（みぬま福祉会三〇周年記念刊行委員会 二〇一四、六二頁）。「『参加したものの』という状態の仲間と出会い、『じつは仕事を細分化したり、役割を自覚してもらうことで、仕事に仲間を合わせていたのではないか』という思い」（七〇頁）に至ったというのである。そして、「どうしたら仕事に参加させられるかではなく、仲間たちの生活や人生が豊かになるためにはどうしたらよいのか、どんな仕事がよいのかという視角」（八三頁）を得たことが記されている。

白石（二〇〇二）は、「障害をもつ仲間たちの労働のあり方」について、「『仲間に合った』の中身を考えていくときに、狭い意味での労働能力だけではなく、働く意志や、働く自分自身をどう感じているのか、どう認識しているのか、そして、労働のプロセスや結果を他者とどう共有するのかということも視野に入れることが必要となります」と指摘している（四七―四八頁）。また、丸山（二〇一〇）は、「人間発達につながるように労働を組織すること、『労働生活の質』を豊かにすることが、『障害者に仕事を合わせる』の意味の中心に置かれる必要があろう」（一六頁）と述べている。このような観点をふまえながら、「障害者に仕事を合わせる」という考え方の今日的意義を確認することが重要である。「障害者に仕事を合わせる」ということは、「障害者が仕事を遂行できるようにする」ことと同じではないのである。

（２）労働の目的意識性

障害者に仕事を合わせ、労働を人間の発達につながるものにしていくために、重視されてきたこととして、労働の目的意識性がある。発達保障をめぐる議論において、労働の目的意識性は、人間の労働の特質として理解されるとともに、人間の発達に寄与するものとして考えられてきた。二宮厚美（一九八五）は、「目的を設定するということと、その目的のもとで自分のエネルギー、自分の諸能力を集中的に動員するということが、人間の発達にとってきわめて重要な、決定的ともいうべき意義をもっている」（八五頁）と述べている。また、加藤直樹（一九九七）も、「労働が、計画的で目的意識的であることから、計画性や見通しが育つ」（一一一頁）と考えていた。そして、白石（一九九八）は、「目的意識性は、計画や見通し、段取りをたてる力を要求し、目的にむかって実行する力、修正する力、さらには目的との関係で自分の活動や活動結果を評価する力を求めます」と述べ、「労働のもつ目的意識性ゆえに、労働が人間発達に寄与する力には大きなものがあります」としている（一九一頁）。

このような観点に立つならば、障害者の労働について、本人が目的意識性をもって労働に向かうことが追求されるのであり、本人が作業を遂行できさえすればよいということにはならない。秦（一九八〇）は、「客観的には生産労働に参加している形態をとっていても、幼児や重度のちえ遅れ障害者の意識からすれば、遊び的であるかまったく労働に参加しているという意識はないかもしれない」（二九頁）ということに注意を促していた。また、菅井・藤井（一九八七）は、「作業工程を細分化して『部分労働』にただ黙々と参加させるだけでは、真に働く権利の保障にはならない」として、「目的意識性をもって主体的に労働に立ち向かうという、障害者がまさに労働の主人公となること」を重視している（四三頁）。仕事をするという自覚や仕事への主体性を本人がもつことが、重要なこととしてとらえられてきたのである。

このような見方は、作業についての目的意識性が本人のなかに何かしら存在していればよいというものではなく、労働における目的意識性のあり方を問題にするものである。これに関して、白石（二〇〇二）は、「目的意識性を可能にする発達的前提」として「発達的に『一歳半のふし』を獲得すること」が重要であるとしつつ、

「たとえ『一歳半のふし』の力を獲得していても、労働のもつ目的意識性ゆえに、他者からの意図の強要だけをもたらすことになってしまう場合、発達の阻害要因になってしまうこともあります」と注意を促している（四八―四九頁）。また、白石（二〇一〇）は、起点と終点が明確で「わかりやすい」活動であるとされる「運び活動」を例に挙げつつ、「『わかりやすい』からというだけでは〈中略〉他者からの目的に従属した活動になる可能性も残している」と述べている（三四頁）。そして、「作業工程を分解し、その一部を担う」ようにすることで重度障害者が遂行できる作業が広がってきたとしながらも、「それが、作業に従属させ、結果的に発達を阻害するものになり得る可能性もある」ことを指摘している（三四頁）。つまり、単純作業の遂行を本人が意図しているというだけでは、発達保障の観点から求められる目的意識性が成立しているとはいえないのである。

秦（一九七六ａ）は、「『下請け作業にありがちな、部分品をつくり、それがなににつかわれているのか、どんな製品の一部なのかわからない』ということは、苦労してつくりだした製品に対する確信や労働への誇りや喜びがつかみにくく好ましくない」（二三頁）と述べていた。労働の目的意識性が発達保障につながるものとして成立するためには、自分の行っていることの意味を本人が理解することや、本人が労働の成果を手応えとして感じられることなどが、重要な要素として求められるのである。

労働の場においては、そのような「理解」や「手応え」を本人が得られるように、取り組みのあり方が考えられる必要がある。鈴木清覚（一九七六）は、共同作業所における自主製品づくりの作業について、「一つのものをみんなで分担してつくりだし、目の前で完成品にしていくのですから、『自分がなにを作っているのか、自分の労働はどこに役立っているのか』がよくわかります」（七四頁）と述べながら、作業種目を選定する基準について語っていた。また、大泉（一九八九）は、ゆたか福祉会の実践に関して、「毎日の仕事の目標立てや反省会を重視して労働の結果と見通しをもてるようにしている点」（一〇二頁）を重要なこととみなしていた。

障害者の労働について考えるとき、作業が遂行されているかどうかだけを問題にしてはならないのである。障害者の内面・意識に目を向け、本人が自らの労働をどのようにみているのかを考えることが求められる。自分の仕事がどのように役立っているのかを理解することは、労働の「喜び」や「やりがい」の基盤にもなり得る。労働の目的意識性は、人間の発達にとって重要であるだけでなく、「労働生活の質」にも深く関わるものであろう。

（3）労働と集団

労働の場における集団の存在も、障害者の「労働と発達」に関して重視されてきたことである。発達保障の観点から障害者の労働をとらえようとする議論のなかでは、単なる「労働」ではなく「集団的労働」といった言葉がしばしば用いられてきた。そして、人間の発達との関係でも、集団の役割への着目がなされてきた。秦（一九七六b）は、障害者の労働について論じるなかで、「一人ひとりの仲間たちは集団のなかで自己変革をしていくのです」（五六頁）と述べている。

集団の役割に関して、加藤直樹（一九八九）は、「障害者とそれをとりまく人々との信頼関係、もう少しいうと、作業所などが障害者を『まずあたたかく受け入れる』ことから出発した温かい集団的な関係」が、「働くことなど不可能ではないかとさえ思われた重度の障害者が、みんなの中で積極的に働き出すようになった」ことの基礎にあったと語っている（一七―一八頁）。加藤は、「『まず受け入れる』作業所の集団の中に入り、〈中略〉とりあえずは作業所にくることを楽しみにするようになり、そのなかで職員や周囲の障害者が自分にとって大切な人、一緒にいたい人となっていくことが変わっていく前提となった」としながら、「そのような関係ができてくると、仲間は『まわりの人と同じことをしたい』と思い始め、仕事に手を出していきます」と述べる（一八頁）。そして、「集団の存在」が「活動の意欲の源泉」となることを、個人の発達にとっての集団の意味として挙げている（三〇頁）。

赤松英知（二〇一〇）も、「例えば『大好きな○○さんと同じようにやってみたい』『○○さんの所に、これを届けたい』といったように、共に働く人の存在が自らの仕事の励みになることは少なくない」として、「労働は人とのつながりの中で成立する、きわめて集団的な営みであり、だからこそ一人ひとりに合った集団の編成が模索されている」と述べている（三頁）。また、西村章次（一九八六）は、「作業に工程を設け、道具や機械を当初媒介として、協業の中で仲間たちに集団関係が芽ばえ育っていく事実が検証された。そうした事実を基盤に、労働は労働過程において、内部規律を生み出し、自治能力の芽を育む」（三二頁）と論じている。集団は、労働のなかで育まれながら労働の基盤になるものとして考えられてきたといえよう。

発達保障をめざす実践や議論のなかでは、仕事の内容を選ぶ基準としても、「集団作業に適しているものであること」（清水・秦 一九七五、一二四頁）が挙げられてきた。小邑弘光・鈴木清覚（一九七九）は、「働く仲間がバラバラに自分の仕事をしていればよいというのでなく、仲間として、集団としてとりくめるよう常に努力していくことが大切です」（一一三頁）と述べながら、各地の共同作業所において「集団で仕事ができ、発達的にとりくめるもの」（一一六頁）であることが作業種目の選定の基準とされていることを指摘している。

また、意識的に集団の形成や発達をめざすことも重視されてきており、菅井・藤井（一九八七）は、共同作業所の実践において大切な視点として「自治の視点」と「集団づくりの視点」を挙げている。そして、大泉（一九八九）も、ゆたか福祉会の実践に関して、「仕事への意欲や役割意識の芽ばえ・成長を大切にして共通の生産目標を追求する相互援助・相互協力の作業集団を組織している点」(一〇二頁)に着目している。

労働の場に集団がありさえすればよいと考えられてきたわけではないのである。白石(一九九八)は、「集団に所属するかどうかだけが問題なのではなく、その集団が個人の価値を高めるものであるのか」が問題であるとして、集団について、「他者とのかかわりを通じて自分らしさを形成し、ときには自分らしさを取り戻すために必要なのだ」と述べている(一九八頁)。個人にとっての集団の意味を問う視点は欠かせない。労働の場に限らず、人間と人間との関係は、安心感や喜びの源にもなり得る一方で、負担感や苦痛の原因にもなり得る。障害者の「労働と発達」に関わっての集団の意義を認識したうえで、障害者が集団に所属することを自己目的化させることなく、個人を励ますような集団のあり方を追求することが必要であろう。

3 労働の場における発達

(1) 労働の場にある発達の契機

■労働の場があることの意味

障害者の労働の場において、「労働を通した発達」を考えることは重要である。しかし、労働の場には、労働という要素だけがあるのではない。労働の場に参加するなかで障害者が発達を実現したとしても、その発達のすべてが労働によってもたらされたものだとはいえない。「労働を通した発達」だけに目を向けてしまうと、人間の発達につながる労働以外の契機を見落としてしまうことになりかねない。「労働を通した発達」を含みながらも、「労働を通した発達」だけにはとどまらないものとして、「労働の場における発達」を考える必要があるのではないだろうか。

もちろん、労働の場における諸活動は、労働とまったく無関係に展開されているわけではない。「労働を通した発達」と、それにはとどまらない「労働の場における発達」とを、完全に切り離すことはできない。たとえば、労働を通して仲間関係が深まり、その仲間関係を基盤として障害者の発達が実現していくということがあり得る。また、労働をするなかで学習や文化活動への要求が高まるということも考えられる。しかし、そのことを理由に「労働を通した発達」と「労働の場における発達」とを同一視することはできない。「労働を通した発達」とはひとまず区別して、「労働の場における発達」をとらえていくことが求められる。

そのような問題意識から「労働の場における発達」を考えようとするとき、労働の場があることの本人にとっての意味を問うことには意義があるだろう。そこで、どうして労働の場が求められてきたのかを振り返ってみると、障害者の労働の場をつくる取り組みのなかでは「在宅」の問題が強く意識されていたことが注目される。たとえば、藤井（一九七六）は、「家の人が帰ってくるまでじっとテレビを見ているしかない」「外へ連れていってほしくても家族の負担になるのではないかと思い、ついえんりょしてしまう」という在宅障害者の声を紹介しつつ（一一頁）、「家庭にとじこもった生活しかできなくなるということは、働くことができないだけでなく、歩けていた足が歩けなくなり、話せていたのにことばがなくなり、生きる力が弱まるなど、その人の生命と発達にふかくかかわる問題なのです」（一五頁）と指摘していた。また、大泉（一九八九）は、「不就労」の問題性に言及するなかで、生活の単調さや活動意欲の減退を指摘し、「体力や気力、そして生命力そのものをも減退させていくことさえあった」（七七頁）と述べている。労働の場がないことは、障害者の発達を阻害するだけでなく、障害者の力を奪っていく。逆にいえば、労働の場があることは、障害者が力を保ち、さらには発達を実現していく可能性につながっているのである。

それでは、労働の場において、労働だけが障害者の力や発達の源になっているのだろうか。この問いに関して、確認されてよいのは、労働の場をつくる取り組みのなかで「仲間」の存在が重視されてきたことである。たとえば、清水・秦（一九七五）は、ゆたか共同作業所の出発点について、「差別されずに働きたい、仲間がほしい」という障害者の願いがあったと説明している。また、秦・藤井（一九七九）は、「在宅の生活とは、働くことはもちろん仲間のいないひとりぼっちの生活です」と述べ、「働く場の保障」と「仲間といっしょに生活する場の保障」を並列させて語っている（四八頁）。そして、藤井（二〇一二）も、共同作業所の原点を振り返るなかで、「働きたい、仲間がほしい」という障害者の願いを実現することが共同作業所の目的であったとしている。つまり、障害者の労働の場に期待されてきたものは、労働だけではなかったのである。「仲間」の存在は、ときには労働と並べて語られるほど、大きな意味をもつものとして考えられてきた。

■人間どうしの関係やコミュニケーション

障害者の「労働と発達」に関わっては、労働そのものだけではなく、労働の場にある人間どうしの関係にも関心が向けられてきたといえる。たとえば、加藤（一九九七）は、「働くことが障害者の人間的発達に寄与していることを否定したり軽視したりすることはできない」としながらも、「共同作業所における障害者の大きな変化の要因として、労働というだけでなく、作業所のもつ全般的な意味での『温かさ』、仕事の合間のやすらぎや行事などの楽しい活動が重要ではないか」と述べている（一一八頁）。障害者の発達との関係でも、人間どうしの関係や、それと結びついた諸活動の意義が語られてきたのである。

青木圭介（一九九二）も、尾関周二（一九八九）の論を参照しながら、言語的コミュニケーションと労働を「人間発達の二つの軸」としてとらえたうえで、共同作業所づくり運動における「民主的コミュニケーション」や「言語的コミュニケーション」の意義に着目している。そして、それを受けて、鈴木勉（一九九九）も、共同作業所づくり運動が「労働とともに民主主義的なコミュニケーション関係を重視してきたことの意味」（三二頁）について論じている。

具体的な実践についての報告をみても、鈴木（一九七六）は、共同作業所において「朝の集合や、反省会は仲間たち自身の手によって司会なども分担され運営されて」いることに触れながら、「こうした話し合いを基礎にした自主的運営をとおして、はげましあい、育ちあいの事実が作りあげられていきます」と述べていた（九五頁）。また、清水・秦（一九七五）は、ゆたか作業所の取り組みについて、「反省会やおはなし会」の時間を削って作業の時間を増やす方向が議論されたとき、ある母親から「話し合う機会があったればこそ、うちの子はこの頃よく話ができるようになった」という反対意見が出されたことを記している（六九頁）。

障害者の労働の場について、労働だけが重要なものとして考えられてきたわけではないのである。「温かい集団的な関係」「コミュニケーション」「話し合い」などの意義が語られてきたことは、障害者の「労働と発達」に関わって改めて確認しておくべきことであろう。

（2）労働以外の活動がもつ意義

人間どうしの関係やコミュニケーションのあり方とも結びつくこととして、労働以外の活動がもつ意義に着目することも、「労働の場における発達」を考えるうえで必要である。

そのことが特に重要になるのは、重度知的障害者の労働および日中活動のあり方を考えるときであろう。重度知的障害者の生活にとって、労働を日中の中心的な活動とすることが常に望ましいとはいえないからである。このことに関して、秦（一九七九b）は、「すべての障害者に労働権の保障を」という理念をふまえながらも、「暦年齢一八歳であっても発達段階が幼児期の水準にある障害者の場合にも、画一的に、『すべての障害者に』ということで考えられるかどうか」と問いかけ、「その障害者の人間的発達にとって中心的に必要なことは何かを明らかにしていくことが重要である」と述べている（二三〇―二三一頁）。また、白石（二〇〇二）は、「労働だけでは生き生きとした作業所生活をつくりだすことの難しい仲間たちのこと、発達的には『一歳半のふし』の前でがんばっている仲間たちのこと」について考えている。そして、白石（二〇〇七）は、二〇〇三年の全障研全国大会から「障害の重い人の日中活動」という分科会が始まったことについて、「障害の重い人にとって、『労働』だけを軸に作業所などでの実践を構築することは難しく、『労働』だけで豊かな生活や人生を創り出していくことができないという問題意識がありました」（七九頁）と説明している。

もっとも、白石（一九九八）は、労働の目的意識性との関係で「一歳半のふし」の獲得を重視しながらも、「一歳半のふしを獲得していない仲間たちにとって、労働が無意味ということでは決してありません」（一九二頁）と指摘している。また、白石（二〇〇七）は、「店番をしたとき、いつもよりぐっと顔をあげていることが多かった重度重複障害の方の事例」に言及して、「労働を通して、新たな人間関係をつくりだす、あるいは地域生活に参加するという視点は、障害の重い人たちにおいても重要です」と述べている（八六―八七頁）。このような見方は重要であり、障害が重いことを理由に、その人にとっての労働の意味が機械的に否定されるべきではない。

一方で、障害者の労働の場において、労働以外の活動がもつ意義を積極的に認めていくことも重要であろう。

秦（一九七九ｂ）は、なるみ作業所の取り組みについて、「作業所に入所している障害者にとって『生産労働』が中軸であるが、彼らの発達を保障する見地に立つと、相対的に、あるいは過渡的には、教育的活動に重点をおく必要も出てくる」（二三一頁）と述べ、「発達段階の低い仲間たちに、単に『労働の場』と可能な『仕事』を保障するだけでなく、同時に、たとえば、粘土あそび、リズム遊び、絵本、散歩などを取り入れた『特別教育活動』のプログラムを設定し、『どんな場面で彼らがいきいきと活動できるのか』その状態をひきだそうとしている」（二三二―二三三頁）と説明していた。また、加藤（一九九七）は、「共同作業所は、歴史的に見ると、仮に作業中心の場としてつくられても、数年すると重度障害者のために『労働前教育』『作業前教育』などの活動を進めるようになる。また、一日の時間帯がゆったりと（おおざっぱに）とられ、休憩時間も集団的に楽しく過ごせる工夫がなされ、その他にクラブ活動のような活動が設けられている場合もある。それ以外に休日の行事なども開催される」（一三六頁）と述べたうえで、「働く場でありながら、働くだけの場ではないこと、実はそこに重度・重複障害者が共同作業所において内面的豊かさをつくっていけるひとつの条件があるのではないだろうか」（一三七頁）と論じている。

労働の場における労働以外の活動がもつ意義は、積極的に考えられてよい。労働が困難だから労働以外の活動を行うというように、消極的なかたちで労働以外の活動がとらえられるべきではない。障害者の生活と発達にとって最もふさわしい活動であり得るものとして、労働以外の活動が理解されなければならない。

（３）学習や文化活動の取り組み

労働の場における労働以外の活動として、学習や文化活動の取り組みが少なからず展開されてきたことも忘れてはならない。秦ら（一九七四）は、ゆたか福祉会の取り組みについて、「労働の場では掘りおこせない仲間たちの要求や能力を引き出す場」として「家庭クラブ・造形クラブ・園芸クラブ」といった「クラブ活動」に取り組んでいること、「映画・演劇等の機会を作って鑑賞にいく」「社会見学・一泊旅行の実施」「選挙演説・政策をきく会などの機会をもつ」といった取り組みがなされていること、「集団労働の場に参加するようになった仲間たちの中から、労働や生活の必要から数をおぼえたい、字をならいたい、ことばがよく話せるようになりたいという要求が出されるように」なったことで「日曜学校」の実践が始まったことなどを紹介している（六八頁）。また、秦（一九七九ａ）は、「『ゆたか福祉会』の三つの作業所における組織的な教育活動は、毎週水曜日の午後の三時間が割りあてられている」ことを紹介したうえで、「月に一度は、ボランティアの学生や地域の青年と作業所の仲間たちの『日曜学校』を開いている」ことにも言及し、「ゆたか福祉会では、これらの特別に設定された教育的活動以外に、日常的に、多面的な、スポーツや文化活動などを組みこんでいる」と説明している（二三三―二三四頁）。

こうした学習や文化活動の取り組みの重要性は、共同作業所づくり運動のなかで概ね共有されていたといえよう。鈴木（一九七六）は、「共同作業所などで働く仲間たちの社会教育の保障」に関わって、「共同作業所では〈中略〉『ここは仕事をするところで、教育の場ではない』などというのでなく、労働を教育的、発達的にとりくんでいく場としていくために必要な条件整備をすすめながら、教育的なとりくみを積極的にすすめてきています」と述べている（一〇四―一〇五頁）。また、藤井（一九七六）は、「重い障害者の働く場を考えていく場合、そこは生産活動を営む場であるほかに、仲間との交流、地域社会との接触の場であり、いろいろな教育活動を行う場でもあり、いってみれば諸権利が総合的に保障され、障害者の発達をうながし、働く仲間が共に生きがいを感じ合える場でなければなりません。とりわけ社会教育的な性格をもつとりくみが非常に重要になってきていま す」(三二頁)と述べていた。

一九八〇年代においても、西村(一九八六)は、あさやけ作業所などの実践に言及しながら、共同作業所の取り組みについて、「『労働の場』と『労働』の保障と同時に、労働を通して、芽生え発展してきた知的要求にこたえるため、数やことばなどの知的学習や、社会と自然についての科学的な認識を深める教育的配慮を欠くことはできない」と述べている(三五頁)。そして、大泉(一九八九)も、ゆたか福祉会の実践に関して、「『労働学校』や『みんなの教室』など(生産活動と直接・間接に結びついた学習の場)の活動を展開してコトバや文字・数の概念をはじめとする知的・社会的・文化的な学習要求の実現に努めてきている点」(一〇二頁)を重要なことと して挙げていた。また、加藤忠雄(一九八九)は、通所授産施設に関して、「〝働く場〟であると同時に、学校教育期間中には不十分であった教育・学習を継続して行う場でもあり得る」(五五頁)として、「生活指導」「趣味・クラブ活動」「自治会活動」「旅行、スポーツ大会等の娯楽的文化活動」など、施設における「教育・学習および関連活動」に着目している。加藤は、「現状において障害者に対する社会教育施策がおよそ不十分であると考えるとき、ますます需要の高まる授産施設において、その基本的機能を〝就労(労働)〟とすることは当然でありながら、本施設における教育・学習活動を重視しなければならない」(五六頁)として、「労働が人格的発達を援助することを認めつつも、養護学校等の卒業後の教育・学習援助の場として、授産施設が引続き意図的教育・学習活動を展開して行くことがいうまでもなく望ましい。したがって当面全ての授産施設において意図的目的的教育活動が明確に位置づけられる必要がある」(六五頁)と述べていた。

もっとも、これらの議論は、当時の状況を背景にしたものであり、そのまま現在に当てはめるべきものではない。丸山（二〇一六b）が指摘するように、「『余暇』が『日中活動』や『居住』と同様の場や人間関係のもとで展開されることの否定的側面」（六頁）も考慮する必要がある。労働の場とは別に学習や文化活動の拠点をつくりあげていくことを社会的課題にしなければならない。

しかし、現状では、依然として障害者の社会教育の場は乏しく、障害者が生涯にわたる学習権を保障される状況にはなっていない。障害者の文化活動の機会が十分に充実しているわけでもない。そうしたなかでは、労働の場において学習や文化活動が取り組まれることの意義は小さくないし、労働の場に関わる人には障害者の学習や文化活動に対する関心が求められるといえよう。障害者の労働の場が総合的な権利保障の場として考えられていたことの意味を再確認する必要がある。

4　労働を問い直す

(1)　労働の概念

■発達保障論における〝労働〟

これから障害者の「労働と発達」について議論を深めていくうえでは、労働の概念を整理することが重要になる。「労働」の語は論者や文脈によって多様な意味で用いられるため、これまでの議論を振り返るときにも「労働」の語の用いられ方については注意が必要である。

発達保障論における「労働」に目を向けると、それはマルクス主義の労働観に依拠して語られることが多かったといえよう。マルクスによれば、労働とは、「人間が自然とその物質代謝を彼自身の行為によって媒介し、規制し、管理する一過程」であり、「人間と自然とのあいだの一過程」であるとされる（マルクス 一九八三、三〇四頁）。藤井（一九八三）は、「『労働とは何か』の問いに、今日、定説として『労働とは人間が自然にはたらきかけて、これを人間の欲望に適合するように自然を変化させていく過程』と、まとめられてきました」（一一頁）と述べているが、そうした記述の背景にはマルクス主義の労働観があるといえる。

このような〝労働〟の概念の特徴の一つは、尾関（一九八三）が述べているように、「経済的労働」とは異なる概念だということである。尾関によれば、「特殊な自然素材を特殊な人間欲望に適合させる特殊な合目的的生産活動」（マルクス）である「本源的労働」の概念は、「経済的な意味での労働概念」とは区別されなければならない（一六三―一六七頁）。尾関（一九八九）は、「近代以降の商品経済の全面化」のなかで「本来的な意味ではまったく『労働』と呼べないような行為をも含めて『経済的行為』一般が『労働』と呼ばれるようになった」としながら、「『経済的労働』概念は本来的な意味での労働概念と必ずしも重ならない」と述べている（一二五頁）。経済的報酬につながる活動のすべてが〝労働〟なのではないし、経済的報酬をともなわない活動のなかにも〝労働〟は存在するということである。

また、〝労働〟の概念のもう一つの特徴は、それが超歴史的・歴史貫通的なものだということである。人間の歴史に普遍的にみられるものとして〝労働〟をとらえるのである。発達保障をめぐる議論をみても、たとえば、白石（二〇〇二）は、「労働は長い歴史のなかで人間を人間たらしめてきた」（三九頁）と述べている。小野（二〇一五）は、「労働＝賃労働と思いがちですが、それは間違いです」として、「二十万年という長い労働の歴史」に言及しているが（七一頁）、そこにも超歴史的な〝労働〟の概念をみてとることができる。

■歴史的概念としての労働

一方で、清水正徳（一九八二）は、「近代資本主義において賃金労働が成立し、近代的労働概念が確立した」（一二三頁）と述べており、「『労働』ということば自体が、近代資本主義的な賃労働に当てられたものである」（八一頁）としている。また、武田晴人（二〇〇八）は、日本における「労働」という言葉の由来に触れながら、「『労働』という観念が近代の西欧社会で生まれ、文明開化とともに輸入された観念であること」（三二頁）について述べている。

アンドレ・ゴルツ（一九九三）も、「労働概念は近代の発明であり、もっと正確に言えば、産業資本主義の発明である」（二〇六頁）と考えている。そして、ゴルツ（一九九七）は、「現代的意味での労働は、日々の用務とは異なる。家事労働、芸術的労働、自己生産労働は、社会がその存立の土台に据えている労働とは異なる」（二八頁）として、「労働は、人類学的カテゴリーとしての、あるいは『額に汗して』生活必需品を生産する、人間の必要性としての『労働』には還元できない」（二九頁）と述べている。

同じように、ドミニク・メーダ（二〇〇〇）も、経済的交換が未発達な社会において「労働という観念が存在していない」（三〇頁）ことなどに言及しながら、労働を「徹底的に歴史的なカテゴリー」（二四頁）であるとみなす。メーダによれば、「労働概念の構成は一八世紀を通じて続けられた」（五九頁）のであり、そのなかで「物質的に価値をつけ加えることのできるいっさいの活動が労働のカテゴリーに属する」（六二頁）ようになり、労働の概念は「経済的カテゴリー」（六二頁）として成立したのである。

このような見方は、小倉利丸（一九九〇）の論にも基本的に共通している。労働のカテゴリーを「歴史的に形成された特殊資本主義的なカテゴリー」（一五五頁）であるとみなす小倉は、「裁縫は、アパレル産業のなかでの行為であれば、『労働＝生産過程』であるが、家庭での行為であれば『消費』の行為でしかない」という例を挙げながら、「基本的な区分は、当の行為が賃労働として設定されているか否かによって決定されている」と述べている（一五六頁）。

このように、歴史的概念として労働をとらえる議論は少なくない。この歴史的概念としての労働は、「本源的労働」としての〝労働〟よりも、「経済的労働」としての労働に近いものといえる。そして、現代社会においては、「本源的労働」としてよりも「経済的労働」として「労働」が考えられることが一般的であろう。「労働権」についても、「本源的労働」に対する権利を指す言葉というよりは、「経済的労働」に関する権利を意味する言葉として理解するほうが、多くの場合に妥当なはずである。

■労働の概念を整理することの意味

発達保障論のなかで語られてきた〝労働〟と、現代社会において主に「経済的労働」を意味する労働とは、必ずしも一致しない。ここで、さしあたり重要なことは、「労働」の語の用法を統一することではなく、「労働」の語の用い方や用いられ方に意識的になることである。「本源的労働」としての〝労働〟と、現代社会における「経済的労働」としての労働とを、大きく区別して考えておくことが求められよう。

そのことの意味は、第一に、「経済的労働」ではない活動を人間の発達との関係で考える必然性が浮かびあがることである。「本源的労働」と「経済的労働」とを区別して考えるならば、「本源的労働」に期待されてきたものを「経済的労働」ではない活動のなかにも求めることは合理的なのである。たとえば、佐藤和夫（二〇〇五）

は、「むしろ家事労働こそが、労働の原型を保つ労働ではないか〈中略〉、マルクス的な意味で人間形成労働ではないか」（一二八頁）と述べている。自宅での家事は「経済的労働」ではないものの、家事のなかには〝労働〟があるのであって、その〝労働〟が人間形成にもつ意義を考えることは、「労働と発達」をめぐる議論の延長線上にある。このように、「本源的労働」と「経済的労働」との差異を意識することによって、「労働と発達」をめぐる議論の射程は「経済的労働」の外へも広がっていることが理解できる。そして、同時に、人間の発達にとっての〝労働〟の重要性が「経済的労働」の不可欠性を意味しないことも明らかになる。

次に、第二の意味は、「経済的労働」がもつ歴史的特殊性に自覚的になれることである。〝労働〟の特徴として考えられてきたことが「経済的労働」において必ず実現しているとは限らない。たとえば、佐々木隆治（二〇一二）は、マルクスの論を解説するなかで、「労働一般を考えれば、労働は自然との物質代謝の意識的媒介であり、自由な行為であった。ところが、賃労働においてはそうではない」（一一〇頁）として、「賃労働は、労働する個人からみれば、疎外された労働以外の何物でもない」（一一一頁）と述べている。現代社会において、賃労働を中心とする労働は、「本源的労働」としての〝労働〟が常にはもたない特徴を帯びるのである。資本主義のもとでの労働を考えようとするときには、このような歴史的特殊性をふまえなければならない。

（2） 労働への批判

■労働の二重性

発達保障論においては、「労働」を基本的には肯定する議論が中心になってきた。しかし、労働を歴史的概念としてとらえ、資本主義のもとでの労働のあり方に着目する場合には、労働の否定的側面への関心が強まることになる。そのような視点からの労働への批判は、資本主義のもとでの「労働の二重性」に関わるものであることが多い。

この「労働の二重性」とは、マルクスが『資本論』において示したものである（マルクス 一九八二）。マルクスは、商品の分析を進めるにあたり、有用物の具体的な有用性としての「使用価値」とは区別して、有用物が交換されるときの量的関係に表れる「価値」を考えた。そして、使用価値を生産するという労働の性格について「具体的有用的労働」という語を用い、価値を形成する労働の性格については「抽象的人間的労働」という語を用いた。具体的有用的労働という性格と抽象的人間的労働という性格を二重に併せもつものとして、マルクスは労働をとらえたのである。

ここでいう抽象的労働（抽象的人間的労働）とは、労働の具体的な形態が捨象されたものであり、単に労働力の支出として把握される。このように具体的な有用性ではなく形成される価値との関係でとらえられる抽象的労働が、資本主義のもとでの労働の核心となるのである。このことのなかに、労働の問題性が見出されることになる。

■抽象的労働への批判

モイシェ・ポストン（二〇一二）は、マルクスの論に依拠しながら、「資本主義における支配を構成する源泉」（四五二頁）として労働をとらえる。そして、労働を肯定する伝統的マルクス主義を批判しながら、「労働は、批判の立脚点ではなく、批判の対象である」（一一頁）と主張する。ポストンによれば、「マルクスの分析にとって労働が中心的であるのは、彼が物質的生産それ自体を社会生活の最重要な側面、もしくは人間社会の本質であるとみなしているからではない」のであり、資本主義社会の中心的な特質が「労働の歴史的に特殊な性質によって把握され、解明されうる」からである（一八〇頁）。ポストンは、「労働というカテゴリーの意味は超歴史的なものではなく、歴史的に特殊なもの」（二四頁）であるとしたうえで、資本主義のもとでの「労働の二重性」を重視し、「マルクスの分析において、資本主義の本質的な核心を構成するのは、市場と生産手段の私有ではなく、労働の二重の性格なのである」（六一二頁）と述べる。ポストンは、「マルクスの批判は、単に労働における搾取と社会的分配様式に対する批判ではなく、むしろ資本主義における労働それ自体に向けられたものである」（二〇八頁）とみなす。

同じように、ジョン・ホロウェイ（二〇一一）も、超歴史的なカテゴリーとして「労働」をとらえることを問題視しながら、伝統的マルクス主義において労働が「肯定的な力として、希望の源泉として理解される」ことを批判する（一九四頁）。ホロウェイは、「いわゆる『労働の二面的性質』が、マルクスの資本主義批判の中心にあった」（二一五頁）として、抽象的労働の問題性を強調する。そして、「労働は、資本を、つまりはわれわれを破壊する社会の基礎を創造する」（九八頁）と述べる。ホロウェイによれば、「資本にたいする労働の闘争の理論」（一九八頁）は批判されるべきものであり、「労働の創出と資本の創出は同じ過程であり、資本に対する闘争はそれを生産するものにたいする闘争、労働にたいする闘争」（一三七頁）なのである。

このような労働への批判の中心には抽象的労働への批判があるといえるが、労働が抽象的労働という性格を核心とすることについての問題意識は、尾関（一九八九）の論にもみられる。尾関は、資本主義社会においては「労働の価値形成的側面こそが、労働の本質であり、使用価値形成的側面は非本質的なもの、価値形成的側面に対してたんなる手段（さらには、みせかけ）にすぎないものとなる」（一三七頁）としながら、「そもそも労働が人間と自然の物質代謝を媒介するものという視点からすると、労働生産物を商品たらしめる価値形成労働というあり方を取ることが、すでにある意味で『疎外された労働』を引き起こしているとしてとらえる必要がある」（一三六頁）と論じている。

同じように、佐藤（二〇〇五）も、「マルクスならば『疎外された労働』と名づけたであろうようなこのような労働の変容した性格を、資本主義の搾取システムだけに求めることはできない」（七六頁）として、「労働が『疎外』されたものでなくなるためには、たんに社長や上司に命令されて行うということから解放されるだけでなくて、儲かるという目的に自分の活動が従属されてしまわないことが必要だ」（一五八頁）と述べている。

ホロウェイ（二〇一一）は「価値が敵である」（九七頁）と述べており、ポストン（二〇一二）は「価値の廃絶」について語っているが、価値が人間の活動を方向づけていくこと自体に問題性がある。価値の形成が活動を主導することは、良い物を作ろうとすることや良い仕事をしようとすることと必ずしも親和的ではなく、人間の発達につながるような活動のあり方と矛盾なく両立するとも限らない。経済的価値のために活動すること自体のなかに、否定的側面があると言わなければならないのである。

■抽象的労働への対抗

もっとも、資本主義のもとでは価値の形成が労働の核心であるとしても、価値の形成が労働のすべてであるわけではない。ホロウェイ（二〇一一）は、「マルクスがいう労働の二面的性質については、抽象的労働と具体的な為すこととのあいだの対称性から構成されると考えるほうが良い」（一二九頁）としたうえで、「われわれの為すことは、抽象的労働には完全に包摂されない」（一二八頁）と述べている。そして、「具体的労働が抽象的労働に完全に従属することはありえない」として、「具体的な為すことと抽象的労働のあいだの緊張」をみようとする（二一二頁）。ホロウェイは、「教師なら、うまく教えることと、必要数の卒業生を成績評価し卒業させることのあいだの緊張を感じている。大工なら、よい机をつくることとよく売れる商品を生産することの矛盾を感じている。コールセンターで働いているなら、電話口で誰かと仲良く会話ができる可能性と職務上の規律のあいだの緊張を感じている。組み立てラインで働いているなら、他なる為すことへの衝動を耐えがたい葛藤として感じている」（二一二—二一三頁）と述べている。このような緊張に目を向け、ホロウェイは、抽象的労働に対抗しそれを乗り越えるものとして、「為すこと（doing）」を重視するのである。

このような視点は、障害者の労働を考えるうえでも重要であろう。白石正久（二〇〇六）は、「作業所などでの労働」について、「資本主義のシステムと無関係でいることができない性質と、その関係から自由になれる性質をあわせもっています」と指摘し、「『下請け』のような商品経済に組み込まれた労働であっても、大切なものを取り戻していくきっかけをつかむことは可能ではないでしょうか」と述べている（七四—七五頁）。労働について、価値を形成する抽象的労働という性格を抑え込むこと、経済的価値を最優先しようとする流れに対抗することが求められる。障害者の賃金・工賃の向上が現状においては重要なことであるとしても、それだけが一面的に追求されてはならない。

（3）「労働の喜び」への懐疑

■「労働の喜び」と隷属

賃金・工賃のほかに目を向けるべきこととしては、「労働の喜び」が挙げられるかもしれない。発達保障と労働をめぐる議論においては、労働にともなう「喜び」や「生きがい」がしばしば語られてきた。たとえば、秦（一九七六ａ）は、「働くことが生きがい」（二一頁）になるような労働が必要であるとして、「労働そのものが、生きる喜びや人間としてゆたかな発達を保障する労働になること」（二二頁）に言及している。そして、泰（一九八二）は、「働く意欲と喜びをもち、集団の規律を自覚し、明るくいきいきと、自主的、主体的に労働にとりくむ姿」（一八頁）を求めている。また、藤井（一九七六）も、「『仕事に生きがいを見い出し、働く喜びを味わいたい』という労働への期待」（二六頁）について語っている。経済的な収入を得るための単なる手段として労働をとらえるのではなく、労働を「喜び」や「生きがい」に結びつけようと考える視点は重要であろう。しかし、資本主義のもとでの労働がもつ問題性に敏感であろうとするならば、「労働の喜び」の追求を無批判に肯定することはできない。「労働の喜び」が否定的側面をもつ可能性を疑ってみる必要がある。

このことに関して、フレデリック・ロルドン（二〇一二）は、賃金労働者を「労働それ自体によって喜ばせようとする」（二五八頁）ものとして、現代の新自由主義的資本主義をとらえている。ロルドン（二〇一六）によれば、新自由主義は、かつてのように「飢えへの恐れ」や「商品を享受する喜び」によって賃金労働者を動かそうとするのではなく、「労働への参加が自動的に喜びをもたらすようにすること」をめざし、「賃金労働者が自分自身の欲望に基づいて働くように仕向けること」を企てる（二〇六―二〇八頁）。そこでの「欲望」とは、「うれしい労働への欲望」であり、「労働のなかにおいて労働によって〝開花〟し〝自己実現〟するという欲望」である（ロルドン 二〇一二、九三頁）。ロルドン（二〇一二）によれば、今日の企業は、「自らの規範にしたがって自ら努力する主体（労働者）を望んでいる」（九四頁）のであり、「新自由主義企業は賃金労働者の生と存在を丸ごと自らに隷属させようとする」（一三二頁）のである。

ロルドン（二〇一二）は、「主人の欲望を自分自身の欲望と思わせること」や「せっせと働くことは自分自身の〝自己実現〟のために働くことであると信じ込ませること」が、現代の資本主義のもとで狙われているとみる（一九三頁）。ここでの「主人」とは、「個人であれ集団であれ、人がその人たちから愛されると喜びを感じ、その人たちを喜ばせることができることによって自分自身を愛することができる、そういった人たちのすべて」（一二〇頁）のことである。「自らの労働（したがって自らの愛）を捧げる者の喜びから自らの喜びを獲得しよう」（一二一頁）とすることによって、賃金労働者は動かされていくという。

このようなロルドンの議論は、障害者の労働を考えるうえでも示唆的である。障害のある人が労働に意欲的であること、労働に「喜び」や「生きがい」を感じているように見えることは、その人の労働や生活のあり方を肯定する十分な理由になるのだろうか。その人が労働に意欲的であるのは、もしかすると、その人を労働に向かわせようとする他者の意図が内面化された結果であるのかもしれない。そのようなことを問う視点は必要であろう。

■どのように「労働の喜び」が生まれるのか

ロルドンの論に親和的な議論は、今村仁司（一九九八）にもみることができる。今村は、「強制労働」が「『労働の喜び』論」を作りだしたとみて、「労働の喜びを労働の意味であると感じる」ことや「労働のなかに人間の本分があると感じる」ことを否定的にとらえている（五七頁）。そして、今村は、一九二〇年代のドイツにおける労働経験の調査をまとめたアンリ・ドマンの『労働の喜び』を取りあげ、そこに記された労働者の語りを検証する。そこでは、「活動本能」や「構築本能」など、ドマンが「労働の喜び」につながる要素として考えたものは「労働特有の経験ではない」（一一〇頁）と指摘される。また、「労働の喜びは労働に内在する」というドマンの考えに反して、「労働の喜びなるものは、他者の視線あるいは他者の評価によって媒介されてはじめて生じるもの」（一一一頁）になっているとされる。今村は、「労働の喜びや人生の生きがいといった感情は、労働に内在する自発的感情ではなくて、対人関係と対他欲望から生れるものだ」（一一六頁）と述べる。「他人から賞賛されることは、名誉を得ることであり、この名誉が『労働の喜び』の内容になる」（一三〇頁）というのである。

このような今村の議論については、労働者の語りの解釈が強引であることなどへの批判もある（佐藤二〇〇五、六九—七四頁）。しかし、「労働の喜び」の中身や構造を問おうとする今村の視点には、学ぶべきところがあるのではないだろうか。「労働の喜び」の源は一つとは限らないのであり、「労働の喜び」のあり方は多様なはずである。ある人が「労働の喜び」を感じているとき、その人は具体的な作業そのものに楽しさを感じているのかもしれないし、自らの労働の社会的意義に価値を見い出しているのかもしれない。他者から認められることに満足感を覚えているのかもしれないし、経済的報酬を得られることをうれしく思っているのかもしれない。

障害のある人が自らの労働に「喜び」「誇り」「自信」「達成感」「満足感」「やりがい」「生きがい」などを感じているように見える場合にも、それらがどのように生まれているのかを考える必要があるのではないだろうか。その人が労働に「誇り」や「自信」を感じる背景には、「労働しない人は望ましくない」「十分に労働できる人こそがすばらしい」という、現代社会の支配的な価値観があるのかもしれない。労働の成果そのものではなく、他者からの評価が「喜び」や「満足感」につながっているのかもしれない。労働の具体的な内容ではなく、経済的報酬が「やりがい」の主な源であるのかもしれない。障害のある人が労働に「喜び」等を感じていたとしても、そのことだけでは、その労働が非常に他律的なものである可能性を否定できないのではないだろうか。

（4）労働の位置の再考

■労働が生活やアイデンティティの中軸なのか

労働が「喜び」や「生きがい」につながることを肯定的にとらえることができたとしても、労働こそが人間の「喜び」や「生きがい」の中心であるのか、中心であるべきなのかは、別に考えなければならない。

この点に関わって、ジグムント・バウマン（二〇〇八）は、「満足すべき経験に満たされる労働、自己実現としての労働、人生の意味としての労働、誇りや自尊心、名誉、敬意や名声の源泉としての労働、ようするに天職としての労働は少数者の特権」（七〇頁）になっているとして、「労働を基礎として生涯のアイデンティティを構築する見通しは、（少なくとも当面の間は、少数の高度な技能を備えた開業医や非常に特権的な専門職を除く）ほとんどの人々にとって消滅し、葬り去られている」（五七頁）と述べている。また、同じように、ゴルツ（一九九三）は、「労働は、もはや主たる社会的絆でもありえないし、社会化の主因でもなく、各々の主たる仕事でもなければ、財産や裕福さの源泉でも、われわれの生の方向でも中心でもない」（五〇頁）として、「労働力の約半分にとっては〈中略〉労働にアイデンティティを託すことは不可能だ」（五二頁）と述べていた。ゴルツ（一九九七）は、「人間はアイデンティティーの源泉や社会的帰属、個人的開花の可能性、他人や自分自身の評価を得られる意味ある活動を、労働以外のものに求めざるをえない」（一七二頁）として、「経済的目的をもった活動は〈中略〉その比重もしだいに減少していくほかない」（一七三頁）と論じている。

もっとも、このような見方に対しては、ロベール・カステル（二〇一五）が「労働が中心的な位置を失ったと語ることは、途方もない誤解に基づくもの」（九九頁）と述べているように、異論もある。カステルは、「近代社会において個人の経済的独立と社会的承認を確保するための、労働に替わるべきものがまだ見つかっていない」として、「労働がもたらす経済的収入と社会的権利を通じて、労働が個人のアイデンティティの積極的支えとなることを可能にする重要な諸条件」を守るべきであると述べている（一一一頁）。しかし、労働が人間の生活やアイデンティティの中軸になることは、現状において、少なくとも自明のことではなくなっているのではないだろうか。障害のある人の労働や生活を考えるときにも、労働を成人の生活やアイデンティティの中軸とみなすことの妥当性が問い直されてよいはずである。

■労働こそが大切なのか

発達保障論においては労働の重要性が強調されてきたが、人間にとっての労働の位置を相対化しようとする議論に目を向けておくことも必要であろう。

佐藤（二〇〇五）は、「働くということは、ものを加工して食べたり、使ったりする活動だが、たんにものを作るだけでなくて、作る過程のなかで、逆に人間自身も作られていく」というマルクスの論に言及し、「働くというのは人生の最も多くの時間を占める重要な時間であることは間違いない。それに影響されないというのは変なことだ」としながらも、「しかし、それが人間らしさも作りだすのか」と疑問を呈している（五一―五二頁）。この問いかけは、「労働が賛美されるにふさわしいという思想」（五二頁）の批判的検討のなかで出されているのであるが、障害者の労働を考えるうえでも、そうした「労働の賛美」については問い直しが求められよう。

今村（一九八八）は、「『資本主義的労働観』も『社会主義的労働観』も一致団結して『労働の尊厳』なるものを強調すること」（一六七頁）を批判的にとらえ、「『労働はすばらしい』」、『労働は人間を鍛えなおす』といった観念、あるいは『労働の尊厳』というイデオロギーの根は、どうころんでも懲罰的であり規律訓練的である」(一九二頁)と論じており、「労働が必要な活動であるからといって、労働が人間になくてはならない本質的な活動であるとはいえない」(一九九頁)と述べている。また、都留民子(二〇一〇)は、「労働組合が就労支援だとか、自立支援だとか、労働は素晴らしいなんてこと言っててはだめ」と述べ労働組合のなかに「『労働礼賛』という考え」があることを批判している(三四頁)。

歴史的にみても、「労働の賛美」に与しない、労働に対して批判的な考え方は少なからず存在してきた。一九世紀後半のフランスにおいて、社会主義者のポール・ラファルグは、労働者たちが労働に「愛」や「情熱」を示し、働く権利を要求することを厳しく批判しながら、「怠ける権利」を主張している(ラファルグ 二〇〇八)。また、二〇世紀前半において、バートランド・ラッセルは、「仕事はよいものだという信念が、恐ろしく多くの害をひきおこしている」という批判を行っている(ラッセル 二〇〇九、一〇頁)。トム・ルッツ(二〇〇六)がまとめているように、一八世紀以降の英国や米国においても、労働倫理から距離を置こうとする人々や考え方は珍しくなかったのである。

労働を考えるとき、人間の生活と発達にとっての高い位置づけを労働に認めたとしても、労働の否定的側面を意識しておくことは必要であろう。現代社会において、労働は障害を生みだす大きな原因にもなっている。河野(一九七〇)は、「職業病・労働災害のため多くの労働者が障害者にさせられ、仕事場からほりだされつつあること」(一四九頁)を指摘し、「私たちは労働災害にたいしても、もっとふかい関心をはらわねばならないのではないでしょうか」(一一八頁)と述べていたが、この問題提起の重要性は改めて確認される必要がある。

労働を一面的に高く評価することは誤りであり、人間の生活と発達にとっての労働の位置を相対化して考えることが求められるのではないだろうか。

（５）自由時間の重視

■自由時間における活動がもつ意義

人間の生活における労働の比重のあり方については多様な議論があり得るが、いずれにしても、労働のみが人間にとって価値のある活動だとはいえない。人間の発達との関係についても、労働が発達に重要な役割を果たし得ることは、労働だけが発達をもたらすことを意味しない。目的意識的に外界に働きかけることや、それを集団のなかで行うことも、労働だけがもつ性格ではない。白石（二〇〇四）は、「労働だけが発達の源泉ではないことも、なかまの発達を考えるうえで大切な視点でしょう」（二二九頁）と述べているが、そのような観点は重視されなければならない。自由時間における活動がもつ意義への着目も、発達保障論には欠かせないものである。

尾関（一九九二）は、「みずからの仕事において自己確証が追求できるような職種は、現代においてもそれほど多いとはいえないのではなかろうか」と述べつつ、「自己確証をもっぱら労働・仕事にのみ求めることに限定するのではなく、遊びにおける自己確証をもきっちりと評価すること」を主張している（一七八頁）。そして、「資本の支配をなくしても仕事そのものの性格からして自己確証を得られないような仕事もあることは認めざるをえない」（一七八頁）として、「労働の非人間的なあり方をなくしていく要求だけでなく、人間としての生活を送っていくために、遊びや趣味に自己確証を見いだす権利が主張されてもよいのではないだろうか」（一七九頁）と述べている。そうした問題提起は、注目に値するといえよう。

伝統的マルクス主義においては労働が肯定的に重視される傾向があり、そのことは発達保障をめぐる議論にも影響を及ぼしてきたと考えられるが、労働ばかりを重んじる発想は問い直されてよい。そもそも、マルクスの論に関しても、人間の発達にとって自由時間が極めて重要なものとされていたことが強調されるようになってている。たとえば、尾関（一九八九）は、「マルクスの真意は、『労働の解放』よりもむしろ、自由時間の問題とも関係して『労働からの解放』に力点があったのではないかとする問題意識」が「最近の議論のひとつの特徴」であると述べている（一七三頁）。そして、近年においても、後藤道夫（二〇一六）は、「マルクスにとっては〈中略〉、『個人の完全な発展』は、労働時間ではなく『自由時間』において発揮され実証される」として、「マルクスは、資本主義経済の物質主義に対して、豊かな人間のあり方を対置し、労働時間ではなく『自由時間』が『富の尺度』となる状態を展望したのである」と説明している（二七頁）。このような見地は、障害者の労働と生活を考える際にも参照されてよいだろう。

これまで、障害者の生活に関する議論は、労働を含む「日中活動」や暮らしの場における「居住」に集中する傾向があり、自由時間である「余暇」には十分な関心を向けてこなかった（丸山 二〇一六b、二頁）。しかし、人間の発達保障を考えるうえでは、自由時間のあり方に着目することが重要なのではないだろうか。

■発達が保障される生活の構想

自由時間を重視した場合に、問うべきことの一つめは、労働時間のあり方である。個人の状態によって適当な労働時間はそれぞれ異なるとしても、おおまかな方向性は考えておく必要があるだろう。その際に重要なことは、一日あたり八時間程度の労働を行うことを固定的な標準とみなさないことである。丸山（二〇一六a）は四時間労働の社会の実現を主張しているが（一二三―一二五頁）、社会全体としての大幅な労働時間短縮の必要性を視野に入れ、八時間よりも大幅に短い労働時間をそれ自体としては積極的に肯定するべきではないだろうか。八時間労働が本人には困難であるからとか、事業所の運営実態に照らして長い労働時間は保障できないからとか、消極的な理由を短い労働時間に結びつけるのではなく、むしろ本来めざすべきものとして短い労働時間を理解するのである。そして、短い労働時間を前提にするならば、相対的に長い自由時間が想定されることになる。

そこで重要になるのは、その自由時間の具体的な中身であり、これが問うべきことの二つめである。自由時間の拡大は、それ自体では、人間の豊かな生活と発達をもたらさない。十分な自由時間が確保されたとしても、たとえば文化的活動を展開するための社会資源が貧弱であれば、豊かな自由時間の実現は困難かもしれない。また、商業的な余暇活動への参加が進んだとしても、そのことと自由時間の充実とを単純に同一視すべきではない（丸山 二〇一六b、五―六頁）。自由時間を人間の豊かな生活と発達につなげるためには、それに必要な制度的基盤・社会資源・文化などを生みだしていかなければならない。

おわりに

本章でみてきたことの要点を改めて確認するならば、それは「労働の解放」と「労働からの解放」の同時追求ということになる。人間の発達に適合的なものになるよう労働のあり方を変革していくという意味での「労働の解放」と、豊かな自由時間の創造によって人間の発達を実現していくという意味での「労働からの解放」とが、ともに重視されなければならない。前者について言えば、労働について経済的価値の形成という側面を抑制すること、労働に関する経済的報酬の増大を絶対的な優先事項としないことなどが、重要な観点になるだろう。また、後者について言えば、労働の重要性を認めつつも労働だけを重視しないこと、労働以外の活動の重要性に目を向けることなどが、求められる視点となる。

こうしたことは、もちろん、すべての障害者に共通して言えることである。本章では「作業所」における取り組みに焦点を当てたが、一般企業等で働く障害者についても「労働の解放」や「労働からの解放」が求められる。企業の現状に障害者を適応させるような一般就労の実現が無批判に肯定されるべきではなく、障害者の生活や発達のために企業のあり方の変革が追求されなければならない。

さらに言えば、「労働の解放」や「労働からの解放」は、障害者だけでなく、すべての人にとっての課題である。障害児・者の教育や福祉に携わる人、発達保障の取り組みを担おうとする人にとっても、労働のあり方が問われるのであるし、自由時間の充実が問題になる。また、障害児・者の家族について考えることも必要であり、特に母親の労働と生活に関心を向けなければならない。子どものケアを中心的に担うことを期待される母親は、自らの労働と生活を大きく制限されることが少なくないのであり、母親の労働権保障や自由時間保障は重要な課題である。

障害者をはじめ、すべての人の発達保障をめざして、これからも「労働と発達」について考えていくことが求められる。

〈引用文献〉

赤松英知 二〇一〇、「重度知的障害のある人の労働と暮らしをめぐる現状と課題」『障害者問題研究』第三八巻第二号。
青木圭介 一九九二、「『もろい社会』の再設計と共同作業所運動」鈴木勉編『青年・成人期障害者の自立・発達・協同』渓水社。

バウマン（伊藤茂訳）二〇〇八、『新しい貧困―労働、消費主義、ニュープア』青土社。
カステル（北垣徹訳）二〇一五、『社会喪失の時代―プレカリテの社会学』明石書店。
エンゲルス（大月書店編集部編）一九六五、『猿が人間になるについての労働の役割』大月書店。
藤井克徳 一九七六、「労働へのねがいと働く場の現状」鈴木清覚・鈴木峰保・秦安雄・藤井克徳・山田明『障害者の労働と共同作業所づくり』全障研出版部。
藤井克徳 一九八三、「障害者と労働」『みんなのねがい』一九八三年九月号。
藤井克徳 二〇一二、「大切なことのこれまでとこれから」きょうされん編『共同作業所のむこうに―障害のある人の仕事とくらし』創風社。
ゴルツ（杉村裕史訳）一九九三、『資本主義・社会主義・エコロジー』、新評論。
ゴルツ（真下俊樹訳）一九九七、『労働のメタモルフォーズ―働くことの意味を求めて』緑風出版。
後藤道夫 二〇一六、「革命と将来社会」渡辺憲正・平子友長・後藤道夫・蓑輪明子編『資本主義を超える―マルクス理論入門』大月書店。
秦安雄 一九七六a、「障害者の発達保障における労働の意義と内容―労働権保障における発達的観点の深化」『障害者問題研究』第八号。
秦安雄 一九七六b、「労働・働くことと発達保障」鈴木清覚・鈴木峰保・秦安雄・藤井克徳・山田明『障害者の労働と共同作業所づくり』全障研出版部。
秦安雄 一九七九a、「障害児の発達と労働権」平原春好・清水寛編『障害児の義務教育』総合労働研究所。
秦安雄 一九七九b、「共同作業所運動の発展をめざして」共同作業所全国連絡会編『働くなかでたくましく―重い障害者の労働保障と共同作業所づくり』全障研出版部。
秦安雄 一九八〇、「障害児教育における労働教育、職業教育の意義と役割」『障害者問題研究』第二一号。
秦安雄 一九八二、『障害者の発達と労働』ミネルヴァ書房。
秦安雄・阿部演志・稲垣孝雄・稲垣保子・小邑嘉恵子・鈴木峯保 一九七四、「障害者の労働権保障をめざす実践と発達保障―『ゆたか共同作業所』のとりくみから」『障害者問題研究』第二号。
秦安雄・藤井克徳 一九七九、「ぼくもいっしょに働きたい」共同作業所全国連絡会編『働くなかでたくましく―重い障害者の労働保障と共同作業所づくり』全障研出版部。
ホロウェイ（高祖岩三郎・篠原雅武訳）二〇一一、『革命―資本主義に亀裂をいれる』河出書房新社。
今村仁司 一九八八、『仕事』弘文堂。

今村仁司 一九九八、『近代の労働観』岩波新書。
加藤直樹 一九八九、「発達保障の実践と集団」人間発達研究所編『集団と人格発達』全障研出版部。
加藤直樹 一九九七、『障害者の自立と発達保障』全障研出版部。
加藤忠雄 一九八九、「通所授産施設における教育・学習活動に関する研究―経費分析とあわせて」『特殊教育学研究』第二七巻第三号。
川口喜賜子 一九七九、「労働を通して獲得した発達」共同作業所全国連絡会編『働くなかでたくましく―重い障害者の労働保障と共同作業所づくり』全障研出版部。
小邑弘光・鈴木清覚 一九七九、「一人ひとりにあった労働を」共同作業所全国連絡会編『働くなかでたくましく―重い障害者の労働保障と共同作業所づくり』全障研出版部。
河野勝行 一九七〇、「ぼくも働きたい」汲田克夫・河野勝行・飯野節夫『ぼくも働きたい―障害者（児）問題をすべての国民のものに』鳩の森書房。
ラファルグ（田淵晋也訳）二〇〇八、『怠ける権利』平凡社。
ロルドン（杉村昌昭訳）二〇一二、『なぜ私たちは、喜んで〝資本主義の奴隷〟になるのか？―新自由主義社会における欲望と隷属』作品社。
ロルドン（杉村昌昭訳）二〇一六、『私たちの〝感情〟と〝欲望〟は、いかに資本主義に偽造されてるか？―新自由主義社会における〈感情の構造〉』作品社。
ルッツ（小澤英実・篠儀直子訳）二〇〇六、『働かない―「怠けもの」と呼ばれた人たち』青土社。
丸山啓史 二〇一〇、「人間発達と『労働生活の質』―『障害者に仕事を合わせる』の意味と意義」『障害者問題研究』第三八巻第二号。
丸山啓史 二〇一六a、『私たちと発達保障―実践、生活、学びのために』全障研出版部。
丸山啓史 二〇一六b、「知的障害者の余暇をめぐる状況と論点」『障害者問題研究』第四四巻第三号。
マルクス（資本論翻訳委員会訳）一九八二、『資本論―第1分冊』新日本出版社。
マルクス（資本論翻訳委員会訳）一九八三、『資本論―第2分冊』新日本出版社。
メーダ（若森章孝・若森文子訳）二〇〇〇、『労働社会の終焉―経済学に挑む政治哲学』法政大学出版局。
峰島厚 一九八四、「生涯にわたる系統的な発達保障」障害児教育実践体系刊行委員会編『障害児教育実践体系 第七巻 成人期』労働旬報社。
みぬま福祉会30周年記念刊行委員会 二〇一四、『みぬまのチカラ―ねがいと困難を宝に』全障研出版部。

茂木俊彦　一九九〇、『障害児と教育』岩波新書。
二宮厚美　一九八五、「労働と人格発達」加藤直樹・二宮厚美・河野勝行『人づくりの労働論―青年期障害者の発達』清風堂書店出版部。
西村章次　一九八六、「障害者の労働と発達、教育―その実践分析的視点」『障害者問題研究』第四五号。
小倉利丸　一九九〇、『搾取される身体性―労働神話からの離脱』青弓社。
大泉溥　一九八七、「生活の主人公になる」人間発達研究所編『生活と人格発達』全障研出版部。
大泉溥　一九八九、『障害者福祉実践論』ミネルヴァ書房。
小野浩　二〇一五、「『働くこと』の意味と歴史、そして世界の水準」きょうされん就労支援部会編著『ねことmaruとコトコト―障害のある人たちの「働く」をつくる』きょうされん。
尾関周二　一九八三、『言語と人間』大月書店。
尾関周二　一九八九、『言語的コミュニケーションと労働の弁証法―現代社会と人間の理解のために』大月書店。
尾関周二　一九九二、『遊びと生活の哲学―人間的豊かさと自己確証のために』大月書店。
ポストン（白井聡・野尻英一監訳）二〇一二、『時間・労働・支配―マルクス理論の新地平』筑摩書房。
ラッセル（堀秀彦・柿村峻訳）二〇〇九、『怠惰への讃歌』平凡社。
坂田三雄　一九七九、「労働への自信と生きがい」共同作業所全国連絡会編『働くなかでたくましく―重い障害者の労働保障と共同作業所づくり』全障研出版部。
佐々木隆治　二〇一二、『私たちはなぜ働くのか―マルクスと考える資本と労働の経済学』旬報社。
佐藤和夫　二〇〇五、『仕事のくだらなさとの戦い』大月書店。
清水寛・秦安雄編　一九七五、『ゆたか作業所』ミネルヴァ書房。
清水正徳　一九八二、『働くことの意味』岩波新書。
白石恵理子　一九九八、「青年・成人期障害者と発達保障」白石恵理子・植田章・さつき福祉会編著『成人期障害者の発達と生きがい』かもがわ出版。
白石恵理子　二〇〇二、『一人ひとりが人生の主人公』全障研出版部。
白石恵理子　二〇〇七、『しなやかに したたかに 仲間と社会に向き合って』全障研出版部。
白石恵理子　二〇一〇、「重度知的障害者の発達と日中活動」『障害者問題研究』第三八巻第二号。
白石正久　二〇〇四、「作業所実践と発達保障の新しい課題」白石正久・河南勝・あぜくら福祉会編著『成人期障害者の自立と豊かな発達』クリエイツかもがわ。

白石正久 二〇〇六、『発達をはぐくむ目と心—発達保障のための12章』全障研出版部。
菅井真・藤井克徳 一九八七、「共同作業所における実践の特徴」共同作業所全国連絡会編『ひろがれ共同作業所』ぶどう社。
鈴木清覚 一九七六、「共同作業所の運営」鈴木清覚・鈴木峰保・秦安雄・藤井克徳・山田明『障害者の労働と共同作業所づくり』全障研出版部。
鈴木勉 一九九九、『ノーマライゼーションの理論と政策』萌文社。
武田晴人 二〇〇八、『仕事と日本人』ちくま新書。
都留民子 二〇一〇、『失業しても幸せでいられる国—フランスが教えてくれること』日本機関紙出版センター。

第6章

発達保障論における社会形成の原理とその論点

河合隆平

はじめに

発達保障論は「障害の有無にかかわらず、人間は同じ発達の道すじをあゆむ」という価値的な命題を事実化する努力のなかで、権利の無差別平等性に対する認識を制度保障へとつなげる回路をつくり出してきた。そして、排除・周辺化された障害のある人びととのあいだでつくり出される社会的諸関係を通じて、高度経済成長の時代を貫く能力主義的な価値や秩序を乗り越えていく社会像を「この子らを世の光に」という言葉で共有してきた。

発達保障論に対しては、心理的次元の発達論に問題関心が集中し、社会的次元の認識や議論を後景化させてきたとの批判がある。しかし、むしろ個人と社会がせめぎ合いながら社会の困難や矛盾が運び込まれ、立ち現れる磁場として「発達」をおさえることで、個人の発達と権利を侵害する社会的・歴史的構造をとらえ返し、社会変革を展望するところに発達保障論の核心があった。「個人―集団―社会」という発達認識における「三つの系」が、そうした発達保障論の動態的な構造を示しており、発達を媒介とすることで、個人と社会を切り離さずに障害のある人びとの問題を認識する枠組みをつくり出してきたといえる。

市場原理にもとづき、政治・経済システムを改変するのみならず、生活様式やこれを支える人間観や社会文化・理念にも経済的な価値や論理を貫徹させせながら社会を解体する新自由主義の時代にあって（ハーヴェイ 二〇〇七）、発達保障論には人間と社会に対する価値や認識を問い直し、障害のある人びとの発達と権利の保障のための社会構想を具体化することが求められる。そのためには近接の社会科学と接合した思想的・理論的な格闘を本格化させせなければならない。(1) しかし、その力量も準備も現在の筆者には不足しており、ここでそのすべてを果たすことはできない。

本章では、発達保障論における社会構想を具体化するために深めるべき論点を提示することで、右の課題に向かう基礎的作業としたい。これまでの議論を網羅することはかなわないが、新自由主義という時代把握をふまえて、社会科学の知見にも学びながら、発達保障の視点から社会を形成していくための理論的・実践的な課題のいくつかについて試論を述べる。第1節では、生成期の発達保障論が提示した社会形成の原理を確認し、今日の社会形成・変革の主体と「生存＝発達」権をめぐる課題を整理する。第2節では、市場原理の「外部」で展開される発達保障実践の可能性をおさえながら、社会を形成するうえで求められる場所や集団の問題を考える。第3節では、これまで十分に検討されてこなかった家族の発達保障をめぐる近年の議論から社会形成の課題を考える。第4節では、歴史学研究の動向をふまえて発達保障の歴史認識と叙述にかかわる課題について論じる。

1　発達保障論における社会形成の原理

（1）発達要求から社会的要求をつくり変える

近江学園やびわこ学園の実践から紡ぎ出された「この子らを世の光に」という発達保障の思想には、その当初から社会的排除への鋭い感度が伴っていた（河合 二〇〇七）。発達保障論が構築されていく一九六〇年代当時、知的障害のある人びとは「精神薄弱」と呼ばれ、社会から異質な存在として激しい排除を受け、就学猶予・免除のような劣等処遇が当然視されていた。こうしたなかで近江学園の田中昌人らは、発達という時間的変化を捨象する知能指数によって操作的に定義される「精神薄弱」概念と対峙しながら、「発達しない」とされた知的障害のある人びとの発達的変化をとらえる研究方法論を確立させていった（田中 一九九七）。田中らの研究は、個人の発達とその障害を「社会的関係とそれ（社会的関係——筆者注）が生かされる場」とのかかわりにおいて把握する視点に立つことで、個人の困難や問題を社会的次元で引き受ける回路を拓き、「社会復帰」が困難な障害のある人びとを選別・排除する社会政策を原理的に批判し、権利保障の要求へと練り上げていく方法論に自覚的であった。「これまでの諸施策が社会復帰を条件とし、既存の教育体系への準拠を条件とし、しかも、経済成長の余力の上にすすめられてきていることが、発想が逆であるとしてつくりかえられる必要がある」というのである（田中 一九六五ａ、三九五頁）。

したがって新しい発達研究は「自由な発達が阻まれているなかで、一人ひとりの発達の過程が記述されることは、自由な発達の障害となる社会のあり方を問題提起することにも通じる」との認識ゆえに、やがて「可逆操作」や「次元」といった発達を認識・記述する基本概念の生成と吟味の過程において、障害のある人びとの権利侵害を鋭く批判する「研究運動」という社会的実践として展開せずにはおれなかったのである（中村 二〇一三、一一五頁）。

近江学園でも当初から「社会との直結」を理念に掲げて、知的障害のある子どもたちの職業自立をめざした「生活即教育」の実践が積極的に進められていた。しかし、障害のある子ども・青年を安価な労働力とみなし、「社会のお荷物」にならないことが「愛される」要件だとする社会的価値を変革することなく、子どもたちに職業能力を身につけさせて社会に送り出すだけでよいのか。自分たちの仕事が障害のある子どもたちに社会適応を求め、意図せざる結果として経済成長を至上価値とする社会の仕組みを補完してしまうのではないか。それではいかにして資本主義の社会的価値に拠ることなく、子どもの側に立って子どもを社会化していく回路をつくり出すことができるのか。そうした問題認識のもとに、近江学園では子どもの発達可能性によって社会的要求をつくり変えていくという方略が提起されていく。

「すくなくとも社会が精神薄弱児になにをもとめ、どのような精神薄弱児になることをもとめているかという方向からの接近をしても、現在の段階では、そこにしめされるものは精神薄弱児を正しく理解し、それに立脚しての社会からの要求ではない。〈中略〉したがって現在ある要求をそのまま認めるというのではなく、あるべき正しい社会的要求を育成していくという立場にたつことが必要である。そのためにはまずこどもの社会的人間としての発達的可能性を指導の成果をもとにつきつめていかなければならない。その成果のなかにこどもの側の要求をよみとらなければならないのであり、またこの指導の成果がすなわち社会的要求の出発点にならなければならないのである」（田中 一九六四、二六七―二六九頁）。

こうして非発達的な「精神薄弱児」像と直結した「社会的要求」が教育のあり方を直接に決定するのではなく、子どもへの指導を通じて表現されてくる「こどもの側の要求」によって「社会的要求」を形成するという再帰的関係へと逆転させていくことがめざされたのである。そこで求められた教育の機能に注目したい。

「そのさい、一次元のきまりきった動きかたをさせるのではなく、さまざまな一次元の変化が可能なようにする。その多様性が形成されていく場として、指導者の方で社会規範的枠組みが活用されるのである。〈中略〉こどもの主体的に操作できる世界をゆたかにしていく場、機会として、こどもの発達の権利を保障するために社会規範的枠組みが提供されるのである。そこにはこどもの内面的世界――このばあいは一次元世界を操作するゆたかさ――の発達という側からの評価と、社会規範の側からの評価がたんに相対立するものとしてあるのではない。二面からの評価をすることが、そこに生じる〝間〟をゆたかに充富していく指導活動をひきおこす源泉になるのである」（田中 一九六五b、九六頁）。

子どもが「主体的に操作できる世界」としての「内面的世界」と「社会規範」を対立的にとらえたり、前者を後者に従属させることなく、子どもの「発達の権利」と「社会規範」を統一することが教育に期待されたのである。子どもの「内面的世界」の発達と「社会規範」との緊張関係のなかで教育の機能がおさえられており、子どもと大人との共感の関係を形成しながら社会規範の創出をめざす教育実践のうちに、社会へと向かう子どもの主体的契機が位置づけられたといえる。

その場合、「多様性」のある教育実践が引き出す「社会的人間としての発達的可能性」こそが、「ヨコへの発達」の内実を示していたと考えられる。「ヨコへの発達」が、教育実践の「多様性」を求めたともいえる。そこでは、子どもの発達を実現していくうえで「どのような人間に育てるのか?」「どんな社会を構想するのか?」といった教育目標論が問われていたように思われる。加藤直樹（一九八三）は「発達研究の成果は教育的価値を実現する可能性をある程度示すことができるが、そうした可能性、予測性にたってどのような価値実現を目標にするかは、『どんな人間に育てるのか』から出発する教育実践の独自の論理によって選択される必要がある」（五二頁）と指摘する。[2] 子どもの「要求」から「あるべき正しい社会的要求を育成していくという立場」は、教育目標論の位相において示されなければならなかったのである。この時点で、「社会的要求」がどのように構成されるのか、発達の高次化（タテへの発達）との関係で教育目標をどのように設定することができるのかは明らかにされておらず、「あるべき正しい」方向や内容も十分に吟味されていたとはいえない。

いずれにせよ、一九六〇年代前半の時点で、近江学園の実践が教育の社会的規定性を自覚し、社会適応主義の陥穽を乗り越えながら子どもの社会化を実現するために、社会の側の要求そのものが改変される必要があるとの認識に到達していたことの歴史的意義は大きい。しかし、これらは理論的な問題提起にとどまり、子どもの発達要求と社会規範・社会的要求とのあいだの矛盾や対立を止揚する教育実践をどのように構想するのかは具体的に検討されていない。

したがって、障害児教育において教育目標―評価論が問われる今日の状況（三木他 二〇一四）をふまえるならば、一九六〇年代前半に仮説的に提起された発達保障における社会規範の創出という機能を実践のなかで検証し、その理論を精緻化することが課題として残されている。今日の学校教育の状況は、教育を通じて社会的要求をつくり変えるという関係を自明のものとすることを許さないが、子どもの発達要求から社会的要求を新たに形成していく再帰的関係を実証化していくことは、新自由主義とかかわらせて今日の「インクルージョン」のもつ社会適応的性格や排除の側面を明らかにしながら、社会像としての「インクルージョン」概念そのものを批判的にとらえ返すうえでも重要な課題となるはずだ。インクルージョンにおいては、障害のある人びとの多様な発達要求や権利要求を「ニーズ」というかたちでとらえて、一元的な対象論・制度論に組み込んでいく流れが首肯されているが、その場合、一人ひとりの要求やその保障形態の個別具体性が捨象されたり、既存の制度体系をスリム化し、権利保障の水準を切り下げることがあってはならない。個人の発達要求と権利要求に即してインクルージョンが主張される社会的な文脈や構造を批判的に吟味する作業が位置づけられる必要がある。

(2) 社会形成・変革の主体と「ヨコへの発達」

生成期の発達保障論では、個人の発達要求と発達可能性を媒介として、個人と社会を有機的に関係づけるなかに、発達における個性化と社会化を統一する原理が示されていたことを確認した。ここでは「社会化」という側面に注目しながら、個人の発達と社会形成との関係についてさらに検討していきたい。

中西新太郎(二〇一七)は、子育てや保育の問題を論じるなかで、子どもの「社会化という課題は、簡潔に言って、個別の能力や性向、おかれた環境のちがいにかかわらず、自らの生存を可能にする社会形成ないし社会構築を遂げること」にあると指摘する(八頁)。社会化というとき「外的環境・条件としての社会に諸個人が順応すること、順応できるようなスキルを磨くこと」ではなく、むしろ個人の生存を可能とする位置づき方ができる「社会が形成されること」に問題の核心がある(八頁)。個人の困難や問題を生み出す「社会的環境の困難を社会化の機能不全」ないし「社会化のしくみ・動態が持つ欠陥」としてとらえ返すことで、だれもが生きやすい社会の形成につなげなければならない(八―九頁)。このように主張する中西が念頭に置くのは、貧困などの「困難を抱えた子どもを特別に選り出すことですでにスティグマを与え、彼らを社会的環境の欠けた存在として他者化」してしまうという問題である(九頁)。

中西の議論を敷衍すれば、障害のある人びとの発達が保障される社会を形成すること、障害のある人自身がそうした社会形成の主体として発達することが「社会化」の内実になる。発達保障論では、この社会化の内実を「ヨコへの発達」として認識を深めてきた。たとえば、一九六七年の全障研結成大会の基調報告が「ヨコへの発達というのは他の人との創造的連帯の中で、差別にむかって、矛盾をきりひらき、解放をかちとっていく主体的なたたかいだ」と述べたように、全障研も当初から障害のある本人を社会変革の主体として想定してきた。茂木俊彦は、この点に注目しながら「ヨコへの発達」の可能性について次のように指摘する。

「全障研が、その運動において追求してきた発達の理論は、単に『人格』一般の発達を言うのではなく、すでに述べた意味での『ヨコへの発達』に込められた中身を、その資質としてもつような人格の発達を意味するものであった。また、そうした人格と諸能力の発達は、発達保障の実践の展開、人権の法的・制度的裏付けをもった総合的保障等々と適切に連結する時に、『限りなく』実現していくのだという認識に立っていた」（茂木 二〇〇七、六九頁）。

茂木の指摘の眼目は、障害者権利条約第二四条「教育」が示す「障害のある人が、その人格、才能、創造力並びに精神的及び身体的な能力を最大限度まで発達させること」という「発達」認識を批判的にとらえながら、「私たちが考える発達の『無限性』は、実践や人権の総合的保障の進展の『無限性』とつないで理解されるべきものである」との主張にあった（七〇頁）。

権利保障の水準や社会制度・政策の進展を不問にして、障害のある人びとの発達の可能性を語ることは、かえって発達の可能性を限定したり、観念的な無限論につながりかねない。すなわち「ヨコへの発達」を含んで発達の権利を保障するとは、中西（二〇一一）の言葉を借りるならば「社会形成への権利」ないし「権利としての社会形成」を保障することだといえる。「この子らに世の光を」として抑圧・排除されてきた障害のある人びとを、「この子らを世の光に」というかたちで権利主体へと転換させた発達保障は、その時々の行政・政策によって否定されながらも、重い障害がある場合も含めてすべての人を「社会形成への権利」の主体として尊重し、障害のある人びとが声を発することができる社会の仕組み、そのねがいを深く聴きとり実現することのできる社会体制づくりをめざしてきた。

今日、障害者権利条約の第一九条「自立した生活及び地域社会への包容」をめぐって「地域か、施設か」というふうに、障害のある人の暮らしの場をめぐって二者択一的な選択の問題に矮小化される傾向がある。津久井やまゆり園の事件以降、あらためて「脱施設」や「地域移行」などの政策のかけ声が大きくなるなかで、施設での暮らしを必要とする人びとや家族の声が社会に届きにくくなっていないだろうか。また、施設のなかでも障害のある人びとの声を聴きとり、人間らしい生活や発達の保障を求めて創りあげてきた実践や文化がどれだけ社会的に知られてきたであろうか。「非人間的」な処遇や制度への批判は、当事者が築いてきた「人間的」な生活や文化に寄り添う地点に立つことで鋭さを放つだろう。

障害のある人びとが「脱施設」「地域移行」について語るとき、生活保障をめぐる「他の者との平等」への希求が込められている（秋保 二〇一七）。しかし、それらが「政策言語」として語られるとき、同じ言葉を用いながらも障害のある人びとのなかに新たな排除や分断が生じることになる。中西（二〇〇七）が指摘するように「政策言語は、権力がつくり出す現実を変化させない領域に問題を限定していく、非常に強力な働きをもっている」（二〇一頁）。それは、必要な制度基盤や条件整備を語らず、あくまでも政策側が設定した枠組みや方向性のなかで部分的に与えられた選択の自由に過ぎないのであり、自由を行使するのに必要な人的・物的条件を得られる人とそうでない人との間に格差を生じさせることになる。こうした現状を変革せずに政策言語としての「地域移行」が強調されていくとすれば、障害の重い人やその家族はさらに声を発しにくくさせられ、生活を支える公的責任は後退し、家族依存の制度体質が強化されていくだろう。

だからこそ「私たち抜きに、私たちのことを決めないで」という言葉は、「私たちのことを、あなたも含めた私たちのこととして一緒に考えて欲しい」という「社会形成」へのねがいとして、社会的に共有される必要がある。「他の者との平等を基礎とする」社会を形成するためには、「誰の声が届いていて、誰の声が聞こえにくくなっているか」を問い続けなければならない。力強く大きな声には親和的であるけれども、声を発しにくい人びとの小さな声が聴きとられにくい社会こそ、人間の多様性を受けとめる柔軟さを欠いた「弱くもろい社会」にほかならない。「私たち」からとりこぼされている人がいないかという視点で「社会」をとらえ返しながら、「すべてのということに耐えることのできる理念」（糸賀　一九七二、一六四頁、傍点原文のまま）を権利保障という社会的・現実的な次元で具体化するための言葉を鍛えあげていくことが求められる。

これにかかわって、茂木（二〇〇四）は「専門研究者だけではなく、保育者も教師も両親も一般市民も、ようするに誰でも、発達保障の取り組み、理論化の作業に参加しているし、いけるのだ」と述べ、障害のある人びとの発達保障においては「誰でも」研究運動の主体であるとの認識を示している点が重要である（二六―二七頁）。全障研の歴史においても、障害のある本人やその家族が自己のねがいや生活哲学を明らかにしながら、主体的に問題解決の糸口を探り、権利の実現過程を明らかにする取り組みを研究運動の中核に位置づけてきた。たとえば「個人―集団―社会」という発達の「三つの系」の認識、「みんなのねがい」「ひとりぼっちをつくらない」というなどの言葉は、そうした「社会形成」の原理を表現するものであった。「社会形成への権利」という視点は、個人の要求を集団化しながら権利保障の要求へと練りあげ、具体的な社会構想へと転換させていく過程を再検討し、その方法論を再組織化することを求めているように思われる。このことは、「ヨコへの発達」としての主体形成の過程と条件を明らかにしていくことにもつながるはずだ。ここでは続けて、障害のある人びとの発達保障と社会形成を支えてきた「生存＝発達」権をめぐる問題をみておこう。

（3）「人間の尊厳」にねざして「生存＝発達権」を鍛えあげる

日本の場合、雇用流動化政策を提起した日経連の「新時代の『日本的経営』」（一九九五）、措置制度から契約制度へと転換させた社会福祉基礎構造改革をはじめ、一九九〇年代半ばに「構造改革時代」（中西 二〇〇八、一九頁）が本格的に始動する。その後の市場原理の導入や規制緩和などが断行されるなかで、社会的なコストをかける程度に応じて個人の「自立」の度合いを評価し、個人の「自立」（自助や回復）の意思や努力、その可能性を見極めながら支援を振り分ける「自立支援」型の社会政策が登場する（後藤他 二〇〇七）。障害者自立支援法・障害者総合支援法の「応益負担」の仕組みはその典型であるが、福祉は「商品的権利」とみなされ、「消費」主体である個人の購買能力に応じて「利益を」充足するものへと変質させられた。結果として、だれもが人間らしく生きていくために平等に保障されるべき生活や労働の水準や公的責任は極めて曖昧になり、格差と不平等の拡大を亢進する社会構造が強化された。餓死や孤独死、介護殺人など「人権の根本である生命権そのものが侵害され、剝奪されている」（井上 二〇一七、六七頁）事態が深刻化し、生存権が激しく損壊されるなかで、社会権としての生存権を「生命」の保障という水準で深化・拡充させることは急務である。

ところが、一九九〇年代後半以降の社会福祉基礎構造改革によって、社会権の根拠づけは大きく変質させられてきた。伊藤周平（二〇〇七）は、「従来の生存権論が、ともすれば社会保障法関係を国家から国民に対する一方的な給付関係ととらえがちであり、そこでの個人（国民）とは『積極的能動的な法主体』というよりも、『保護されるべき客体』として位置づけられてきたと批判し」（二二六頁）、自律した個人の自由を基礎に置く「自由基底的社会保障法理論」（三五二頁）が台頭してきたと指摘する。この「自由基底的社会保障法理論」は「憲法一三条を社会保障法の規範的根拠とすべきだ」と主張することで、「社会保障の権利をたんなる給付請求権のみならず、自由で自律的な個人の自己実現をはかるうえでの権利の総体ととらえる傾向が強まっている」（三五二頁）。

社会保障の根拠づけとして個人の自立性や自己決定を重視する背景には、社会保障の拡充が福祉依存を生み出し、個人の自立や自己実現を妨げているとの認識がある。そうした主張は、生存権を「手段的権利」とみなし、生活保障の給付や制度の削減・縮小に与することになる。しかし、渡辺治（二〇一二）が指摘するように、「自律に役立たない社会保障の削減が、ほかでもなく、個人の自律を妨げているという事実」を無視すべきではない（二〇一頁）。さらに、社会保障削減圧力が、限られた財源を経済発展に寄与できる人材の育成へと振り分けることを促すなかで、高齢者、障害や病気のある人びとのいのちの選別と切り捨てが進行しつつある事態から目をそらしてはならない。

二〇一七年五月、経済産業省の二〇代から三〇代の若手官僚によってまとめられた「不安な個人、立ちすくむ国家――モデル無き時代をどう前向きに生き抜くか[3]」がウェブ上で発表されるや、一五〇万というダウンロード数を記録して話題を呼んだ。かれらは「未来の日本の豊かさ」を支えるために、「限られた財源」の振り分けは子ども、若者、母子世帯の教育やケアへの社会的投資を最優先すべきであり、高齢者などの市場価値がなく社会の役に立たない、またその「意欲」がないと判断される人にかける社会的コストの削減を求めてはばからない。ここでは「胃ろう」などを例に出しながら、「健康で長生きしたあとで人生最後の一ヶ月に、莫大な費用をかけてありとあらゆる延命治療が行われる現在」を批判し、高齢者が「終末期の自分」を選択して「患者の望む自然な死」を実現することで、「終末期医療のコスト」を抑えることが望ましいと主張している。

　これに先立ち、日本病院会倫理委員会は、二〇一五年四月、「『尊厳死』——人のやすらかな自然な死についての考察(4)」を発表し、「『人の安らかな自然な死』について国民的コンセンサスを醸成していくこと」を提起した。ここで「尊厳死」とは「自分が不治かつ末期の病態になった時、自分の意思により無意味な延命措置を差し控えまたは中止し、人間としての尊厳を保ちながら死を迎えること」を意味し、「終末期の患者さん」が議論の対象とされている。しかし、「尊厳死は患者の意思による『死に方』の問題」であるとしながら、患者が以下の状態にある場合の「延命」措置に関して「現在の医療では根治できないと医療チームが判断したときは、患者に苦痛を与えない最善の選択を家族あるいは関係者に説明し、提案する」ことが提起される。「高齢で寝たきりで認知症が進み、周囲と意志の疎通がとれないとき」「高齢で自力で経口摂取が不能になったとき」「胃瘻造設されたが経口摂取への回復もなく意思の疎通がとれないとき」「高齢で誤飲に伴う肺炎で意識もなく回復が難しいとき」「癌末期で生命延長を望める有効な治療法がないと判断されるとき」「脳血管障害で意識の回復が望めないとき」。さらに「神経難病」と「重症心身障害者」については「難しい問題で、今回は議論されなかった」という（傍点引用者）。

　この二つの提案が理想とする社会像は、ほぼ一致しているように思われる。それは「経済発展に役立つかどうかで人間の価値を判断し、社会的コストをかける人間はいのちを切り詰めることで社会に貢献せよと迫る社会」である。重い障害のある人びとを「尊厳死」の議論の射程に収めていく背景には、こうした社会像が想定されていたのであり、加害青年によって「障害者は不幸を作ることしかできません」と決めつけられ、話し言葉による意思疎通が困難な「重度障害者」が殺傷されたやまゆり園事件の背景もその延長線上に位置づくものといえる。

こうした状況に対して発達保障論には、重い障害がある場合を含めた、すべての人間の生存権を無条件に支える理論的根拠を再提示すること、生存権の内実を豊富化させていくことが求められる。発達保障論では、かつて清水寛（一九八一）が、憲法・一九四七年教育基本法の条文にある「能力に応じて」を「ひとしく」の理念を実質化するための「補充規定」であるとの解釈を示し、教育を受ける権利を『その発達に必要かつ適切な』教育を平等に保障される権利」としてとらえ返しながら、権利の無差別平等性を主張したことが知られている（一四八頁）。この「発達権保障の思想」は、のちに憲法一四条の「法の下の平等」を基礎に憲法二五条の「生存権」へと接続させることで「生存＝発達権」として深められ、発達保障論の核心に位置づいてきた（三一九―三二〇頁）。ここで、「生存＝発達権」の根拠づけにかかわる最近の議論をおさえておこう。

荒川智（二〇〇七）は、発達における「個性も自己実現も環境との相互作用の過程で展開されるものであり、差違・多様性の尊重も含め、それらを自由権の枠組みでのみ捉えられるとは考えられない。しかしながら、教育や福祉の公的責任が縮小・放棄されつつある中で、社会権的な枠組みだけでの権利保障も実現しにくくなっているのは事実である」と述べて、「発達の法則性と多様性」に関する認識を「格差社会における自由と平等の問題」として議論することを提起する（二五六頁）。

多様性の尊重という議論にかかわって、渡部昭男（二〇〇八）は、「どのような社会体制や社会構造になろうと、最終的に立ち戻るところは自由権の問題」（一二七頁）であるから、「一三条にベースを置きながらそれを実現するために社会をどうコントロール・規制するかという論を組み立てたい」として、自由権（第一世代の人権）を発達（権）保障の核に位置づけ、社会権（第二世代の人権）と連帯権（第三世代の人権）によってそれを補強するという三層構造を提起する（一二九頁）。

荒川も渡部も、従来の発達保障論において自由権の位置づけをめぐる議論が相対的に不足してきたことへの問題意識をもっていることがうかがえる。しかし両者の議論では、生存権の無条件性と無差別平等性を貫徹させていく社会像を具体的に提示しきれておらず、社会権を軽視・相対化し、生存権を空洞化させる新自由主義の圧力に対する歯止めとしては弱さを残すことにならないか。

竹内章郎（二〇一〇）が指摘するように、「平等と自由の対立」という二律背反的な図式は「自由と平等とを天秤にかける発想」に強く規定されているため、「平等を重視すれば自由が軽視・毀損されるとして、平等は非難される」ことになり、不平等の拡大を容認することに帰結する（三頁）。「平等と自由の対立」とは、「狭い平等と広い平等との対立」（二二三頁）にほかならず、「狭く少ない人たちのための自由と、より広い多くの人のための自由との対立」（二二四頁）であるとして、自由を平等の一側面に位置づけながら平等主義を徹底していくべきだと指摘する。

また、伊藤（二〇〇七）は前述の議論のなかで、社会保障法は生存権と社会連帯を基本原理としてきたが、「近年の社会連帯論では、両理念の関係が明確にされないまま、生存権理念に代わるものとして社会連帯理念が打ち出されている」傾向があり、「二五条と一三条の関係性を切断し、二五条の国の生存権保障責任をあいまい化している」と指摘している（二二七頁）。

発達保障論は、障害の重い人びとの「保護という名の飼い殺し」（糸賀 一九六八、一七六頁）と対峙しながら、発達を媒介として人間の平等性と生存権を結びつける「生存＝発達権」を練りあげてきた。「飼い殺し」どころか、「尊厳死」のように「個人の尊厳」を持ち出しながら障害の重い人のいのちの選別をも推し進めようとする今日、「個人の尊厳」を社会的に支える生存権の無条件性と無差別平等性を深めながら、発達の権利へと接続させていく理論の強化が求められている。

たとえば、「尊厳死」の根底にある「パーソン論」（高谷 二〇一二）は、人間を生物学的な機能や能力の総和とみなし、その状態に応じて個人の幸福が決定されるという合理的で個体決定論的な人間観を前提としている。(5) それゆえ、個人の自由を最大化させて社会を解体していく新自由主義とも親和的なのである。したがって、発達保障論の核心をなす「生存＝発達権」を鍛えあげていくためには、個人の尊厳が人間相互の関係性や応答性のなかで維持され、回復されるものだということを実践のなかで具体的に確かめながら、どんなに重い障害がある場合にも、そうした生存要求にもとづく人間的な生活を可能とする物質的基盤と人的保障の水準を明らかにし、それを支える社会的な文化が構想されなければならない。次節では、そうした発達保障実践を通じた社会形成の課題を検討する。

2　発達保障実践による「外部」の創出と社会形成の展望

(1)　市場価値の「外部」をつくり出す

新自由主義は、人間の諸活動や環境のすべてを、価格と需給の関係に還元する市場の論理を、社会の価値や仕組みとして貫徹させる。そして、人間の価値や社会関係を経済的なものに置き換え、競争原理を働かせることで人間の自由と幸福は最大化するとの考え方を基本とする。したがって新自由主義の社会では、市場競争の妨げとなる平等や共同、民主主義といった概念や制度は徹底的に破壊される。ウェンディ・ブラウン（二〇一七）は、新自由主義は「あらゆる人間の活動域と活動とを、人間そのものとともに、経済的なるものの特有のイメージに合わせて変形させるのだ。すべての行為は経済的行為となる。存在のあらゆる領域は、たとえ直接的に貨幣化されていない領域であっても、経済の用語と価値基準によって表現され、測定される」（二頁）。人びとには市場原理に従って生きていくために、自分自身を「企業化すること、競争地位と価値を高めること、評価と格付けを最大化すること」が求められるという（三四頁）。

市場価値に従属できない、あるいは市場価値がないと判断される人間は「死んでよし」と言わんばかりの新自由主義社会を原理的に批判し、人間本来の豊かさを取り戻すことができる社会へと変革していくためには、市場の価値や論理の「外部」に足場を築くことが不可欠である。発達保障実践も、これまで市場の「外部」で展開されてきた。障害のある人びとの能力の向上や技能の獲得だけではない、内面の豊かさや人間関係の広がりを支える発達保障実践は、資本主義の論理となじみにくいからこそ、生産性や効率性といった市場的価値への従属を批判し、人間の発達や生活、労働を豊かにする視点の提起を可能としたのである。それらは、障害のある人びとのねがいや困難の具体から出発するがゆえに、既存の「障害者福祉」や「障害者支援」の制度体系や枠組みからはみ出し、市場の秩序や論理には還元されない実践を生み出してきた。

そうした取り組みのひとつに、一九八〇年代前半の埼玉県で、どんな障害があっても、養護学校の卒業生から「不本意な在宅者を出さない」という理念を掲げて誕生した「みぬま福祉会」の実践がある（みぬま福祉会30周年記念刊行委員会 二〇一四）。たとえば、人生の終盤を迎えた高齢の仲間に病名を告知し、人生の終盤をどう生きるかを本人とともに考えながら、本人のねがいに応えて病院ではなく施設で終末期を看取った実践。激しい自傷行為のために視力さえ弱っているほどの重度知的障害のある仲間が、父親の死を落ち着いて受けとめ、「長男」として親族とともに葬儀に出席して父親を見送ることを支えた実践などを挙げることができる。

中村尚子（二〇一四）は、こうした入所施設に暮らす仲間の「生きること」を支える「みぬまの実践」は、「施設という限られた空間と人的体制の中でできる範囲でという発想ではなく、もし同じ年ごろの障害のない人だったらどんな暮らしをしているか、どんな気持ちでいるかという視点をとりくみの基準にしているため、『施設支援』という枠に収まらない実践へと展開している」（一八二頁）と評価する。その多くは障害者総合支援法による「福祉サービス」の枠組みに則るものであるが、仲間の生活には「生死にもかかわる非日常」が割り込んでくることがある。そうした時に「法制度の支援メニューにないから、支援計画をたてていないからなどというサイクル」に陥れば、仲間への支援は成立しない。それゆえ、「みぬまの実践」は法制度に縛られないものにならざるをえないのであり、そうした実践を蓄積しながら「制度施策のあるなし、報酬のあるなしという発想をしないで済む社会福祉制度」（一八七頁）を構想していくことが求められるという。

乳幼児療育や放課後支援の分野でも、障害者自立支援法以降、保護者と事業所との契約制度により、保護者から応益負担にもとづく利用料を徴収し、事業所には利用人数に応じて報酬が支払われる日払い単価方式が導入されるなかで、多様な上乗せのオプション・メニューを「売り」にしたり、短期目標の達成に向けた個別化された訓練を「療育」と称して展開する事業所も広がっている（池添他 二〇一七）。

そうしたなか、広島市では一九六〇年代から、保育労働者と親の共同の運動によって療育の公共性を守りながら、「広島型療育」といわれる独自の制度と実践をつくり出してきた（広島市職員労働組合児童総合相談センター支部 二〇一二）。現在、広島市社会福祉事業団（理事長は広島市長）が経営する「こども療育センター」「北部こども療育センター」「西部こども療育センター」があり、どんなに重い障害のある子どもにも、①集団療育、②毎日通園、③九カ月の親子通園、④行事（お泊まり会・運動会・収穫祭・節分など）、⑤週一回の地域別療育を保障している。保育士として療育の実践基盤を築いてきた栗栖小枝子（二〇一七）は、「広島の療育」で大切にしていることとして、「毎日繰り返されていく生活の力をていねいに積み重ね、家庭で、園で、社会で、暮らしやすい力を培っていくこと」（四四頁）、「自然を感じ、自然を取り入れること」（四五頁）、「文化と共に育つこと」（四九頁）、「集団づくり」（五五頁）を挙げる。最近では、西部こども療育センター（児童発達支援センターなぎさ園）の直営給食（子どもの口腔機能に応じた六段階の食形態で提供）を民間委託化する動きに対して、センターの保護者会が中心となって冊子を作成するなど、子どものいのちと健康の源である「直営給食」の値うちを社会に広げる運動を展開し（広島市西部こども療育センターなぎさ園保護者会 二〇一四）、最終的に直営方式の継続を勝ちとっている。

塩見洋介（二〇一七）は「障害児通所支援の多様化」とともに「発達」や「療育」の内容が変質している実態を明らかにしながら、福祉事業の市場化・商品化への対抗軸として、療育の場に「商品世界にとりこまれない『公共の空間』『公共の時間』」を構築し、「『売り』『買い』の世界から離れた、共同・連帯の場・時間」として機能させることで「自主的・民主的な公共の創造」を提起する（一八頁）。

しかし、「日本型大衆社会の再収縮」（後藤 二〇〇一）という今日の歴史段階を意識するならば、「公共性」の創造を強調するうえで、「古典的な公共性」としての国家の役割を無視することはできない。なぜなら、近年主張される市民的な「新しい公共性」は、官僚制度や公共事業などの国家や社会制度のもつパターナリズムや画一性を批判しながら、既存の社会保障をも縮小・再編させることで、新自由主義改革と容易に接合するからである。後藤道夫（二〇〇六）は、人間の必要や要求に公的に応じる国家の役割にかかわって「抑圧的でもある『画一性』

は、さらに強い抑圧でありうる『自己責任』にたいする防御手段となるとともに、そうした集団的自己確立のある種の基盤となるという側面」（一八九頁）を見落とすべきではないと指摘する。国家に対して、「共同・連帯」を生み出すために必要な物質的基盤を保障する公正な仕組みを要求しつつ、個別性や自由が尊重される仕組みをつくり出すという緊張関係のなかで、自分たちの公共性を鍛えあげていくことに自覚的でなければならない(6)。

（2）「共同決定」としての「自己決定」

発達保障実践においては、既存の制度枠組みや支援体系からはみ出るがゆえに切り捨てられがちな要求を実現していくために、「発達相談」を重視してきた。現行の障害者総合支援法のもとでの障害児・者の相談支援事業は、既存の「サービス」の給付の割り振りに終始しがちである。これに対して白石正久（二〇一四）は、発達相談には「発達と障害への科学的な認識によって、発達を達成していくための方法を探求する」とともに、「既存のサービスを利用することへの相談支援とは異なり、発達の基盤となる暮らしを創るために何が必要かをともに考え、その条件が乏しければ行政にはたらきかけ、あるいは地域の協力、共同を組織しながら新たに創りだしていく役割」が求められてきたと指摘する（九三―九四頁）。この場合の「相談」とは、相談「支援」のように、「当事者へのサービス提供という一方向性」を基本とするのではなく、権利主体である本人の声を聴きとり、発達要求を尊重しながら、「法制度を適用するための相談ではなく、新たな法制度を生み出していく」という相互共同の実践を意味する（九四頁）。

したがって、発達相談という実践は、「私たち抜きに、私たちのことを決めないで」という理念を具体化し、自己決定のあり方を問うことにもつながる。小柳正弘（二〇〇九）は、自己決定の主体である「自己」について、

「理念としては『強い個人』が前提とされているのに対して、現実には『弱い個人』が主体としてその困難をひきうけている」（三八頁）という。自己決定とは、個人内で完結するものではなく、「私が他者とともに私たちとして決定すること」であり、「私たちのことと他者のことを私たちのこととして決定すること」にほかならないとして、「『私たちが私たちのことを決定する』という『私たち』の自己決定」の可能性を提起する（六一―六二頁）。田中智子（二〇一六ａ）は、福祉現場でも「自己決定」と「自己責任」がセットで強調されているからこそ、本人の自己決定を実質化するために、「支援者と相談する、自分の見本となる人にあこがれる、自分の気持ちを他の人に話してみる」などの経験を介した「他者との共同決定こそが尊重される」べきであり、なおかつ「失敗したらいつからでもやり直せるという制度や社会のなかに安全網があることが重要」であると指摘する（二三頁）。

障害のある人びとの自己決定の保障は、これまでにも自立・自律の問題とかかわる実践・理論的課題として議論されてきたが、「私たち抜きに、私たちのことを決めないで」という理念を「他者に開かれた／他者とともにある自己決定」として実践化しながら、その内実と条件を深めていくことが求められている。その際、個人の自己決定を、応益負担を正当化する道具とさせないためにも、「安全網」の組み込みを含めて個々の選択肢の内容や質に格差を生じさせないこと、必要に応じて選択肢をつくり出すことが構想されなければならない。

（３）「人間的な技」を含んだ発達保障実践

このように、指導秩序の「外部」を生み出す発達保障実践は、後藤道夫（一九九五）の言葉を借りるならば、「労働の節約に限界があり、技術で人間労働を置き換えていく過程が一定の限度を超えにくい」、すなわち「低効率」で「人間くさい」労働である。それは「個性的な労働の仕方、きめのこまかさ、労働のいろいろな意味づけ、多様な労働文化、労働と生活のさまざまな関係のつけ方、などが存在しており、それを維持・発展させる余地が大きい」だけに「労働内容を自分たちがデザインし、コントロールできるように変えていける可能性をもっている」（六八頁、七八―七九頁）。教育や福祉の現場で市場論理にもとづく実践のマニュアル化が進み、ＰＤＣＡサイクルを通じた実践の管理・統制が強化されるなかで、効率性や合理性には還元することのできない人間論的・文化的な価値を明らかにし、そこに依拠しながら障害のある人のねがいに応じる自由で柔軟な実践の余地を確保・拡張することが、実践的にも理論的にも求められる。

マイケル・イグナティエフ（一九九九）は、「友愛、愛情、帰属感、尊厳、そして尊敬の念、これらが権利のひとつとして算え入れられないからこそ、わたしたちはそれらをニーズとして特定すべきなのであり、わたしたちが自由に使いこなせる味気ない制度的手続きのなかで、そうしたニーズの充足をごくありきたりの人間的慣行にするように努めるべきなのだ」（二一―二二頁）と指摘する。そして、ソーシャルワーカーや看護師などの対人ケア労働を例示しながら、「重要なのは、そうした給付がなされる際のマナーであり、そうした給付の道徳的根拠なのだ。〈中略〉尊敬と尊厳はこのような身振りによってこそ授けられる。こうした身振りは人間的な技《わざ》の問題である部分があまりにも多すぎて、融通のきかない行政の定型業務にはなじまないのだ」（二五頁）という。

イグナティエフの指摘は、かつて糸賀一雄が「重度精神薄弱児扶養手当」について批判的に述べたこととも重なる。「扶養手当は家庭を激励するための支給である」というのが制度の建前であり、「これが激励という意味をもとうというのならば、郵便局の窓口で渡すだけでなく、相談業務と結びつくのでなければならない。金さえ渡せばよいという姿のなかからは問題ととり組み、つねに技術的な高みにおいて結びつくという方向がにじみ出してこないのである。この空隙をうめる仕事がこんごに残されている」（糸賀 一九六八、一六四頁）。

イグナティエフと糸賀の指摘は、今日の現金給付の仕組みと利用契約制度への批判そのものである。そして、個人の必要と要求にきめ細かく応じるための「空隙をうめる仕事」には「人間的な技」が必要であり、「ニーズの充足をごくありきたりの人間的慣行にするように努める」ことを内に含んだ高度な専門性が要請されるべきだという主張にも根拠を与えてくれる。

田中智子（二〇一六b）は、福祉の「専門的支援が『サービス』へと商品化され、経験に関らず同一の報酬単位が生活場面ごと支給される現行制度は、専門性の否定へとつながる」と批判し、「現場で提供されているのは、単に個の well-being だけを追求する福祉サービスではなく社会福祉支援であること、社会福祉支援とは、『社会』を射程に入れその障害観の転換も可能にする公共性を帯びたものであること」を強調する（六七頁）。発達保障実践において「社会」を射程に入れるとは、現場に生起する問題や課題を政治の状況に還元して認識することではない。教育や福祉の実践の専門性を回復させていくことは容易ではないが、障害のある人のねがいや姿を記述する言葉、自分たちの実践を枠づけている言葉を問い直すことで、批判的な言語感覚を鍛えながら、効率性や合理性という枠組みをずらしたところで障害のある人のねがいを語り、自分たちの実践を語り合う。そうした取り組みを蓄積しながら、人間らしい発達、生活、労働の現実を社会に埋め返していくなかに、発達保障実践の専門性は展望されなければならない。

（4）「場所のもつ力」と関係・つながりの構築

新自由主義がもたらす市場競争の論理は、経済コストの削減を図り、市場のニーズに効率よく対応するために、人と社会制度の双方に流動性や融通性を高めることを要求する。その結果、障害のある人びととの権利保障における「場」の機能や役割を縮小させる傾向が生じていることに注意しなければならない。

まずは、アメリカと日本を例に挙げて、新自由主義政策と「脱施設」政策との親和性の高さを指摘する塩見（二〇〇四）の議論をみておこう。新自由主義のもとで、社会福祉は自由な経済活動を阻害するものとして抑制されるため、施設の解体・縮小は公的責任・予算の圧縮につながる。障害のある人びとは、福祉サービスを購入する「消費者」として「地域移行」していくことが強要されるから、本人と家族の経済力や関係資源の多寡によって支援や生活の水準に格差が生じる。大規模な入所施設は個人の自由を抑圧し権利を侵害するものとして批判されてきたが、「脱施設」化は「場」の解体・縮小にとどまらず、現場で直接のケアや支援を担う専門職員の削減にも連動する。このように自由権と社会権を対立的にとらえて、前者の枠組みでしか権利回復の方途が考えられないために、障害のある人びとの社会権としての福祉の水準を大きく切り下げることになると、塩見は指摘する（一二三―一二一頁）。

教育分野においても「場」の縮小が進みつつある。特殊教育から特別支援教育への移行の際にも「場から人へ」というキャッチフレーズのもとで、障害のある子どもの発達保障のために多様に用意されるべき「特別な教育の場」を縮小・形骸化しようとする動きがみられた。固定制障害児学級を廃止する「特別支援教室」構想はその典型であり、この間、特別支援学校寄宿舎の廃舎、入院期間の短縮化と在籍者数の減少にともなう病弱特別支援学校の縮小などが進められてきた。

土岐邦彦（二〇〇九）は、そうした背景に、個人的な能力に焦点化する心理学や脳科学の知見にもとづき、子どもの「ニーズ」を「アセスメント」して学習や指導の内容を決定することが「個のニーズに応じた指導」であるとの見方の広がりを指摘する。そして、障害のある子どもの教育指導を個別化・個人化させていく流れに対して、「場所のもつ力」のとらえ直しを提起する。土岐は、重い知的障害や肢体不自由をあわせもつ青年たちが学校卒業後に通う作業所の実践に関わるなかで、色や食べ物の好みが明確になり、要求のサインが確かになっていく、特定の人やモノへのこだわりが和らぎ、多様なモノを介して不特定の他者と関係を結べるようになるなど、「発達段階としては横ばいの状態」でゆっくりではあるけれども、かれらの「ヨコへの発達」ともいうべき発達的変化を確かめてきたという（一二七頁）。物理的・心理的な生活空間に自己を位置づけることで「居場所感覚」という「主体性の感覚」、他者との「親密性の感覚」を育んでいく（一三〇―一三一頁）。そうした「場所がもつ力」を活かした教育実践を蓄積すること、子ども・若者の発達と自立を支えることを可能とする「みんなの場所」をつくり出すことの重要性を説く。

越野和之（二〇〇四）も、文部科学省の「特別支援教室」構想が「通常学級教育補完型」政策でしかないことを喝破し（一二二頁）、「親密圏」の議論を援用しながら、「自律したカリキュラムをもつ特別な学級」である障害児学級を、「平和的な国家及び社会の形成者」・「心身ともに健康な国民の育成」のための「居場所」・「拠り所」として教育学的かつ発達論的におさえている（一二五頁）。

発達保障論における「場所がもつ力」という視点は、そこでつくり出されるつながりや関係性に着目するだけではなく、それらを規定する場所の特性やそこでの活動の質を考察することを求めている。丸山啓史（二〇一六）は、自立訓練事業における青年たちの仲間関係づくりについて、「同年代の人が集まれば自然とよい関係が生まれる、というわけではな」く、多様な活動が用意されていることで「どこかで仲間と共有できるものがみつかる」し、「自分の興味や関心、自分らしさが受け入れられていると思える安心感」が生まれるのではないかと指摘する（五四―五五頁）。発達保障に必要な場所を保障していくためには、関係づくりやつながりのあり方を、ソーシャルスキル・トレーニングのようなかたちで個人の能力の問題に還元させたり、固有の空間や文脈から切り離された交換可能な能力（社会資源）として動員させることなく、それぞれの場所に固有な仲間関係の構築過程や活動の質を吟味し、記述していくことが求められよう。

（５）集団を記述する方法論

今日の市場主義や競争主義に対抗するかたちで、共同性や連帯なるものを先験的に強調することで、かえって個人の主体性や多様性を、集団や関係性のなかに埋没させてしまうおそれがある。また、「『我が事・丸ごと』地域共生社会」が示すように、「つながり」「支え合い」「絆」という言葉が社会保障の公的責任を曖昧にし、人びとのつながりや支え合いを無償労働力として動員・利用する状況も広がっている。

発達保障論では、発達を認識するうえで「個人―集団―社会」という「三つの系」による把握を志向してきた。そのなかでも「集団の系」については論者によって定義づけが異なり、そもそも「集団の系」自体が存在するのか、存在するとすればその固有の発展過程や法則性はいかなるものかが問われてきた（加藤 二〇〇七、二〇〇八）。中村隆一（二〇一七）は、発達保障論における「集団の系」という認識の成立事情にかかわって、「『三つの系』は、『社会の系』とともに『個人の系』研究の方法論上の検討を経て、統一的な理論化に大きくあゆみをすすめるが、『集団の系』は、『個人の系』と『社会の系』の狭間にあって、時代の刻印が強いために対象化しにくい領域として、一つの隘路となっていたともいえよう」（二三頁）と指摘する。

そもそも「集団の系」・「集団発達の系」とは、一九七一年に出された中央教育審議会答申（四六答申）に対して、これを「個性の尊重を装いつつ個人主義的競争を強め人権を発展させる基盤を解体する方向を強力に打ち出した」(全国障害者問題研究会 一九七八、二七頁)とみて、教育における個人化の流れに対抗して提起されたものであった。このように「集団の系」は、「もともと運動・実践の課題としての性格が強かった。それは研究課題としての価値を低めるものでは決してない。ただ、研究的に論じていく場合、そうした実践・運動上の要請の背景にあった時代状況の再吟味、相対化が欠かせない」とすれば、「個人」と「社会」の系と同じく「生成の過程から論じられるべきであろう」(中村 二〇一七、二三頁)。

中村の指摘を引きとるならば、人間の発達および発達保障の問題をおさえるうえで、「集団の系」が求められた歴史過程に立ち返りながら、「集団の系」を認識する単位や方法論の吟味が求められる。新自由主義は上からの強権的な力だけではなく、下からの同意を調達しながら主体を変容させて集団や社会を破壊する。そうしたなかで私たちは、新自由主義によって体制内化された「つながり」や「支え合い」と、発達保障に必要な関係性や集団のあり方を峻別する理論枠組み、それらを自己言及的に記述する方法論を十分にもち得ていない。それゆえ、新自由主義による個人化・個体化の状況を批判的に退け、関係性や集団を対置するだけでは不十分である。むしろ新自由主義という時代状況のなかで顕在化してきた、つながりや集団をめぐる問題を洗い出しながら、いま・ここでつくり出される関係性や集団のありようを記述する方法論を鍛えていくことが求められている。(7)こうした問題認識や作業が前提となって、「集団の系」にまつわる今日的課題を議論できるのではないだろうか。次節では「集団の系」に位置づけられながら、これまで十分検討されてこなかった家族の発達保障にかかわる近年の議論をおさえておく。

3　家族の発達保障とノーマライゼーション

（1）家族の発達保障

田中（二〇〇三）は「集団の発達」のなかでも「家族集団の発達」は「普遍的」であると述べたが（一六頁）、近年、貧困問題が深刻化するなかで、ケアの担い手とされてきた家族の発達保障が問い直されつつある。(8) また、障害のある本人と親の長寿化は、「親亡き後」を含めて向老期・高齢期というライフステージに即した家族の機能や支援のとらえ直しを求めている。こうした社会変化もふまえて、これまで本格的に論じられることが少なかった「家族の／としての発達保障」という視点から浮かびあがる社会形成の課題をおさえる。

田中智子（二〇一六c）は、「家族のノーマライゼーションと障害のある人のノーマライゼーション」が二者択一的にとらえられ、「障害のある人のノーマライゼーション」が「家族の努力があって初めて実現するような社会」を批判する（三二一―三二三頁）。そこでは、家族を「無償かつ無限のケア資源」とみなしていること、「当事者の生活の横に家族の人生も並行して走っていることを考慮に入れた仕組み」を欠落させていることが問題とされる（田中二〇一七a、一二三九頁）。

田中（二〇一〇）は、家計調査をもとに貧困という視点から「障害者のいる家族」の構造に迫っている。障害者のいる世帯では、家計がシングルインカムで支えられていることが多く、本人にかかる支出が本人収入を上回るため貧困状態に陥りやすく、「本人の活動は維持されるが家族の生活は縮小するラインと、本人の活動までが縮小する二重の貧困ラインが存在する」（二九頁）と指摘する。福祉の市場化・商品化により、貧困・低所得層を中心に本人の福祉サービスの利用や社会的活動に制限が生じることで家族内部のケアが増幅し、家族の就労や社会的関係の制限がさらなる貧困や社会的孤立を招きやすい。障害者のいる家族の場合、こうした状態が幼少期から継続することになるが、家族内部のケアの担い手は母親に固定されやすく、ジェンダー規範も強く働くために、教育・福祉機関や行政からも、ケアに専念する「良き母」「頑張る母」として過剰な役割期待をかけ続けられる。しかも、社会資源の絶対的不足から、家族のケアを外部に渡すことができにくいため、本人が成人後も母親がケアの負担と役割を降りることができず、「老障介護」という問題も深刻化している（田中 二〇一七a、二二五—二四〇頁）。

田中（二〇一〇）は「社会的支援の介入が必要となる通常の子育てや親役割を超えている部分を明確にしたうえで」（三二頁）、本人が家族に依存せずに生活できる仕組みを前提として、本人と家族それぞれの「自立」を切り離して考えるのではなく、家族の歴史を大切にしながら「『ケアする家族』を想定した社会的支援」（田中 二〇一七b、一七頁）を提起する。「親は介護保険で、子どもは障害福祉サービスでと、各人への社会的支援の和は、家族の関係性を保つには十分ではない。親がケアラー役割を少しずつ縮小させながら、自分の老いやケア役割を降りることについて向き合うための緩やかな期間と社会的支援が必要である」（一七頁）というのである。

このように「家族のノーマライゼーション」の実現は、単なる負担の分割・移譲で事足りるのではなく、家族や親のねがいに即して、「あたりまえ」の生活・人生とは何かを具体的に問いながら、家族一人ひとりのアイデンティティや生き方を承認することを欠いては不可能である。

重症心身障害がある成人女性の母親である児玉真美（二〇一七）は、母親自身も疲れ、老い、衰え、多様な感情や欲求をもつ「一人の人」であり、社会に対して「擁護されるべき権利をもって自分の人生を生きる主体の一人」としての回復を求める（二四頁）。児玉にとって、「親であること」とは、「親『役割』でも介護やコーディネートの『機能』でもなく、人が生きる多様で複雑な関係性の一つ」であり、「私の親としての固有の体験や家族の記憶をすべて織り込んで私の人生の物語、つまりはアイデンティティの大切な一部である」（二四頁）という。

児玉もまた、「親であり子である関係性が、介護を通じて相互の依存へと歪められることなく、互いにそれぞれの人生をその人らしく生きながら最後まで親と子の関係を営み続けていけるための支援」の必要性を訴える（二四頁）。親にとって「親亡き後」問題とは、親自身が生きてきた社会と人に対する「信頼」にほかならない。「だからこそ、親にとって『残して逝けるだけ信頼しうるか』という問いとは、自分はこの社会をどのような場所として体験してきたか、総体としての人間をどのような存在と感じているか、という問いであり続けるのだと思う」（二五頁）というのである。

田中と児玉が、障害者のいる家族への社会的支援を考えるうえで重視するのは、家族、とりわけ母親を、その生きられた社会的諸関係から切り離すことなく、主体を尊重するということである。こうしたケアをめぐる主体や社会的諸関係のあり方は、ケアの理論において議論されてきた問題でもある。

（２）家族のノーマライゼーションを具体化する

ケアの倫理が前提とするのは、放置されれば生存することがかなわない赤ん坊のように、他者への依存を不可避とする人間の「脆弱さ」＝「傷つきやすさ」である。岡野八代（二〇一二）は、「具体的な他者を『傷つけないこと』、実際に被るかもしれない『危害を避けること』という一義的な要請のために、特定の他者へと向けられる実践」（一五七頁）としてケアの実践を位置づける。ケアの実践において、「脆弱で不安的な存在だからこそ他者からのケアを待つ存在と、そのニーズを充たそうとする強い応答責任を担う存在から織りなされる、人びとの関係性」（二三八頁）が前提とする責任とは、例えば育児は母親の責任だというふうに一般的に想定された「義務に従う責任ではなく、具体的な状況のなかで発せられた他者からの声に応答する責任」（一五八頁）である。ケアの倫理が導き出すのは、人間は「傷つきやすさ」を抱えた存在ゆえに、他者との関係性を築きながら生きていくのであり、紡ぎ出された関係性の網の目のなかで個人の尊厳が確かめられるということである。

したがって、ケアの倫理は、障害のある人のケアを担う母親もまた、「傷つきやすさと他者への依存の不可避性といった、人間の条件」（二四七頁）を備えた、取り替えのきかない個人として承認することを求める。それゆえ、母親の「『一人の人であること』への回復」要求に正当性を与え、「『ケアする家族』を想定した社会的支援」にも示唆を与える。すなわち、どんなに高度で複雑な専門性を必要とする場合でも、障害のある本人の発達要求と生活要求に応じる適切なケアが平等に保障される仕組みとともに、家族や親が自身の本意に即して「ケアする家族」として生きることを支援する仕組みが整備される必要がある。ケアの倫理を敷衍すれば、わが子を「残して逝けるだけ」の社会とは、「一人ひとりが代替不可能な価値をもったユニークなひとであること、すなわちあらゆるひとが尊厳あるひとであることをケア関係において承認しあうこと」（三三九頁）が保障される社会にほかならない[9]。

そうした「家族のノーマライゼーションと障害のある人のノーマライゼーション」の統一的実現が可能な社会を構想するために、これまで家族内に押し留められてきた困難や問題を可視化しながら、ケアを価値あるものとして引き受けて生きようとする家族や親の声を聴きとり、「権利言語[10]」として練りあげていくことが求められる。

ただし、その場合、子育てやケアをめぐって、家族の私的負担部分と社会化すべき部分を明確に線引きすることは難しい。また、「家庭教育支援法案」や自民党「日本国憲法改正草案」のように、家族を国家の基礎単位とみなし、親子の扶養義務や家族の養育・相互扶助責任を強要する保守的な論調にからめとられる危険性もある。丸山（二〇一三）は、障害のある子どもの放課後活動においても、家族の役割・責任が強調されることで、就労やレスパイトの保障に対する認識が弱まり、結果として親・家族への社会的支援の消極性に結びつきやすいことを批判する（一四—一五頁）。現時点では、家族依存を強化しかねない危うさを意識し、これまでの議論において不足してきたジェンダーの視点を意識的に組み込み、家族としての当たり前の生活を保障するために現行制度で不足しているものを明らかにしながら、家族の権利保障の正当性を具体化していくことが求められよう。

4　発達保障の歴史認識と叙述をめぐる課題

最後に、発達保障論における歴史研究の課題について述べたい。私たちが歴史認識を形成することは、主体や構造の変革の可能性を手にすることにつながる。発達保障論が誕生した一九六〇年代は、人びとの生活要求や教育要求を、能力主義の原理にもとづく競争的な秩序へと回収することで社会統合が図られた時代であった（乾一九九〇）。「この子らを世の光に」と述べた糸賀（二〇一三）は、「文明の光輝」に満ちた資本主義社会のなかで、障害のある人びとの存在価値は「異質の光」にみえるが、「それはこの人びとから放たれているばかりでなく、この人びとと共に生きようとしている人びとからも放たれている」と説いて、障害のある人びととともに生きる社会を展望した（二一〇—二一一頁）。田中（一九七四a、b、c）の『発達保障への道』は、そうした高度経済成長下の障害のある人びとの現実を、「発達侵害」と「発達保障」という「発達をめぐる二つの道」の相克として同時代史的に描き出している。

大門正克（二〇一一）は、人間の「生存」や「生きること」が著しく脅かされている新自由主義時代への問題意識を歴史研究の課題として引きとり、『『生存』の歴史学」を提唱する。大門は、人びとの労働と生活を統一的に把握する概念として「生存」を設定し、国家や地方自治体による「生存を成り立たせる仕組みと人びとの『生存する』という行為のあいだの矛盾的関係」（三二頁）に焦点をあてる。そして、「生存」をめぐる行為と仕組みの関係性とそこにある矛盾を動的にとらえることで、構造に規定されつつ、その矛盾に働きかけて克服していこうとする人びとの主体的契機とその過程を分析する。

大門は、現代の貧困問題を意識して、「自分自身からの排除、尊厳といった問題群を歴史研究でどう受けとめるかという課題」（三四頁）を提起し、一九六〇～一九七〇年代に夜間中学の門をくぐった在日朝鮮人女性たちが教師との間に「学び合う関係」を成立させることで、知識の獲得とともに「人間の尊厳」を回復していく過程に、「戦後日本の日本人と在日朝鮮人の分断を乗り越える可能性」を見出す（四〇頁）。そして、主体のあいだの「関係に含まれる矛盾を動態的に分析できたとき、主体がかかえる課題が明瞭になる。関係に含まれる矛盾の動的分析が弱まれば、時間を相手にする歴史学は存立の意味を失うだろう。歴史過程の動的把握こそが主体分析の鍵」（四〇頁）であると指摘する。

関係のなかで主体の尊厳や矛盾を考察する「『生存』の歴史学」の視点と方法は、障害のある人びとのねがいと現実のあいだに生起した矛盾に働きかけながら、障害のある人びとの発達の事実をつくり出し、権利侵害や差別の現実を変革してきた発達保障の歴史過程を明らかにするうえでも示唆を与える。しかし、障害のある人びとの生存を成り立たせる主体の行為と仕組みのあいだの矛盾、主体と主体のあいだの矛盾をとらえるうえで「生存」の概念はやや抽象的ともいえる。それゆえ「発達」という視点を組み込むことで、障害のある人びとの「生存」を成り立たせてきた教育、福祉、労働の関係構造と、そこにある矛盾を具体的かつ動態的に描き出すことができるのではないか。発達保障論は、人間の発達を超歴史的なものとして理解するのではなく、「発達・差別・歴史」あるいは「障害・発達・生活」という枠組みから、発達の構造と過程を動的に認識・分析する方法論を追究してきた。ここでは、障害のある人びとの発達保障の歴史過程をとらえるうえで「生存と発達」をつないだ歴史の認識と叙述の方法論の深化を課題としておさえておきたい。

その際、障害のある人びとを社会的関係や矛盾のなかに埋没させることなく、障害のある人自身が矛盾をとらえ返し、関係をつくり変えていく主体的契機を分析することが、障害のある人びとの生存と発達の輪郭を明らかにすることにつながる。障害のある人びとと自身が言葉を発し、記録を残すことには大きな制約や困難がある。それゆえ、障害のある人びとを取り巻く社会的関係とそれを成り立たせている人びとの主体的契機と主体形成の過程を、重層的にとらえることが求められる。障害のある人びとの声をどのように聴きとり、そのねがいを実現するためにいかなる社会的関係を形成し、ねがいと現実とのあいだの矛盾をいかにとらえ返そうとしたのかを把握することで、障害のある人びとの主体や発達要求が浮かび上がってくるはずだ。たとえば、実践記録についても、そこに書かれた事象をそのまま歴史の事実として受けとることはできない。むしろ、その実践記録の書き手はだれか、実践の対象はだれか、どのような場で読まれたのかという視点で実践記録を読み解いていくことで、障害のある人びとの主体や社会的関係を明らかにする手がかりを得られるだろう。

若尾政希（二〇一七）は、歴史学が「自己確立・自己変革の学問であり、政治・社会の変革の学問」となるためには、現在の問題感覚を起点にすべきであるという。「社会変革への可能意識」をそれなりに共有できた一九七〇年代前後のように、主体概念を「変革主体」のみに限定して用いることはできない。むしろ「われわれがいかに歴史的規定を被っているのかという観点」で歴史をとらえることが重要である。なぜなら、「われわれを支配し束縛している通念・常識が、じつはその社会のなかで歴史的に形成されてきた歴史的産物であることがわかるときに、〈中略〉われわれは自身が『今』という時代の政治的・社会的・経済的・文化的関係のなかに身をおく歴史的存在であることを自覚できる」からである（一六八―一六九頁）。

発達保障の歴史過程においても、たとえば「人間は同じ発達の道すじをあゆむ」という価値や認識を歴史的に遡及するのではなく、人間発達の「普遍性・共通性」をおさえる価値や認識が形成されてくる歴史的文脈と社会構造が明らかにされなければならない。白石恵理子（二〇一六）は、一九六〇年代の近江学園の発達研究や生活指導実践、滋賀県大津市の乳幼児健診の取り組みを通して、「一歳半の節」という発達認識の発生過程をたどりながら、近江学園の「きよしくん」をはじめ「～デハナイ～ダ」（一次元可逆操作）という発達の世界をつくり出していく子どもたちにとっての〝生きられた一歳半の節〟を叙述している。それは、障害の重い子どもにも義務教育をひとしく保障していくためには避けて通れない、「満一歳にもならない発達段階でつまずきをもっている子どもたちも含めて、教育の成り立つ基盤に何が必要なのか」（田中 一九七四c、一二七頁）という歴史的課題への挑戦であった。このように、固有の歴史的・社会的状況を生きた主体を記述しながら、「普遍性・共通性」をくぐって顕現してくる、あるいはそこに刻まれていく発達の「個別性」に対する価値や認識をとらえる。こうして発達保障の「歴史的規定性・被拘束性」への認識を深めていくことで、発達の「普遍性・共通性」をとらえる価値や認識は、「個別性」を豊かに位置づけながら「多様性」へと少しずつ開かれていくはずだ。

おわりに

発達保障論とは、既存の科学や理論がすくい取ることのできない、あるいは切り捨ててきた障害のある人びとの声なき声を聴きとり、その声に表現された発達要求を、社会構想へと転換させていく理論として誕生した。障害のある人びとの発達要求に即して既存の科学を厳しく批判しながら、それらを豊富化させる価値を創造し、理論の組み替えの可能性を提示するために必要とされた理論であったともいえる。

重症心身障害児・者を典型とする障害の重い人びとの発達の事実を認識し、その発達要求が社会変革や権利保障へとつながる潜在力を具体化する言葉をつくり出し、その言葉を媒介しながら社会形成に向かう主体と共同性を構築していく。発達保障論の魅力と存在価値は、そこに見い出すことができる。

イグナティエフ（一九九九）は言う。「わたしたちは、他のどんなものにも負けず劣らず、わたしたちが生きる時代にふさわしい言語を必要としている。わたしたちは現に今どのように生きているのかを知る必要があるのだが、それができるためには、今・ここと違うなにか別の時と場所をもとめるノスタルジアへの逃避を断じて許さないような、そうしたなんらかの語《ワード》とイメージを用いるほかにはないのだ」（一九六頁）。

私たちもまた、目の前の現実と格闘しながら、障害のある人びとの発達要求をくみあげ、社会構想へと練りあげていく言葉を必要としている。

びわこ学園の療育記録映画『夜明け前の子どもたち』（一九六八）はその冒頭でこう語る。「わからないことが多すぎる。しかし、この子どもたちも人に生まれて人間になるための発達の道すじを歩んでいることに変わりはない。そう考える人たちがいる。障害をうけている子どもたちから発達する権利を奪ってはならない。どんなにわからないことが多くても、どんなに歩みが遅くても、社会がこの権利を保障しなければならない。そう考える人たちがいる」。

私たちに必要なのは、「わからないことが多すぎる」としても、「そう考える」ことをあきらめず、「そう考える人たち」をつなぎ合わせる言葉だ。障害のある人びとの発達要求とこれに応じる実践の事実に学びつつ、「そう考える人たち」とともに新たにつくり出される言葉を、社会科学の理論や知見へと接続しながら、深め、鍛えていくことによって、発達保障へと向かう社会形成の原理とその実現の道程を構想していくことが求められる。その言葉とは、障害のある人びとのねがいを深く聴きとり、表現することのできる言葉である。そうした言葉が生み出される場にこそ、社会形成の確かな足場が築かれるはずだ。

〈注釈〉

（1）田中昌人は、近江学園時代に「発達保障」を提起していくにあたっての理論的な格闘を次のように振り返る。「発達を保障していこうとすると、差別政策の問題にぶつからざるをえず、それは必然的に社会進歩に照らして、民主的な権利を守り、発達を保障していく運動をすすめざるをえなくなっていた。各種の社会科学的な文献や哲学的な文献を文字どおりよみあさるなどして、勢いをこめて、理論的にはあちらこちらに行き当っては、子どもたちの問題に立ちかえって基本的なところからする論究を重ねていた」（田中 一九八〇、五四頁）。中村隆一は、「可逆操作の高次化における階層―段階理論」が「階層」概念を導入したことにかかわって、自然科学と社会科学で用いられる「階層」概念と通じるものがあり、結果的に「階層」概念によって「発達研究と社会科学との独自の接点をもたらすものとなった」と指摘する（中村 二〇一七、二二頁）。

（2）引用にあたり傍点は削除した。

（3）http://www.meti.go.jp/committee/summary/eic0009/pdf/020_02_00.pdf

（4）https://www.hospital.or.jp/pdf/06_20150424_01.pdf
（5）こうした「パーソン論」の人間観のおさえは、『死の自己決定権のゆくえ—尊厳死・「無益な治療」論・臓器移植』（二〇一三年、大月書店）などの著作がある児玉真美氏より教示を受けた。
（6）発達保障の社会構想を具体化するうえで、市場原理主義を本格的な規制対象とする「新福祉国家」構想への評価と対応は避けて通れない。そのためには戦後思想としての発達保障論を歴史的に相対化しながら、新自由主義に対抗する原理と構造を明示する必要がある。今後の、とはいえ先延ばしにできない理論的・運動的な課題である。
（7）その試みとして「〈特集〉発達と集団と活動」『障害者問題研究』第四五巻第二号、二〇一七年。
（8）たとえば、『みんなのねがい』では近年、「家事〜くらしを見つめる」（第六〇四号、二〇一六年）「家族のカタチ」（第六〇五号、二〇一六年）が特集テーマとされている。『障害者問題研究』の特集「障害児者の貧困」（第三七巻第四号、二〇一〇年）、「障害児家族の生活・養育困難・学校教育」（第四二巻第四号、二〇一五年）、「高齢期の障害者家族と生活の諸問題」（第四五巻第三号、二〇一七年）は、貧困や高齢期という視点から家族（支援）の問い直しを提起するものである。
（9）引用箇所の傍点は削除した。
（10）イグナティエフ（一九九九）。「権利言語」とは「個人が集団に向けて、あるいは集団に抗してかかげるかもしれない諸要求を言い表すための豊かな土着語」（二〇頁）をさす。

〈引用文献〉

荒川智 二〇〇七、「障害者の人権と発達をめぐる理論的課題」荒川智・越野和之・全障研研究推進委員会編『障害者の人権と発達』全障研出版部。
秋保喜美子・秋保和徳 二〇一七、「第19条　地域社会へのインクルージョン—暮らしの場の選択を可能にする支援」『障害者問題研究』第四四巻第四号。
ブラウン（中井亜佐子訳）二〇一七、『いかにして民主主義は失われていくのか—新自由主義の見えざる攻撃』みすず書房。
後藤道夫 一九九五、「資本主義批判の現在と変革イメージ—新保守主義革命への対応戦略のパースペクティブ」後藤道夫編集担当『〈ラディカルに哲学する5〉新たな社会への基礎イメージ』大月書店。
後藤道夫 二〇〇一、『収縮する日本型〈大衆社会〉—経済グローバリズムと国民の分裂』旬報社。
後藤道夫 二〇〇六、『戦後思想ヘゲモニーの終焉と新福祉国家構想』旬報社。

後藤道夫・吉崎祥司・竹内章郎・中西新太郎・渡辺憲正 二〇〇七、『格差社会とたたかう―〈努力・チャンス・自立〉論批判』青木書店。
ハーヴェイ（渡辺治監訳）二〇〇七、『新自由主義―その歴史的展開と現在』作品社。
広島市職員労働組合児童総合相談センター支部 二〇一二、『仲間がいっぱい・ひろしまの療育』。
広島市西部こども療育センターなぎさ園保護者会 二〇一四、『食べられるってうれしいね！―広島市西部こども療育センターなぎさ園の取り組み』。
池添素・塩見陽子・藤林清仁 二〇一七、『育ちのねっこ―子育て・療育・つながる支援』全障研出版部。
イグナティエフ（添谷育志・金田耕一訳）一九九九、『ニーズ・オブ・ストレンジャーズ』風行社。
井上英夫 二〇一七、「〈日本国憲法と発達保障の課題2〉障害をもつ人と人権」『障害者問題研究』第四五巻第三号。
伊藤周平 二〇〇七、『権利・市場・社会保障―生存権の危機から再構築へ』青木書店。
乾彰夫 一九九〇、『日本の教育と企業社会―一元的能力主義と現代の教育＝社会構造』大月書店。
糸賀一雄 一九六八、『福祉の思想』日本放送出版協会。
糸賀一雄 一九七二、『愛と共感の教育』柏樹社。
糸賀一雄 二〇一三、『福祉の道行―生命の輝く子どもたち』中川書店。
加藤直樹 一九八三、「人格発達論創造の今日的意義と障害児教育」藤本文朗・鴨井慶雄編『完全参加をめざす教育―障害児教育妨害の「理論」批判』全障研出版部。
加藤直樹 二〇〇七、二〇〇八、「〈発達保障論をめぐる理論的課題第10～12回〉集団と発達保障（1）～（3）」『障害者問題研究』第三五巻第二号、三号、四号。
河合隆平 二〇〇七、「発達保障思想の水源―糸賀一雄の思想と実践に学ぶ」荒川智・越野和之・全障研研究推進委員会編『障害者の人権と発達』全障研出版部。
児玉真美 二〇一七、「ある母親にとっての『親亡き後』問題」『障害者問題研究』第四五巻第三号。
越野和之 二〇〇四、「『特別支援教室』構想をめぐる審議経過とそのリアリティの検討」日本特別ニーズ教育学会編『特別支援教育の争点』文理閣、九六―一三七頁。
小柳正弘 二〇〇九、『自己決定の倫理と「私―たち」の自由』ナカニシヤ出版。
栗栖小枝子 二〇一七、「広島の療育　育ちのねっこ」池添素・塩見陽子・藤林清仁『育ちのねっこ―子育て・療育・つながる支援』全障研出版部、四四―五六頁。
丸山啓史 二〇一三、「障害児の放課後活動の役割をめぐる論点」『障害者問題研究』第四一巻第二号。

丸山啓史 二〇一六、『私たちと発達保障―実践、生活、学びのために』全障研出版部。
三木裕和・越野和之・障害児教育の教育目標・教育評価研究会編著 二〇一四、『障害のある子どもの教育目標・教育評価―重症児を中心に』クリエイツかもがわ。
みぬま福祉会30周年記念刊行委員会 二〇一四、『みぬまのチカラ―ねがいと困難を宝に』全障研出版部。
茂木俊彦 二〇〇四、『発達保障を学ぶ』全障研出版部。
茂木俊彦 二〇〇七、「国際的障害者権利保障と発達保障」全国障害者問題研究会『全障研40年―この10年の歩みと研究運動の展望』全障研出版部。
中村尚子 二〇一四、「命に向き合うことは究極の生活支援」『みぬまのチカラ―ねがいと困難を宝に』一七八―一八七頁。
中村隆一 二〇一三、「発達保障論生成過程における発達研究のあゆみとその意義」『人間発達研究所紀要』第二六号。
中村隆一 二〇一七、「『集団の系』の歴史的概観と今後の検討課題」『障害者問題研究』第四五巻第二号。
中西新太郎 二〇〇七、『〈生きにくさ〉の根はどこにあるのか―格差社会と若者のいま』前夜セミナーＢＯＯＫ。
中西新太郎 二〇〇八、「１９９５年から始まる」中西新太郎編『１９９５年―未了の問題圏』大月書店。
中西新太郎 二〇一一、「社会文化に権利を埋め込む―生存権保障の一視点」『社会文化研究』第一三号。
中西新太郎 二〇一七、「保育における社会的次元とは」名寄市立大学『社会保育実践研究』創刊号、七―一三頁。
岡野八代 二〇一二、『フェミニズムの政治学―ケアの倫理をグローバル社会へ』みすず書房。
大門正克 二〇一一、「『生存』を問い直す歴史学の構想―『１９６０～７０年代の日本』と現在との往還を通じて」『歴史学研究』第八八六号。
清水寛 一九八一、『発達保障思想の形成―障害児教育の史的探求』青木書店。
塩見洋介 二〇〇四、「脱施設化の思想的系譜と日本での展開」『障害者問題研究』第三二巻第一号。
塩見洋介 二〇一七、「障害児通所支援の多様化と療育の今日的課題―大阪の実態から」『障害者問題研究』第四五巻第一号、一〇―一八頁。
白石恵理子 二〇一六、「『1歳半の節』と発達保障」『障害者問題研究』第四四巻第二号。
白石正久 二〇一四、「おわりに」池添素・白石恵理子・白石正久編『発達保障のための相談活動』全障研出版部。
髙谷清 二〇一二、「『パーソン論』と障害児者にかかわる生命倫理」『障害者問題研究』第四〇巻第四号。
竹内章郎 二〇一〇、『平等の哲学―新しい福祉思想の扉をひらく』大月書店。
田中昌人 一九六四、「研究部活動―3 社会的要求との関係」『近江学園年報』第一〇号。
田中昌人 一九六五ａ、「研究部」近江学園『近江学園年報』第一一号。

田中昌人 一九六五b、「これからの指導のふかまりのために」『近江学園年報』第一一号。
田中昌人 一九七四a、『講座 発達保障への道①―児童福祉法施行20周年の証言』全障研出版部。
田中昌人 一九七四b、『講座 発達保障への道②―夜明け前の子どもたちとともに』全障研出版部。
田中昌人 一九七四c、『講座 発達保障への道③―発達をめぐる二つの道』全障研出版部。
田中昌人 一九八〇、『人間発達の科学』青木書店。
田中昌人 一九九七、「全障研の結成と私の発達保障論」全国障害者問題研究会編『全障研三十年史』全障研出版部。
田中昌人 二〇〇三、「田中昌人さんにきく 今日における発達保障の理論と課題」『障害者問題研究』第三一巻第一号。
田中智子 二〇一〇、「知的障害者のいる家族の貧困とその構造的把握」『障害者問題研究』第三七巻第四号。
田中智子 二〇一六a、「大人の暮らし＝自分らしさの追求」『みんなのねがい』第五九三号。
田中智子 二〇一六b、「大人として自分の生活を生きること」『障害者問題研究』第四四巻第二号。
田中智子 二〇一六c、「あたりまえの家族」『みんなのねがい』第六〇五号。
田中智子 二〇一七a、「障害者ケアから照射するケアラー女性の貧困」松本伊智朗編著『「子どもの貧困」を問いなおす―家族・ジェンダーの視点から』法律文化社、二二五―二四〇頁。
田中智子 二〇一七b、「障害者の母親における長期化するケアラー役割」『障害者問題研究』第四五巻第三号。
土岐邦彦 二〇〇九、『いま、ひとりになる。―小説『バッテリー』に学ぶ子ども・若者の発達と自立』群青社。
若尾政希 二〇一七、「『民衆』の問い方を問い直す―II 日本近世史研究から」歴史学研究会編集『第4次現代歴史学の成果と課題1 新自由主義時代の歴史学2001年～2015年』績文堂出版。
渡部昭男 二〇〇八、「【研究ノート】権利論からみた発達保障・発達の権利」『人間発達研究所紀要』第二〇、二一号。
渡辺治 二〇一二、「3・11が投げかけた課題―憲法で希む」森英樹・白藤博行・愛敬浩二編著『3・11と憲法』日本評論社。
全国障害者問題研究会 一九七八、『「発達保障論」の成果と課題』全障研出版部。

執筆者一覧〈執筆順〉

荒川　智（あらかわ　さとし）　茨城大学教育学部教授、全障研常任全国委員（第1章）

河原　紀子（かわはら　のりこ）　共立女子大学家政学部教授、全障研研究推進委員（第2章）

白石　正久（しらいし　まさひさ）　龍谷大学社会学部教授、全障研全国委員会副委員長（第2章）

木全　和巳（きまた　かずみ）　日本福祉大学社会福祉学部教授、全障研研究推進委員（第3章）

越野　和之（こしの　かずゆき）　奈良教育大学教授、全障研全国委員長、全障研研究推進委員（第4章）

丸山　啓史（まるやま　けいし）　京都教育大学准教授、全障研研究推進委員（第5章）

河合　隆平（かわい　りゅうへい）　首都大学東京人文社会学部准教授、全障研研究推進委員会委員長（第6章）

＊本書をお買い上げいただいた方で、視覚障害等により活字を読むことが困難な方のために、テキストデータを準備しています。
ご希望の方は、全国障害者問題研究会出版部まで、お問い合わせください。

■全国障害者問題研究会 研究推進委員会

1967年、障害者の権利を守り、発達の保障をめざして設立された全国障害者問題研究会（全障研）の、研究運動の推進を目的とする委員会。

発達保障論の到達と論点

2018年11月１日　初版第１刷
2019年８月10日　　　第２刷

編　者　越野和之・全障研研究推進委員会
発行所　全国障害者問題研究会出版部
〒169-0051
東京都新宿区西早稲田2-15-10 西早稲田関口ビル４F
Tel.03-5285-2601　Fax.03-5285-2603
http://www.nginet.or.jp
印刷所　モリモト印刷株式会社

ISBN978-4-88134-735-5
JASRAC　出　1809399-801